法律实务精解与应用系列

电梯安全使用
法律问题探究

丁兆增 等 /著

厦门大学出版社
XIAMEN UNIVERSITY PRESS
国家一级出版社
全国百佳图书出版单位

图书在版编目(CIP)数据

电梯安全使用法律问题探究/丁兆增等著. —厦门:厦门大学出版社,2018.7
(法律实务精解与应用系列)
ISBN 978-7-5615-6957-3

Ⅰ.①电… Ⅱ.①丁… Ⅲ.①电梯-安全管理-法规-研究-中国 Ⅳ.①D922.297.4

中国版本图书馆 CIP 数据核字(2018)第 095227 号

出 版 人	郑文礼
责任编辑	李 宁
封面设计	蒋卓群
技术编辑	许克华

出版发行 厦门大学出版社

社　　址	厦门市软件园二期望海路 39 号
邮政编码	361008
总 编 办	0592-2182177　0592-2181406(传真)
营销中心	0592-2184458　0592-2181365
网　　址	http://www.xmupress.com
邮　　箱	xmup@xmupress.com
印　　刷	厦门市明亮彩印有限公司

开本	720 mm×1 000 mm　1/16
印张	18.25
插页	2
字数	310 千字
版次	2018 年 7 月第 1 版
印次	2018 年 7 月第 1 次印刷
定价	86.00 元

本书如有印装质量问题请直接寄承印厂调换

厦门大学出版社
微信二维码

厦门大学出版社
微博二维码

序　言

　　我国经济发展水平始终保持着平稳增长的趋势,社会也在不断转型。在转型的过程中,社会矛盾尤为突出,各种新类型的纠纷不断出现。随着电梯的普及,电梯已成为我国公共设施之一,人们的日常生活离不开电梯,电梯安全日渐成为人们关注的焦点。由于与电梯相关的主体较多,不同环节产生的纠纷性质各异,单一的纠纷解决途径不足以应对复杂的矛盾,因此,只有建立多元化的纠纷解决机制,才能更好地维护当事人的合法权益。

　　电梯安全管理是特种设备安全管理中的一个重要类型。须做到以下几点:一是明确电梯安全职责。理清落实电梯使用管理责任,强化电梯生产企业责任,明确各级政府及相关部门责任。二是建立电梯安全管理机制。完善电梯安全机制、电梯应急救援机制、社会参与监管机制、责任保险机制、社会支援救助机制等,不断提升电梯的质量和安全水平。三是提升电梯使用安全。推进老旧电梯的改造更新、电梯故障的排查治理、电梯安全的教育宣传以及电梯使用的联网建设。由此有效地减少电梯事故的发生,建立安全措施到位、应急救援及时、矛盾纠纷化解有效的电梯安全管理体系。

　　电梯安全运行涉及方方面面,如内在质量、使用管理、维护保养、运行环境等,任何一个环节的疏忽都会直接或间接地影响电梯的安全运行。电梯的安全管理不能只重视一面而忽视其他因素,不仅要从宏观上认识电梯安全管理,也要从社会角度分析,找出问题的存在和影响因素,通过良好的法律设计、制度实施,加以规范指导,在矛盾产生的时候更加迅速地找出适宜的纠纷解决途径。

　　本书系福建省人民代表大会常务委员会法制工作委员会委托的《福建省电梯使用安全条例(草案)》立法课题的延伸成果。本书主要从现行国家及地方有关电梯立法现状出发,探讨现行电梯立法的局限性、滞后性等问题,着重论述电梯安全使用中责任主体的确定及其具体责任,并提出具体的立法建议。本书共分九章,从电梯立法、电梯安全使用中六个责任主体(政府职能部门,电梯制造商、销售商、维保商,开发商,物业服务企业,电梯乘用人,行业协会)的确定及其具体责任等方面展开论述,力求理论结合实际,以翔实的数据资料及案例论述各个责任主体在电梯安全使用中的法律问题。

参与本书撰写的作者有"福建省电梯使用安全条例(草案)"课题组负责人、福建师范大学法学院副教授、硕士生导师、福建省人民政府立法咨询顾问丁兆增、福建师范大学法学院诉讼法学专业研究生王玲、林超慧、黄晓慧、尤文森以及法律硕士韩菲、陈正宇、苏晟、胡美霞。

由于水平所限,不足和疏漏在所难免,真诚期待读者朋友们的批评指正。

本书著者于师大长安山

2018 年 6 月

目　录

引　言

　　19 世纪中叶,美国人伊莱莎·格雷夫斯·奥的斯在纽约水晶宫举行的世界博览会上展示了一项伟大的发明——历史上第一部安全升降梯,这就是电梯的前身。随着时代与科技不断发展,一代又一代人为电梯的发展做出巨大的贡献,也使得电梯的种类渐渐增多,人们较为常见的有住宅电梯、货梯、自动扶梯、观光电梯、医用电梯等。还有一些我们不常见的,在某些特殊行业专用的电梯,如冷库电梯、防爆电梯、矿井电梯、车辆电梯、船舶电梯等。随时代发展的不仅是电梯的种类,电梯的数量与此同时也在大跨步地增长。

　　电梯是一种以电动机为动力的垂直升降机,装有箱状吊舱,用于多层建筑乘人或者载运货物的运输工具。电梯也有台阶式的,踏步板装在履带上连续运行,俗称自动扶梯或自动人行道。随着我国经济的快速发展,电梯数量也迅猛增长,数据显示:2014 年全球电梯的产销量为 81 万台,而在中国的产销量就有 64 万台,占全球电梯产销量的 80.24%;从保有量来说,我国电梯的保有量从 2013 年占全球 300.5 万台增加到 2015 年占全球 357.8 万台。[①] 然而,电梯数量的增长也给我国电梯安全保障工作带来了巨大压力,2011 年以来我国的电梯事故发生呈现上升趋势,电梯安全问题日益突出。苏州电梯应急救援指挥中心的数据显示,2015 年全年,该中心共接警 19956 起,也就是说平均每天苏州市发生 54 起电梯事故,其中困人故障就达到 4442 起。[②] 贵州省的平台数据也显示,从 2015 年 12 月 1 日至 2016 年 5 月 11 日,全省电梯困人应急救援次数达到 1789 次,每日平均救援次数约为 11 次,发生困人电梯的数量为

[①]　http://news.makepolo.com/5863966.html,下载日期:2017 年 1 月 3 日。

[②]　http://js.qq.com/a/20160127/027389.htm,下载日期:2017 年 3 月 2 日。

1445 台,困人率达到 2.97%。^① 由此可见,我国电梯安全保障工作的形势极其严峻。

然而,我国法律法规对电梯安全的保障远远不能满足人民群众对电梯安全保障的迫切需要。在《中华人民共和国特种设备法》出台前,对电梯的品质保障和安全使用进行规范的主要法律法规仅有《中华人民共和国安全生产法》(2002 年 11 月 1 日起实施,直到 2014 年 8 月 31 日进行了第一次修改)、《中华人民共和国产品质量法》(1993 年 9 月 1 日起施行,2000 年 7 月 8 日修正)、《特种设备安全监察条例》(2003 年 6 月 1 日起施行,2009 年 1 月 24 日公布修订版)。部分地方人大常委会或地方政府依据上述法律法规,制定了地方性法规和规章,如 2004 年 8 月 1 日起施行的《上海市电梯安全监察办法》、2008 年 8 月 1 日起施行的《合肥市电梯安全监督管理办法》、2012 年 3 月 1 日起施行的《南京市电梯安全使用条例》等。

尽管有了上述法律法规,但是这些法律法规存在如下问题:第一,《中华人民共和国安全生产法》(以下简称《安全生产法》)和《中华人民共和国产品质量法》(以下简称《产品质量法》)并非专门针对电梯这样的特殊设备或者特殊产品的法律。电梯生产经营比许多产品具有特殊性,而且由于电梯事关人民群众的生命安全,比其他产品的质量有更多的要求,因此,仅有这两部法律对其进行规范是远远不够的。第二,作为针对特殊设备发布的《特种设备安全监察条例》的法律位阶不够,《特种设备安全监察条例》仅为行政法规。行政法规是国务院根据宪法和法律制定的各类法规的总称。《中华人民共和国宪法》第 89 条第 1 款规定,国务院可以“根据宪法和法律,规定行政措施,制定行政法规,发布决定和命令”。《中华人民共和国立法法》(以下简称《立法法》)第 9 条规定:“本法第八条规定的事项尚未制定法律的,全国人民代表大会及其常务委员会有权作出决定,授权国务院可以根据实际需要,对其中的部分事项先制定行政法规,但是有关犯罪和刑罚、对公民政治权利的剥夺和限制人身自由的强制措施和处罚、司法制度等事项除外。”《立法法》第 65 条第 1 款和第 2 款规定:“国务院根据宪法和法律,制定行政法规。行政法规可以就下列事项作出规定:(一)为执行法律的规定需要制定行政法规的事项;(二)宪法第八十九条规定的国务院行政管理职权的事项。”由此可见,行政法规在对社会进行管理时,必须符合宪法和法律的规定,有一定的局限性。上位法的局限性也导致了

---

① http://www.cqn.com.cn/cj/content/2016-05/25/content_2960538.htm,下载日期:2017 年 3 月 2 日。

各地制定地方性法规或政府规章时出现束手束脚的情况,不能对电梯安全进行较为全面的保障。第三,上述法律法规已经不能适应电梯数量快速增加的现状。如前所述,20 世纪以来,我国经济飞速发展,电梯的普及率快速增长,电梯成为城市人口甚至乡镇居民的日常工作生活的工具。但是,电梯事故也呈现上升趋势。因此,急需更为全面系统的法律法规对电梯安全进行规范。

在此形势下,全国人民代表大会常务委员会于 2013 年 6 月 29 日通过了《中华人民共和国特种设备安全法》(以下简称《特种设备安全法》),对电梯的生产、经营、使用、管理进行了初步规定。此后,各地人大常委和人民政府根据《特种设备安全法》的规定,结合本地区的实际情况,因地制宜,或是更新了当地有关的电梯法律法规,或是出台了相应的地方性法规和政府规章,各类关于电梯安全的立法如雨后春笋般涌现出来,如 2015 年 4 月 1 日起实施的《上海电梯安全管理办法》、2016 年 3 月 1 日起开始施行的《厦门市电梯安全管理办法》、2015 年 10 月 1 日起施行的《广东省电梯安全使用条例》和 2016 年 3 月 1 日起施行的《宁波市电梯安全管理办法》等。

福建省人民政府也依据当时的有关法律法规,并结合福建省的实际情况,于 2011 年 8 月 1 日发布了《福建省电梯安全管理办法》。该办法出台后,对保障福建省电梯安全使用发挥了重要作用。但是,时至今日该办法也存在前文所提的政府规章制定时存在的局限性问题。且该办法实施已有一段时间,应当及时梳理总结该办法实施过程中的一些问题,加以整理并完善,将有关内容上升为地方性法规。《特种设备安全法》的出台则是各地进行电梯安全立法的一个重要契机。本书将着重论述电梯安全使用中责任主体的确定及其具体责任,并提出具体的立法建议。

<table>
<tr><td>第
一
章</td><td># 电梯安全使用中责任主体确定及具体责任</td></tr>
</table>

第一节　现实生活中影响电梯安全运行的问题

一、电梯制造问题

电梯的制造问题主要表现在两个方面：一是部分电梯制造标准低于国外标准。如 1998 年 2 月 1 日开始实施的《自动扶梯和自动人行道制造和安装安全规范》在某些问题的要求明显低于它的参考范本：EN115：1995。《自动扶梯和自动人行道制造和安装安全规范》将 EN115：1995 中的 5.1.5.8b 的技术要求"至少为 1.2m"改为"建议增加至 1.2m"同时，删除了 EN115：1995 中的部分内容。虽然 2011 年对《自动扶梯和自动人行道制造和安装安全规范》进行了大幅度的修改，但是对电梯质量的要求仍然有差距。而 2016 年 7 月 1 日实施的《电梯制造与安装安全规范》借鉴了欧美的电梯制造安装标准，同时吸收了我国近年来发生的电梯事故的经验教训，对电梯制造提出了更高的要求：提高了对层门耐受力的要求、规定"电梯在开锁区域外，需设置轿门开门限制装置"等。这些标准的提高能有效地提升我国电梯的质量。二是电梯产品质量不合格。我国有近 400 家电梯制造厂和电梯配件厂，市场竞争激烈，压价竞争是其在市场中占据一席之地的重要手段。在压价的同时，为了节约成本，电梯制造商必然会降低对电梯质量的追求，甚至出现低于国家标准的电梯。近年来，电梯质量不合格的新闻时有出现。如 2012 年 10 月 11 日，广东省质量监督局公布了 2011 年度、2012 年度全省电梯安全部件质量监督抽查结果，质量不合格发现率达 78.8%，东莞有 11 家电梯制造厂商存在问题。[①] 上海市质量技术监督局日前公布 2012 年度上海市电梯主要零部件质量监督抽查结果，不合格 7 批次。[②] 上海 2013—2014 年度，电梯主要零部件抽查中，不合格的批次也达 10 批。[③]

二、电梯维护保养问题

电梯维护保养的问题主要体现在四个方面：第一，市场竞争激烈，导致恶性的低价竞争。电梯维护保养行业是随着电梯的普遍使用而新兴的行业，尤其对我国这样的发展中国家来说，电梯更是近十几年才开始逐渐走进我们的生活。广东省各地小区电梯维保市场运作极不规范，维保单价从 100 多元至1000 元不等。[④] 因此，我国电梯的维护保养行业并不成熟，国家对该行业的规范管理还在摸索之中，该行业本身的发展状况也还没达到能依靠自身来清除行业中不规范现象的程度。目前，电梯维护保养行业中，既有大型的电梯维护保养公司，也有依靠挂靠的方式获得资质而事实上仅有数人的小公司。这些公司在市场竞争中，为了抢占市场，有很多依靠低价吸引客源，导致市场的恶性低价竞争。这种低价竞争会导致电梯维护保养公司的利润大量减少，甚至出现亏本的情况。为了避免这种情况发生，有的公司会通过减少维护保养工序、使用低价维保材料的方式来压缩成本，降低了服务品质，甚至由此造成电梯事故的发生。第二，电梯使用管理单位未重视电梯的维护保养工作，导致电梯未按照要求维护保养。我国《特种设备安全法》和许多地方性法律法规都对电梯维护保养的时间间隔和一些重点维护保养的项目有强制性规定。如《广东省电梯使用安全管理条例》第 15 条就对电梯维护保养做了较为详细的规定：施工时不能少于两人、至少每十五日进行一次维护保养工作等。电梯使用管理单位对此有监督确认的义务。但是由于电梯使用管理单位本身对电梯维护保养工作的不重视，给电梯维护保养单位减少工序留下了空间。有的使用

---

① http://info.gongchang.com/r/zhuangbei-2012-10-12-470176.html，下载日期：2016 年 8 月 30 日。

② http://www.cqn.com.cn/news/xfpd/ccgg/dfcc/2013/691479.html，下载日期：2016 年 8 月 30 日。

③ http://www.shzj.gov.cn/art/2014/7/15/art_27005_1061876.html，下载日期：2016 年 8 月 30 日。

④ 周活宁：《电梯安全立法不应矫枉过正》，载《住宅与房地产》2015 年第 6 期。

管理单位甚至为了减少管理成本,故意聘请开价明显低于正常维护保养成本价的公司来给电梯做维护保养,使电梯的维护保养流于形式,等到电梯真正出问题的时候后悔莫及。第三,电梯维护保养人员素质不高、经验不足。为了保障电梯维护保养人员的素质,我国《特种设备安全法》规定特种设备的作业人员应当取得国家规定的相应资质,部分地方性法律法规也强调电梯维护保养单位要配备与维护保养业务相适应的作业人员。但是,部分电梯维护保养公司为了利益仍然派出缺乏电梯维护保养资质的人去做电梯维护保养的工作。这些电梯维护保养人员缺乏专业知识和电梯安全常识,不能胜任电梯维护保养工作,对于有问题的电梯束手无策,不能及时排查电梯故障。而那些有资质的电梯维护保养人员往往长年辛苦工作,电梯维护保养单位并未按照《特种设备安全法》的规定为其安排必要的安全教育和技能培训,这不利于电梯维护保养人员专业素养的提升和电梯安全意识的增强,可能导致电梯维护保养人员满足不了时代的需求,跟不上电梯行业的发展。第四,电梯出现故障时电梯维护保养单位不能及时应对。《特种设备安全法》对电梯故障发生时的及时救援提出了要求,该法第 45 条第 3 款规定:"电梯的维护保养单位应当对其维护保养的电梯的安全性能负责;接到故障通知后,应当立即赶赴现场,并采取必要的应急救援措施。"地方性法律法规也有类似的规定,如《宁波市电梯安全管理办法》第 32 条第 1 款规定:"维护保养单位应当履行下列职责:……(十一)确保应急救援电话 24 小时有效应答,接到乘客被困报警后,30 分钟内赶到现场进行救援解困。"由此可见电梯出现故障时及时救援的重要性。然而,部分电梯维护保养单位对救援工作的重视程度不够,或者由于对电梯故障的应对能力不足,不能及时派人处理其所养护电梯发生的故障,耽误了救援的时间,导致电梯事故的发生,甚至产生人员的伤亡。

三、电梯使用问题

电梯使用问题主要是指电梯的使用者电梯使用常识不足、电梯安全意识淡薄。电梯使用者不懂得如何安全地使用电梯。在电梯能够正常使用时,有些家长放任孩子在电梯内蹦蹦跳跳,有些使用者随意乱按电梯的按键,用电梯来运送明显不适宜由电梯来运送的物品或者在运送物品的过程中不小心将细小的颗粒掉到电梯里使之卡住,在电梯门口摆放垃圾卡住电梯门,清洁楼道的时候用水清洗造成水进入电梯侵蚀电梯零件,这些都很容易减损电梯使用寿命甚至造成电梯故障。在发生电梯故障时,许多电梯使用者不知道如何应对,在电梯内做出加剧电梯故障的事情,如乱按电梯按钮、敲打电梯门等,甚至使普通的电梯故障变成电梯事故。

第二节　电梯安全运行中责任主体范围的确定

　　本章第一节所提及的问题大都可以通过人为的努力来尽量减少甚至避免。因此,首先我们应当明确电梯安全使用中责任主体的范围。只有明确责任主体才能划分电梯安全使用中的具体责任,并将责任落实到单位或者个人,使其知晓自己的责任,保证他们在工作中各司其职。为此,本书拟从实践及法律规定的角度来分析电梯安全运行中所涉及的主要责任主体。

　　从实践的角度来看,电梯从生产到投入使用,大致有以下四个模块:电梯生产、安装、使用和维护保养。电梯是机电一体化的设备,其制造、安装、改造、维保质量直接关系到电梯的安全运行。[①] 因此,我们在进行电梯安全运行责任主体范围的圈定时,也应当由此出发。本书将电梯安全使用的责任主体主要选定为以下六个:电梯制造单位、房地产开发商、电梯安装修理改造单位、电梯使用管理单位、电梯维护保养单位以及相关政府部门。电梯制造单位是电梯的制造者,对电梯本身的质量必须负责。房地产开发商是以房地产的开发经营为主的企业,应当对其所开发的项目负责。在安装有电梯的房地产开发项目中,电梯制造单位的选定、电梯的选型、电梯的井道设计都是由房地产开发商负责组织各单位进行的。因此,房地产开发商应当是电梯安全使用的责任主体之一。电梯使用管理单位是对电梯的安全使用和日常管理负责的单位。电梯安装修理改造单位是对电梯进行安装、修理、改造的单位。电梯维护保养单位是负责对电梯进行日常维护保养和故障排除的单位。所以上述单位应当对电梯安全运行承担一定责任。而相关政府部门,主要有质量监督部门、工商管理部门以及法律法规规定的其他部门,对上述单位负有监督的职责、对涉及社会公共安全的电梯安全运行负有一定的管理职责。因此,也将其纳入电梯安全使用中的责任主体范围。

　　从法律规定的角度来看,我国的有关法律法规也是从实践的角度出发,重点对这六个责任主体进行规范。

---

　　① 王振宏:《电梯安全引发的思考》,载《品牌与标准化》2014 年第 11 期。

一、电梯制造单位方面

《特种设备安全法》首先在总则部分的第 2 条明确规定特种设备的生产适用本法,然后在第二章第一节和第二节对特种设备的生产进行了规范,第一节明确了特种设备生产单位及其主要负责人对其所生产的特种设备安全负责的总原则,第二节则对特种设备生产单位的生产活动和产品提出了一些具体要求。《产品质量法》也规定生产者依照本法规定承担产品质量责任。地方性法规或地方政府规章也是从上述两部法律法规出发,对电梯生产厂商提出要求,如《厦门市电梯安全管理办法》第 6 条第 2 款就规定了从事电梯制造的单位,其相应活动应当符合国家、省、市相关安全技术规范、标准和规定,第 12 条又列明了电梯制造单位应当遵守的具体规定;《宁波市电梯安全管理办法》也在其第三章对电梯生产活动、电梯生产厂家的责任义务进行了规定。由上述规定,可以确定电梯生产厂家对电梯的质量和安全运行负有重要责任。

二、房地产开发商方面

房地产开发商在电梯的安全使用中有特殊地位。房地产开发商可能是电梯的使用单位(在电梯安装完毕,尚未将电梯移交给电梯所有权人之前)。从使用单位的角度来说,则可以引用本书作者对电梯使用单位的法律规定的介绍,在此不赘述。同时《特种设备安全法》对电梯制造单位、电梯井道设计单位、电梯安装单位都提出了要求,而电梯制造单位、电梯安装单位等都是由房地产开发商组织的。因此,房地产开发商对落实法律的规定有重要意义。相对于《特种设备安全法》而言的下位法对建设单位的责任作了具体的规定,如《宁波市电梯安全管理办法》第二章就对建设进行了专章规定,共五条对电梯井道的设计、电梯位置的设置、电梯的选择、电梯的保修问题提出了要求。由此可见,房地产开发商在有关电梯的法律法规中占有重要地位。

三、电梯安装、改造、修理单位方面

《特种设备安全法》首先在第 2 条将安装、改造、修理纳入《特种设备安全法》的规范范围之内,然后在第 22 条、第 23 条和第 24 条分别规定了电梯安装、改造、修理由电梯制造单位或其委托的依法取得相应许可的单位进行的制度,安装、改造、修理前书面告知有关政府部门的制度,移交相关技术资料和文件的制度。《广东省电梯使用安全条例》第 13 条细化了电梯安装、改造、修理施工单位所应当提交给电梯所有权人或者其他使用管理人的各类文件材料,如监督检验报告、隐蔽工程资料等,并对电梯交付使用前应采取的措施和电梯交付使用的条件作了规定。

四、电梯维护保养企业方面

《特种设备安全法》对电梯维保企业提出了要求。电梯维护保养方面的法律主要体现在第二章第四节里面,尤其是第 45 条的规定。第 45 条第 1 款规定了具备电梯维护保养资格的单位,第 2 款提出了维保单位在维保过程中应当遵循安全技术规范,第 3 款则明确了维保单位电梯故障处理的职责。《特种设备安全法》对电梯维护保养方面提出的要求基本属于原则性的内容,因此地方性法律法规大都对电梯维保企业的资质和电梯的维护保养作了明确具体的规定,如《广东省电梯使用安全条例》第 15 条就对电梯维保企业作出多达十款的要求,这些要求具体到电梯维保企业的经营的场所、工作人员实施维保工作的人数、电梯维保的最少时间、电梯维保的情况记录等。《厦门市电梯管理办法》第 18 条也对电梯维保企业提出了 10 项要求,其中还包括每季度的故障报告和困人故障 3 日内报告的制度。

五、电梯使用管理单位方面

《特种设备安全法》第 2 条规定了特种设备的使用适用其法律规定,又在第二章第四节规定了特种设备使用单位在使用特种设备时应当履行的义务,包括特种设备的检验制度、使用登记制度、物业服务单位承担责任的情况、安全管理制度、建立特种设备安全技术档案的制度、定期养护检验制度、故障排除等。地方性法规,如《厦门市电梯安全管理办法》第 14 条、第 15 条和第 17 条也对《特种设备安全法》相应内容作了具体规定:明确了建设单位、电梯产权所有人、物业服务企业或者其他管理人和出租人成为电梯使用单位的情形;布置了电梯使用管理单位日常巡查、张贴标识等具体工作内容;专门规定了物业服务企业和业主委员会的关系。

六、相关政府部门方面

《特种设备安全法》第 2 条、第 4 条、第 5 条、第 6 条、第 10 条、第 11 条和《产品质量法》第 7 条、第 8 条、第 9 条都是政府部门对电梯安全运行负有监督管理责任的法律依据。地方各级人大制定出台的条例和人民政府公布的电梯安全管理办法也依据《特种设备安全法》和《产品质量法》的规定,对本行政区域内政府部门的责任作了更详细的规定。如《广东省电梯使用安全管理条例》

第4条将政府部门对电梯的安全监督管理工作具体分配到乡镇人民政府、街道办事处。

从上述分析可以看出,我国法律法规在电梯立法方面紧紧围绕上述六个责任主体的职责展开。虽然这六个责任主体有时会产生重叠,比如房地产开发商也可能是电梯使用管理单位,在这种情况下,房地产开发商在承担房地产开发商职责的同时也要承担电梯使用管理单位的职责;电梯制造单位有时也是电梯安装单位甚至电梯维保单位。但是,它们在不同的身份中承担不同的责任,本书也主要是对电梯安全运行中可能存在的主体及其责任作了阐述,因此进行上述划分。

第三节 电梯安全运行中各责任主体的责任

一、电梯制造单位的责任

电梯制造单位需要对电梯的质量和安全性能负责。对电梯的安全性能负责是指电梯制造商应当保证出产的电梯在所承诺的使用年限内可以安全地正常使用。电梯制造单位应当对电梯的安全性能负责主要体现在《特种设备安全法》第13条:"特种设备生产、经营、使用单位及其主要负责人对其生产、经营、使用的特种设备安全负责",以及第19条:"特种设备生产单位应当保证特种设备生产符合安全技术规范及相关标准的要求,对其生产的特种设备的安全性能负责。不得生产不符合安全性能要求和能效指标以及国家明令淘汰的特种设备"。同时,《特种设备安全法》的这一规定也符合《产品质量法》的要求。根据《产品质量法》第2条的规定,"在中华人民共和国境内从事产品生产、销售活动,必须遵守本法。本法所称产品是指加工、制作,用于销售的产品。建设工程不适用本法规定;但是,建设工程使用的建筑材料、建筑构配件和设备,属于前款规定的产品范围的,适用本法"。因此,电梯属于《产品质量法》规范的范围。而《产品质量法》第26条规定:"生产者应当对其生产的产品质量负责。产品质量应当符合下列要求:(一)不存在危及人身、财产安全的不合理的危险,有保障人体健康和人身、财产安全的国家标准、行业标准的,应当符合该标准;(二)具备产品应当具备的使用性能,但是,对产品存在使用性能的瑕疵作出说明的除外;(三)符合在产品或者其包装上注明采用的产品标准,符合以产品说明、实物样品等方式表明的质量状况。"因此,《特种设备安全法》与《产品质量法》均规定电梯制造单位是电梯的生产厂家,应当对其生产的电梯质量和电梯安全负责。部分地方性法规还对电梯制造单位如何保障电梯的质量和安全使用进行了明确的规定,如《广东省电梯安全使用条例》第12条第1款规定:"电梯制造单位应当保证电梯的质量、安全性能和能效指标符合法律法规以及安全技术规范和标准的要求,履行下列义务:(一)提供电梯设计文件、型式试验报告、产品质量合格证明、安装及维护保养说明、应急处置技术指导文件;(二)明确整机或者重要部件的使用年限,并在使用年限届满九十日前书面告知使用管理人;(三)建立电梯整机、重要零部件验收和溯源制度;(四)保证电梯零部件的供应,提供电梯安全运行和故障处理的技术指导,协助开展应急救援等专业技能培训;(五)对电梯安全运行情况定期进行跟踪调查,发现电梯存在严重事故隐患的,立即告知电梯使用管理人并提出处理意见;(六)对在保修期限内的保修事项,履行保修义务;(七)对因设计、制造原因造成电梯存在危及安全的同一性缺陷的,立即停止生产,依法实施召回,及时消除安全隐患。提倡制造单位采用现代信息管理技术,对电梯安全运行实施跟踪、提供服务。在本省销售境外制造的电梯,制造单位没有在境内设立直销机构的,应当明确在境内注册的代理商,由代理商承担本条第一款规定的制造单位的义务。"上述规定的义务从事前预防到日常维护、检查、保养到事故后的处理,是出于对电梯安全性能的保障而对电梯制造单位规定的应当履行的义务,以期最大限度地保障电梯的正常运作和人民的生命安全。

二、房地产开发商的责任

(一)选定合格电梯制造单位、有资质的设计单位、施工单位的责任

选定合格电梯制造单位、有资质的设计单位、施工单位的责任是指房地产开发商有选定合格的电梯制造商、有资质的设计单位、施工单位的责任,这样才能保障电梯使用的安全。《特种设备安全法》并未明确规定房地产开发商有这样的责任,但是从其法律规定确定,第13条第1款规定:"特种设备生产、经营、使用单位及其主要负责人对其生产、经营、使用的特种设备安全负责。"在实践中,房地产开发商有权选定电梯制造单位、电梯井道设计单位、施工单位等来负责电梯安装的各个事项。因此,房地产开发商应当对电梯安全承担一定责任,如选定合格电梯制造单位、有资质的设计单位、施工单位的责任。同时,《特种设备安全法》第18条规定:"国家按照分类监督管理的原则对特种设备生产实行许可制度。"第22条规定:"电梯的安装、改造、修理,必须由电梯制造单位或者其委托的依照本法取得相应许可的单位进行。"以上规定说明我国电梯的生产、施工等实行许可制。而且《中华人民共和国房地产管理法》第26条第1款规定:"房地产开发项目的设计、施工,必须符合国家的有关标准和规范。"在此情况下,对电梯制造单位、设计单位、施工单位的许可证明进行必要的审查,是开发商可以做到的,也是应尽的责任。在地方性法规和政府规章中,如《宁波市电梯安全管理办法》第10条第1款规定:"建设单位设置电梯应当综合考虑急救、消防、无障碍通行、底坑防漏防潮、机房降温等要求,充分评估拟安装电梯的使用频率、使用场所等因素,选择依法取得相应许可的单位生产的电梯。"第12条第1款规定:"建设单位应当将电梯制造单位信用情况、产品性能、售后服务能力、质量保证承诺、应急救援能力等作为电梯采购和招标的竞争条件。"以上法律规定不仅要求电梯制造单位取得相应许可,还对建设单位选定电梯制造单位提出了更高的要求。

(二)电梯设置安全、合理的责任

电梯设置安全、合理的责任是指房地产开发商在项目中电梯位置的设置和电梯井道工程设计应当合理,周边设施的建设也要保障电梯安全。《特种设备安全法》未对电梯设置要安全合理提出明确的要求,但地方性法规和地方政府规章却在立法时不约而同地都对此项内容提出了要求。如《宁波市电梯安全管理办法》第9条规定:"电梯井道工程设计应当符合法律法规、安全技术规范以及标准的规定,并与建筑结构、使用需求相适应。法律法规、安全技术规范以及标准对电梯井道工程设计未作规定,或者电梯的使用环境、条件和实际运作工况有特殊要求的,建设单位应当组织协调、进行风险评估,确定电梯井道设计方案。建设单位和通信运营企业应当保障电梯井道的通信信号覆盖。"第10条规定:"建设单位设置电梯应当综合考虑急救、消防、无障碍通行、底坑防漏防潮、机房降温等要求,充分评估拟安装电梯的使用频率、使用场所等因素,选择依法取得相应许可的单位生产的电梯。用于车站、机场、客运码头等公共交通场所的自动扶梯、自动人行道,应当选择公共交通型。电梯设置不符合有关强制性规范和标准的,施工图审查机构不得出具审查合格书。"第11条规定:"本市新建的公共聚集场所的政府投资项目,其电梯应当安装对重缓冲距离调节装置,并在机房中安装空调用于降温。鼓励社会投资建设项目或政府投资的既有建筑改造项目按照前款规定对电梯及机房进行建设、改造。"《广东省电梯使用安全条例》第7条规定:"电梯井道工程设计、电梯的选型和配置,应当符合法律法规、安全技术规范以及标准的规定,并与建筑结构、使用需求相适应。法律法规、安全技术规范以及标准对电梯井道工程设计、电梯选型与配置未作规定,或者电梯的使用环境、条件和实际运作工况有特殊要求的,建设单位应当提出电梯选型、配置要求,组织协调、进行风险评估,确定电梯井道设计方案。"上述法律法规都对房地产开发商在电梯井道设计、周边设施安排和特殊场合的特殊设施等方面的要求进行了规定。

三、安装、改造、修理单位的责任

（一）聘请有资质的安装、改造、修理人员的责任

聘请有资质的人员的责任是指电梯安装、改造、修理单位所聘请的作业人员应当是取得国家所规定的相应资质的人。《特种设备安全法》第14条规定:"特种设备安全管理人员、检测人员和作业人员应当按照国家有关规定取得相应资格,方可从事相关工作。特种设备安全管理人员、检测人员和作业人员应当严格执行安全技术规范和管理制度,保证特种设备安全。"因此,电梯安装、改造、修理单位在招聘有关技术人员的时候应当注重检查应聘人员的资格证书,考察他们的业务水平,确保其能完成安装、改造、修理的任务。

（二）电梯安装、改造、修理的责任

电梯安装、改造、修理的责任是指电梯安装、改造、修理单位应当按照国家对特种设备的安装、改造、修理的安全技术要求及其与建设单位或者电梯使用管理单位约定的义务完成电梯的安装、改造、修理工作。《特种设备安全法》第8条规定:"特种设备生产、经营、使用、检验、检测应当遵守有关特种设备安全技术规范及相关标准。特种设备安全技术规范由国务院负责特种设备安全监督管理的部门制定。"除此之外,《宁波市电梯安全管理办法》第19条第2款甚至提出了保质期的要求来确保电梯改造、修理的质量:"电梯改造或修理单位应当对更换的电梯部件及安全保护装置明确质量保证期限,在质量保证期内出现质量问题的,予以免费修理或者更换相关零部件。"

四、电梯维护保养单位的责任

（一）聘请有资质的维保人员的责任

电梯维护保养单位聘请的维保人员应当是符合国家法律规定、具有相应资质的人。《特种设备安全法》第14条规定:"特种设备安全管理人员、检测人员和作业人员应当按照国家有关规定取得相应资格,方可从事相关工作。特种设备安全管理人员、检测人员和作业人员应当严格执行安全技术规范和管理制度,保证特种设备安全。"维护保养人员也是特种设备的检测、作业人员,因此,也应当取得相应资质。《宁波市电梯安全管理办法》第30条第1款规

定："电梯的维护保养应当由电梯制造单位或依法取得许可的安装、改造、修理单位进行。维护保养作业人员应当依法取得相应资格,并不得同时在两个以上维护保养单位任职。"以上法律法规对维护保养人员提出了更高的要求。

(二)电梯维护保养责任

电梯维护保养单位应当按照国家有关技术规定和维保合同的要求完成电梯维护保养任务。《特种设备安全法》第45条规定："电梯的维护保养应当由电梯制造单位或者依照本法取得许可的安装、改造、修理单位进行。电梯的维护保养单位应当在维护保养中严格执行安全技术规范的要求,保证其维护保养的电梯的安全性能,并负责落实现场安全防护措施,保证施工安全。电梯的维护保养单位应当对其维护保养的电梯的安全性能负责;接到故障通知后,应当立即赶赴现场,并采取必要的应急救援措施。"地方性法规和地方政府规章根据本地区电梯维护保养单位的发展情况,提出了各自的电梯维护保养要求。如《宁波市电梯安全管理办法》第五章就针对电梯的维护保养提出了专门要求,第31条规定："电梯维护保养单位应当负责落实电梯维护保养现场安全防护措施,确保施工安全,并对其维护保养电梯的安全性能负责。维护保养后的电梯应当符合相应的安全技术规范、标准要求,并处于正常的安全运行状态。维护保养记录应当经使用管理单位签字确认。电梯维护保养业务不得转包、分包,或者变相转包、分包。对新安装电梯承诺免费维护保养的,维护保养工作应当符合安全技术规范的要求,不得降低维护保养质量";第32条则具体列明了维护保养单位的职责:制订电梯维护保养计划、制定应急救援预案、信息变更登记、建立电梯的维护保养记录、工作人员的安全技能培训、人均维护保养电梯的数量不超过规定要求、安全性能自行检查并出具自检报告、电梯隐患告知和报告制度、更换的零部件质量合格、远程动态监测、救援解困的职责;第33条还针对特殊情况的电梯,明确规定"公共交通场所的电梯、使用年限超过15年的电梯,使用管理单位和维护保养单位应当根据电梯运行的实际状况,增加维护保养频次和维护保养项目"。

五、电梯使用管理单位的责任

电梯使用管理单位对电梯有日常管理的责任,日常管理的具体义务则由法律规定或者业主与物业服务单位进行约定。日常管理的内容主要体现为《特种设备安全法》第15条:"特种设备生产、经营、使用单位对其生产、经营、使用的特种设备应当进行自行检测和维护保养,对国家规定实行检验的特种设备应当及时申报并接受检验。"在该法第二章第四节又进一步规定了特种设备使用单位应尽的职责,如取得使用登记证书的职责、建立安全管理制度的职责、建立特种设备安全技术档案的职责、具有规定的安全距离安全防护措施的职责、进行经常性维护保养和定期自行检查并作出记录的职责、合格期满前提出定期检验要求的职责、消除事故隐患的职责等。地方性法规和地方政府规章对这些日常管理的内容进行了细化,如《宁波市电梯安全管理办法》第 21 条规定电梯使用管理单位是电梯使用安全的责任主体,然后列明了电梯使用管理单位应当履行的十项职责,包括建立技术档案、组织日常巡查、张贴安全提示、电梯钥匙保管、委托单位进行电梯维护保养、应急演练、安全教育培训等职责;第 22 条针对住宅小区中可能出现的各方(如建设单位、业主委员会、物业服务公司)对电梯安全使用的职责进行了规定;第 23 条提出了根据不同情况为电梯配备专职的电梯安全管理人员的要求;第 24 条规定的是电梯发生故障时电梯使用管理单位的职责;第 25 条是电梯使用管理单位建立的安全技术包应当包含的内容;第 26 条是针对电梯停用期所作的规定。《厦门市电梯安全管理办法》也在第 15 条至第 17 条对电梯使用管理单位的日常管理工作作了类似的规定。

六、政府部门的责任

(一)监督职能

政府部门的监督职能在这里是指政府的有关部门应当对与电梯安全使用有关的重要环节和有关主体实行必要的监督。因此,在制定有关法律法规的时候应当赋予相关部门实行必要监督的权力,如对电梯生产、安装、使用、保养的监督。目前,法律对政府部门在特种设备监督职能的规定主要体现在《特种设备安全法》第 4 条至第 6 条,其中第 4 条规定:"国家对特种设备的生产、经营、使用,实施分类的、全过程的安全监督管理";第 5 条规定:"国务院负责特种设备安全监督管理的部门对全国特种设备安全实施监督管理。县级以上地方各级人民政府负责特种设备安全监督管理的部门对本行政区域内特种设备安全实施监督管理";第 6 条规定:"国务院和地方各级人民政府应当加强对特种设备安全工作的领导,督促各有关部门依法履行监督管理职责。县级以上地方各级人民政府应当建立协调机制,及时协调、解决特种设备安全监督管理中存在的问题"。

《特种设备安全法》第 4 条先明确国家对特种设备进行安全监督管理的总原则,第 5 条将特种设备安全监督管理的总责任分配给我国的行政机关——国务院,同时要求地方人民政府的有关部门对本行政区域内特种设备安全实施监督管理,第 6 条则规定了国务院和地方各级人民政府对有关部门履行监督管理职能的领导和督促作用。此外,《特种设备安全法》还在第四章专章规定了监督管理的一些具体事项。地方各级人大或人民政府在制定有关法规规章的时候,也依据《特种设备安全法》进一步落实监督职能的分配,如《宁波市电梯安全管理办法》第 4 条规定:"特种设备安全监督管理部门负责对本行政区域内电梯安全实施监督管理。住房和城乡建设行政主管部门负责对本行政区域内在建项目中的电梯井道、机房等工程质量实施监督管理,并对物业服务企业依法履行电梯日常安全运行管理职责加强指导和监督。通信管理部门会同住房和城乡建设行政主管部门负责做好电梯井道通信信号覆盖的监督工作。安全生产监督、财政、规划、公安、经信、市场监管、教育、卫生以及招标投标监督等相关职能部门应当按照各自职责,做好电梯安全的监督管理工作",将电梯安全监督的各项职责较为明确地分配给各个部门。《广东省电梯使用安全条例》第 4 条第 2 款规定:"乡镇人民政府、街道办事处协助做好电梯使用安全监督管理工作",将电梯安全的监督工作落实到县级以下的政府部门。

（二）组织协调职能

组织协调职能是指政府部门应当负责组织有关单位协调、解决电梯安全管理中的重大问题,如政府各部门管理的职权划分、电梯安全问题的投诉和纠纷等。《特种设备安全法》第 6 条第 2 款规定:"县级以上地方各级人民政府应当建立协调机制,及时协调、解决特种设备安全监督管理中存在的问题",这就说明《特种设备安全法》认可了政府部门的组织协调职能。地方性法规和政府规章也根据《特种设备安全法》的该项规定,结合实际情况,规定了组织协调职能的具体内容,如《厦门市电梯安全管理办法》第 5 条规定:"街道办事处(镇人民政府)应当协助市质量技术监督部门做好电梯安全管理工作,并具体履行以下职责:(一)督促电梯使用单位、维护保养单位开展电梯安全隐患日常排查治理,落实安全责任;(二)调解处理涉及电梯安全问题的投诉和纠纷;(三)协调落实电梯使用单位和电梯日常运行、维护保养、修理、改造、更新等经费保障;(四)法律、法规、规章及省、市人民政府规定的其他职责",其中,第(二)项和第(三)项规定了街道办事处(镇人民政府)协调处理纠纷和协调落实经费的职责。

（三）宣传教育职能

宣传教育的职能是指政府部门对人民群众进行电梯安全使用常识的宣传和教育、增强社会公众安全乘梯意识、普及电梯法律知识的职能。安全乘梯是全社会共同关注的话题,对此进行宣传教育也应当是政府的职责之一。《特种设备安全法》第 11 条规定:"负责特种设备安全监督管理的部门应当加强特种设备安全宣传教育,普及特种设备安全知识,增强社会公众的特种设备安全意识。"这说明有关管理部门对特种设备的安全教育工作负有责任,对电梯安全亦是如此。有的地方性法律法规还明确了负责的具体部门和其他单位对电梯安全教育的协助工作,如《厦门市电梯安全管理办法》第 7 条规定:"特种设备安全监督等行政管理部门应当加强电梯安全知识及相关法律、法规的宣传教育,增强社会公众的安全乘梯意识和自我保护能力。电梯生产、使用、维护保养单位以及检验、检测机构应当加强对电梯安全知识的宣传,引导社会公众正确使用电梯。幼儿园、学校应当将电梯安全知识作为安全教育的重要内容,培养幼儿、学生安全、文明使用电梯的习惯。监护人应当履行对被监护人安全、文明使用电梯的监护义务。广播、电视、报刊、网络等新闻媒体应当开展电梯安全公益性宣传,对违反电梯安全管理规定的行为进行舆论监督",这样的规定基本确定了政府部门为主导,有关管理单位、学校、监护人和新闻媒体协助的全方位、多层次的电梯安全教育宣传体系。

(四)事故应急救援与调查处理职能

事故应急救援与调查处理职能是指当电梯发生事故时,政府部门有派遣有关人员参与救援、调查事故原因和对事故做善后处理的职责。《特种设备安全法》第五章(第 69 条至第 73 条)对事故应急救援和调查处理作了较为系统的规定:政府部门制定特种设备重特大事故应急预案,特种设备使用单位制定特种设备事故应急专项预案、特种设备发生事故后的及时报告制度,根据事故级别不同由不同级别政府负责组成调查组制度,追究事故责任单位和人员责任制度,事故责任单位依法整改制度。地方性法规和政府规章将事故应急救援与调查处理规定得更为具体,提出了更高的要求,如《厦门市电梯安全管理办法》第 8 条规定:"市质量技术监督部门建立电梯安全应急处置中心,对本市电梯应急救援实行统一管理,并与'公安 110''消防 119'联动。鼓励电梯维护保养单位建立区域性电梯安全救援网络,实现快速专业救援。"《宁波市电梯安全管理办法》在第 40 条将特种设备安全监督管理部门会同公安等部门建立的电梯公共应急处置平台接到电梯乘客被困等报警信息通知相应维护保养单位赶到现场的时间限定为 5 分钟。

(五)执法职能

执法职能是指当法律规定的主体违反法律时,有关政府部门有权依据法律的规定对违法主体进行处罚。《特种设备安全法》在第六章违法责任中详细规定了各个主体在违反《特种设备安全法》的规定时应负的法律责任,这些处罚应当由有关政府部门负责执行。不仅如此,地方性法规和地方政府规章对违反了其规定的情况也明确了具体处罚整改措施,如《厦门市电梯安全管理办法》第 30 条规定:"违反本办法,有下列行为之一的,由市质量技术监督部门按照下列规定予以处罚……";第 31 条规定:"市质量技术监督部门和其他相关部门及其工作人员有下列情形之一的,由其上级机关或者检察机关责令改正;对直接负责的主管人员和其他直接责任人员,依法给予处分……"。

第四节 对福建省电梯立法的具体建议

一、加强政府对电梯维护保养行业的管理职责

电梯行业的人都知道电梯安全"三分在产品,七分在维保"。宏观上看,调查显示,将诸多电梯安全隐患因素分类,最后得出结论:其中制造质量占 16%,安装占 24%,而保养和使用问题则高达 60%。[①] 可见电梯的维护保养对电梯安全运行的重要性。因此,政府有必要加强对电梯维护保养行业的管理,法律有必要重视对电梯维护保养的规范。本书认为,应当对电梯维护保养行业进行如下规范:第一,立法应当规定政府要加强对电梯维护保养人员的规范。此举主要针对的是我国电梯行业维护保养人员良莠不齐的现状。虽然电梯行业的从业人员要从事电梯作业需取得国家规定的资质,但是这种资质的取得难度不大,更不用说还存在无证进行电梯维护保养的人员了。福建省在立法时应当加强对从事电梯维护保养的人员的管理,杜绝无证人员从事电梯维护保养的情况。同时对有证人员的管理也不能疏忽,要确保他们每年有充分地进行职业培训和安全教育的时间。对电梯维护保养人员要建立个人档案,专门记述电梯维护保养人员的重要情况,如从业时间、保养电梯数量、电梯故障处理情况、奖惩情况等。第二,政府应当对电梯维护保养的收费进行规范。政府应当组织有关专家,结合本行政区域对电梯维护保养的成本和利润进行核算,制定电梯维护保养费的政府指导价。如上所述,电梯维护保养价格的恶性竞价很可能导致电梯维护保养不到位,造成电梯事故。因此,政府应当

---

① 郭竞雄:《对于我国电梯安全立法的相关研究》,载《法制与社会》2015 年第 8 期。

对电梯维护保养费的恶性竞价情况进行规范,而制定政府指导价是有效的方法之一。首先,制定政府指导价能确保电梯维护保养费高于电梯维护保养的成本,杜绝电梯维护保养单位低于成本价进行电梯维护保养的情况,在收费上保障了电梯维护保养单位能够对电梯进行正常维护保养。其次,出台电梯维护保养的指导价使人民群众能够对电梯维护保养的成本和利润有大致的了解,使其不会盲目地选择低价的电梯维护保养单位,也不会因为担心电梯维护保养的质量而选择那些盲目抬价的电梯维护保养单位,保障人民利益。第三,政府应当对电梯维护保养的程序进行管理。电梯维护保养的程序许多地方性法律法规和电梯维护保养的技术要求都有明确的规定,而且这些规定周到具体。因此,福建省在立法时,对电梯维护保养程序的规定,只要参考各地方性法律法规即可,尤其是《厦门市电梯安全管理办法》是针对厦门市的情况制定的,对福建省立法有重大参考意义。所以,问题的重点是如何确保电梯维护保养单位按照法律法规规定的程序对电梯进行维护保养。电梯使用管理单位应当设专门的电梯安全员,负责在电梯进行维护保养时对电梯维护保养人员的作业进行监督,电梯维护保养后在有关单据上签字确认,确认程序的规范性,并由政府有关部门保存该单据。政府也应当定期或不定期对电梯维护保养单位的作业进行检查,建立电梯维护保养单位、电梯使用管理单位、政府有关部门三位一体的针对电梯维护保养程序的监管体制。

二、建立以政府部门为主导,维护保养单位为主体,其他各主体协助的电梯维保体系

电梯的维护保养是电梯安全使用的重中之重。但是,福建省的电梯维护保养体系却不甚健全。因此,应当在立法中规定建立以政府为主导,电梯维护保养单位为主体,其他各主体(包括房地产开发商,物业管理公司,电梯制造单位,电梯安装、改造、维修单位,电梯使用管理单位,电梯行业协会)协助的电梯维护保养体系。之所以要以政府部门为主导,是因为目前福建省电梯维护保养企业良莠不齐、规模不一,与其他各主体联系的密切程度也不同,政府部门本身有协调组织的职能,且有集中力量办大事的能力。因此,应当由政府部门牵头,组织各主体来建立这个电梯维护保养体系,协调各主体的职责。电梯维护保养单位是电梯维护保养的主力军,是电梯维护保养的执行者。因此,以电梯维护保养单位为主体是理所当然的。其他主体对电梯维护保养也有协助义务,因为电梯的性能、安装、改造、修理中出现的问题往往会在电梯投入使用以后才逐渐被人发现。而且,电梯制造单位对电梯本身的性能和可能出现的问

题更为了解,房地产开发商和电梯安装、改造、修理单位对电梯井道等情况更加清楚。电梯使用管理单位则负责对电梯日常的管理,对电梯的使用情况也会有所了解。因此,其他主体也有一定能力帮助电梯维护保养单位更好地进行电梯维护保养工作。现行的法律法规大多对与电梯有关的各主体的责任分开规定,把电梯维护保养的责任主要归于电梯维护保养单位,并未重视各个主体之间关于电梯维护保养的交流合作。但是电梯维护保养单位并非一定是电梯制造单位,也并非一定是当初负责电梯安装、改造、修理的单位。我国《特种设备安全法》第45条规定:"电梯的维护保养应当由电梯制造单位或者依照本法取得许可的安装、改造、修理单位进行。"电梯的维护保养只要由获得许可的安装、改造、修理单位进行即可。因此,这中间可能存在对于电梯的各类信息沟通不畅的问题,对电梯的维护保养也会造成障碍。虽然法律上有要求电梯制造单位等建立安全技术信息档案,但是始终不是对电梯信息最全面的总结。本书所说的电梯维护保养体系主要包括两大块内容。一是关于人员的,电梯作业人员应当获得相应资质才能上岗操作。并且当电梯进行日常维保的时候,电梯制造单位等应当给予必要的关注。若是电梯发生故障,有必要时应当派员参与救援。二是关于信息交流的,应当建立一个各个品牌、各个型号的电梯基本信息交流平台,使电梯维护保养单位能查询到其维护保养的电梯的基本信息,使其能够更有针对性地对电梯进行养护。良好的电梯维护保养体系的运用能在电梯维护保养中查出更多问题、排除更多故障,福建省在立法时应当充分考虑电梯维护保养的重要性,出台更多有力措施,保障电梯得到合理的维护保养。

三、政府部门应当加强对各责任主体的监督,建立对各主体的信息披露体系

政府部门应当加强对各责任主体的监督,了解各主体的重要信息,并在固定期限对关键信息进行披露。这种信息披露体系既是对有关单位的监督方式,又是便民利民的措施。根据《特种设备安全法》第4条:"国家对特种设备的生产、经营、使用,实施分类的、全过程的安全监督管理",政府对各责任主体有监督的职责。但是这种监督管理应当到什么样的程度,法律并没有明确规定,而是由各个地方人大和地方政府依据当地的实际情况进行规定。在福建省行政区域内建立一个由政府部门牵头、各主体共同参与的信息披露体系是可行的。政府部门应当召集各责任主体、有关专家以及人民代表,了解电梯主要有哪些重要指标、了解人民群众最关心的有关电梯的问题(比如电梯各个品

牌在本省使用时的故障率、电梯维护保养企业的规模、维护保养的电梯数量、维护保养的电梯的故障率、有关单位的违法次数等),并以此为依据,要求各主体定期进行汇报。在信息来源收集方面,除了规定本单位定期对自身的信息向有关政府部门汇报外,还可以通过电梯使用管理单位来了解这方面的信息(比如让电梯使用管理单位汇报本小区所使用电梯的品牌、故障率、维保单位等),避免有关单位隐瞒漏报,使得到的信息更加全面、准确、真实。而且,政府部门不仅要自行或者聘请专业人员对这些数据进行收集整理,有时还应当对汇报的数据进行必要的抽查核实,以此来督促有关单位诚实地对待信息汇报工作,使这种信息汇报不流于形式。除了日常信息定期汇报外,对于一些特殊的信息,如发生了重大的电梯事故等,电梯使用管理单位应当立即上报政府部门。在信息披露方面,可以建立多渠道的信息披露体系。如政府部门可以定期召开记者招待会,对有关信息进行披露,也可以建立网上信息披露平台,使人民群众可以随时查询到相关信息。建立信息披露系统既可以给人民群众在选择电梯品牌、型号和电梯安装、维护保养单位的时候提供参考,又是对电梯制造单位、安装单位、维护保养单位的督促,使其更加认真对待电梯安全问题。而且,信息披露在《厦门市电梯安全管理办法》中就有类似的规定。《厦门市电梯安全管理办法》第29条规定:"市质量技术监督部门应当会同相关部门建立电梯安全评定、服务质量评价、违法行为人档案等信用监管制度,并按照相关规定向社会公开。"只是,这个管理办法对应当披露的信息规定不够具体详细。因此,福建省在立法时可以考虑引入并加以完善。有人提出要对各电梯品牌、电梯安装、维护保养单位进行评级,但本书不赞成这样的建议。评级具有主观性,评级的时候可能会因为各个评价体系的侧重点不同而出现不同的结果,造成不公平。而且,这样的评级可能导致行政垄断,也可能给政府权力寻租留下空子。政府部门只要负责整理公布有关数据信息即可,对电梯制造单位、安装单位、维护保养单位的评价留给人民群众来自行判断。

四、明确各有关主体的职责、发挥各行业协会的作用

明确各有关主体的职责,才能使其明确自身的责任范围,做到各司其职。各电梯相关行业协会应当加强自律管理手段,同时协助各主体履行其职责。本书作者已经在前文中总结了六大责任主体的职责:政府部门有监督职能、组织协调职能、宣传教育职能、事故应急救援与调查处理职能和执法职能;电梯制造单位对电梯的质量和安全性能负责;房地产开发商有选定有资质的电梯制造单位、设计单位、施工单位的责任和电梯设置安全、合理的责任;电梯安

装、改造、修理单位有聘请有资质的安装、改造、修理人员的责任和电梯安全安装、改造、修理的责任；电梯使用管理单位有日常管理的责任；电梯维护保养单位有聘请有资质的维保人员的责任和电梯维护保养的责任。福建省在立法的时候应当围绕上述内容制定具体的规定，力求在新出台的法律法规中不留下空白区域，使电梯安全使用的每一个重要步骤都有法可依、有责可追。同时也应当重视发挥行业协会的作用。国家重视电梯相关行业协会的作用，在《特种设备安全法》第9条规定："特种设备行业协会应当加强行业自律，推进行业诚信体系建设，提高特种设备安全管理水平。"福建省厦门市人民政府在制定电梯法律法规时，也希望发挥行业协会的作用，虽然制定该办法时，厦门市尚未有电梯行业协会，但是该办法仍然为电梯相关行业协会未来可能的作用预留了发挥的空间。《厦门市电梯安全管理办法》第10条规定："依法成立的电梯相关行业协会应当建立行业自律机制，制定行业规范，提供电梯安全培训、宣传教育、咨询等服务，公开电梯的平均日常维护保养价格、主要零部件检查更换周期等信息，参与电梯安全信用评价，提高电梯安全管理水平。"因此，福建省在制定电梯相关法律法规的时候，也应当重视电梯相关行业协会能发挥的作用，明确其协助的义务。目前我国已有中国电梯协会。一些省份如浙江和一些一线城市如上海、深圳也成立了电梯行业协会。但是，福建省目前仍没有覆盖全省的电梯行业协会，与电梯相关的全省性的行业协会只有福建省物业管理协会。而福建省的各地级市中，仅有龙岩和漳州有本市的电梯行业协会，其他地级市都没有成立电梯行业协会。但是，各地对组建电梯行业协会的呼声越来越大，应当说，在未来成立各种电梯行业协会来促进对电梯安全运行各责任主体的自律性管理是发展的必然趋势。因此，福建省在制定电梯法律法规时应当考虑到社会的发展情况，确认电梯相关行业协会在电梯安全管理中发挥自身作用的合法性，为电梯行业协会的发展和电梯安全责任主体的自律性管理预留空间。

五、针对各责任主体，建立明确的问责处罚机制

上文已经讲到要明确各有关主体的责任，那么，针对没有认真履行职责的主体也应当建立相应的问责处罚机制，才能更好地督促各主体履行职责。电梯相关法律法规大多有问责处罚机制：《特种设备安全法》第六章法律责任（第74条至第98条）对特种设备生产单位，特种设备经营单位，特种设备安装、改造、修理单位，特种设备使用单位、电梯维护保养单位等在违反本法以及符合法律规定的应当受到处罚的情况下会作出何种处罚作了较为具体的规定。被

处罚的对象不仅包括单位,还有主要负责人和特种设备安全管理人员、检测人员和作业人员。作业人员才是各类电梯作业的操作者。因此,必须将责任落实到个人身上,而不仅是单位,才能督促作业人员认真履行职责,更好地保障电梯安全。《特种设备安全法》中的处罚方式主要有:罚款,没收违法所得,责令恢复原状,责令限期由取得许可的单位重新安装、改造、修理,没收违法制造的特种设备,责令限期改正,责令停止生产,吊销生产许可证等。《厦门市电梯安全管理办法》第 30 条和第 31 条也围绕六个主要责任主体,在法律允许的范围内规定了它们在违反本办法的情况下应当承担的法律责任。《广东省电梯使用安全条例》(第 33 条至第 41 条)以及《宁波市电梯安全管理办法》第八章法律责任(第 44 条至第 50 条)也有大量的类似规定。因此,福建省在出台电梯管理条例时也应当参考上述法律法规,建立问责处罚机制。问责处罚机制要列明应受处罚的各种情况,处罚的对象要从单位到个人,处罚的内容要符合法律的规定。

第二章 电梯安全立法概述

第一节 我国电梯安全立法现状

一、国家层面的电梯安全立法

国家质检总局根据《特种设备安全法》和《特种设备安全监察条例》的规定,修订《特种设备目录》并于 2014 年 10 月 30 日起正式实施。在国家质检总局颁布的《特种设备目录》中对电梯进行了明确的释义:"电梯,是指动力驱动,利用沿刚性导轨运行的箱体或者沿固定线路运行的梯级(踏步),进行升降或者平行运送人、货物的机电设备,包括载人(货)电梯、自动扶梯、自动人行道等。非公共场所安装且仅供单一家庭使用的电梯除外。"《特种设备目录》中将电梯的品种定为三大类别,总共囊括 10 个品种,分别是曳引驱动乘客电梯、曳引驱动载货电梯、强制驱动载货电梯、液压乘客电梯、液压载货电梯、自动扶梯、自动人行道、防爆电梯、消防员电梯、杂物电梯。《特种设备目录》对"电梯"一词进行释义并规定电梯的品种类别,明确了政府对电梯安全实施监督管理的范围。

(一)《特种设备安全法》

近年来,我国接连发生多起特大安全生产事故,造成重大人员伤亡和财产损失。为了预防特种设备安全事故,保障人民群众的人身安全和财产安全,我国于 2014 年 1 月 1 日起正式实施了《特种设备安全法》。虽然在人们日常生活交流中并不常用"特种设备"一词,但是电梯、游乐设施等名词是人们所常用的词语。随着我国经济社会的迅猛发展,高楼大厦等大型建筑如春笋破地而出,我国电梯数量亦随之急剧增加,电梯致害事件自然时有发生。为更好地保护人民群众的人身安全和财产安全,《特种设备安全法》就电梯安全的有关问题进行了专门规定。

1. 明确电梯安全的责任主体

随着电梯行业的发展,目前许多电梯制造单位已经开始从以制造为主向以安装、改造、修理、保养为主的方向转变。电梯的安装、改造和修理质量直接影响电梯的安全运行,电梯的安装、改造和修理由同一家电梯制造单位负责有利于保障电梯安全、明确主体责任,因此电梯的安装、改造和修理环节必须严格规范。《特种设备安全法》规定了电梯安装、改造、修理的主体,明确了电梯制造单位在电梯安装、改造、修理环节中的责任和义务。《特种设备安全法》第22条明文规定,电梯的安装、改造、修理,必须由电梯制造单位或者其委托的依照本法取得相应许可的单位进行。电梯制造单位委托其他单位进行电梯安装、改造、修理的,应当对其安装、改造、修理进行安全指导和监控,并按照安全技术规范的要求进行校验和调试。电梯制造单位对电梯安全性能负责。

【案例2-1】马某友诉天津市天房物业管理有限公司等排除妨害纠纷案①

原告马某友系泰安里小区业主,被告天房物业公司系泰安里小区物业管理企业,被告海滨发展公司系泰安里小区的开发建设单位,在建设时由被告海滨发展公司安装了一客、一货两部电梯。2015年7月20日前后,被告天房物业公司对泰安里小区12号楼1门的两部电梯进行施工改造,在电梯内加装了刷卡上下楼设施,擅自更改电梯内电梯电路系统。

天津市滨海新区人民法院经审理查明,2014年3月4日,天津市滨海新区泰安里小区业主委员会就物业实施电梯刷卡制度形成决议。2015年4月6日,天津市滨海新区泰安里小区业主委员会(甲方)与被告天房物业公司(乙方)签订了一份《电梯改装协议(安装电梯IC卡控制设施)》。该协议签订后,被告天房物业公司于2015年5月8日与天津市方景电梯安装工程有限公司签订了一份《电梯刷卡系统安装合同》。根据该合同,天津市方景电梯安装工程有限公司于2015年7月对泰安里12号楼1门两部电梯进行了施工改造,在电梯内加装了刷卡设备,现已启用,业主需刷卡才能正常使用电梯。

另查明,2008年10月6日,被告海滨发展公司与被告天房物业公司签订《天津市前期物业管理服务合同》,该合同约定,被告海滨发展公司(系委托方、

① 参见天津市滨海新区人民法院(2015)滨汉民初字第4585号判决书。

甲方)将天津市滨海新区汉沽泰安里区划内建筑物及其附属设施委托给被告天房物业公司(系受托方、乙方)进行物业管理服务。合同中,第5条"乙方权利义务"、第6条"物业服务标准"中并未约定乙方有对电梯进行施工改造等权利。此外,天津市方景电梯安装工程有限公司营业执照注明的经营范围为:电梯安装、维修、保养(取得特种设备安全监察部门许可后经营)及技术咨询服务,电梯及其配件销售(国家有专项、专营规定的按规定执行,涉及行业审批经营项目及有效期限以许可证或资质证为准)。2014年4月22日,天津市方景电梯安装工程有限公司取得了天津市质量技术监督局颁发的特种设备安装改造维修许可证,该证核准的施工类型为:维修。该公司没有电梯安装、改造的许可。

根据《物业管理条例》,业主依法享有物业共用部位、共用设施设备的所有权及使用权。物业服务企业确需改变公共建筑和共用设施用途的,应当提请业主大会讨论决定同意后,由业主依法办理有关手续。业主对物业共用部位、共用设施设备和相关场地使用情况享有知情权和监督权。本案中,被告天房物业公司(物业服务企业)与被告海滨发展公司(开发商)签订了《天津市前期物业管理服务合同》,被告天房物业公司取得了泰安里小区的物业服务和管理资格,因此,被告天房物业公司应依合同约定及法律规定管理建筑区划内的建筑物及其附属设施,而不得擅自安装和改造附属设施。根据《特种设备安全法》第2条的规定,电梯属于特种设备。第22条规定:电梯的安装、改造、修理,必须由电梯制造单位或者其委托的依照本法取得相应许可的单位进行,电梯制造单位委托其他单位进行电梯安装、改造、修理的,应当对其安装、改造、修理进行安全指导和监控,并按照安全技术规范的要求进行校验和调试,电梯制造单位对电梯安全性能负责。本案中,被告天房物业公司委托只有维修资质,没有安装、改造资质的天津市方景电梯安装工程有限公司对泰安里的两部电梯进行安装改造,具有安全隐患,被告天房物业公司的行为也违反了国家法律强制性规定,为保障原告在内的业主人身和财产安全,被告应当拆除安装在泰安里的两部电梯智能刷卡设备并恢复原状。被告海滨发展公司在本案中无过错,故不应承担责任。

2.强化电梯安全管理责任

电梯作为公共设施,一旦发生安全事故致人损害,社会舆论高度聚焦,造成的社会影响重大。电梯使用单位作为保障电梯安全使用的责任主体,必须强化其电梯安全管理责任。法律从设置安全管理机构或配备安全管理人员的角度出发,强化电梯使用单位的电梯安全管理责任。《特种设备安全法》第36

条明文规定,电梯、客运索道、大型游乐设施等为公众提供服务的特种设备的运营使用单位,应当对特种设备的使用安全负责,设置特种设备安全管理机构或者配备专职的特种设备安全管理人员;其他特种设备使用单位,应当根据情况设置特种设备安全管理机构或者配备专职、兼职的特种设备安全管理人员。

【案例 2-2】孙某某诉沈阳格林生活坊物业管理有限责任公司公共场所管理责任纠纷案①

原告孙某某系沈阳市和平区格林生活坊小区业主,被告沈阳格林生活坊物业管理有限责任公司系该小区物业公司,系发生事故电梯的运营使用单位。2015 年 1 月 14 日,孙某某乘坐格林生活坊一期电梯回家时,发生电梯坠落事故,孙某某在本次事故中受伤。辽宁省沈阳市和平区人民法院经审理查明,认为格林物业对孙某某的受伤存在过错,应承担全部赔偿责任。

根据法律规定,公民的健康权受法律保护。《特种设备安全法》第 36 条规定,电梯、客运索道、大型游乐设施等为公众提供服务的特种设备的运营使用单位,应当对特种设备的使用安全负责。特种设备的运营使用单位未尽到安全保障义务造成他人损害的,应当承担侵权责任。本案中,孙某某作为格林物业所服务的小区业主,在乘坐电梯时因电梯发生坠落事故而受伤,格林物业作为电梯的管理人本应对该电梯进行经常性维护保养和定期自行检查,但格林物业对可能存在安全隐患的环节疏于安全防范及管理,未及时发现和消除安全隐患,以至于出现孙某某在乘坐电梯时发生坠落事故而受伤的后果,由此,格林物业对孙某某的本次受伤存在过错,应承担全部赔偿责任。

3. 规定电梯维护保养单位责任

近年来在全国各地相继发生的电梯安全事故表明,电梯的日常维护保养对电梯安全尤为重要。《特种设备安全法》第 45 条明文规定,电梯的维护保养应当由电梯制造单位或者依照本法取得许可的安装、改造、修理单位进行。电梯的维护保养单位应当在维护保养中严格执行安全技术规范的要求,保证其维护保养的电梯的安全性能,并负责落实现场安全防护措施,保证施工安全。电梯的维护保养单位应当对其维护保养的电梯的安全性能负责;接到故障通知后,应当立即赶赴现场,并采取必要的应急救援措施。

【案例 2-3】宋某海诉天津鼎盛佳信物业服务有限公司、天津市中颖电梯

---

① 参见辽宁省沈阳市和平区人民法院(2015)沈和民一初字第 02010 号判决书。

有限公司等生命权、健康权、身体权纠纷案①

原告宋某海系天津市津南区咸水沽镇剧场西路耀华名邸 2-2407 室的住户,被告天津鼎盛佳信公司为耀华名邸小区的物业服务公司。鼎盛佳信公司在从事物业服务过程中,将电梯的监控、维护及保养委托给被告中颖公司。2015 年 11 月 19 日下午 13:29,原告与其妻子在乘坐涉案电梯的过程中,因电梯门打不开,被困在电梯中。2015 年 11 月 19 日下午 13:44,鼎盛佳信公司的工作人员胡某儒将电梯门打开,当时原告蹲在电梯内。急救人员赶到现场后,将原告送往咸水沽医院治疗,当天原告被转至天津市环湖医院住院治疗,于 2015 年 11 月 24 日出院,住院时间共计 5 天。中颖公司的工作人员于 2015 年 11 月 19 日 13:43 赶到现场,经检查涉案电梯故障的原因是平层感应器损坏。更换平层感应器后,涉案电梯已经正常运行。天津市南津区人民法院经审理查明,涉案电梯系"东芝沈阳"生产,于 2011 年 7 月 7 日安装于天津市津南区咸水沽镇耀华名邸小区。被告鼎盛佳信公司于 2011 年 6 月开始对该小区进行管理。2015 年 7 月 1 日,被告鼎盛佳信公司与中颖公司签订电梯维护保养合同,约定由中颖公司对涉案电梯进行维修保养。

侵害民事权益,应依法承担侵权责任。本案原告在乘坐涉案电梯时因电梯门打不开被困在电梯中 15 分钟,电梯门被打开后原告即先后被送往咸水沽医院和天津市环湖医院治疗,因此可以认定涉案电梯发生故障致原告被困在电梯内与原告随后住院治疗的病情之间存在因果关系。涉案电梯属于公用设备设施,被告鼎盛佳信公司作为耀华名邸小区的物业服务公司,对于包括涉案电梯在内的公用设备设施有维修、养护、管理和运行服务的义务;鼎盛佳信公司与中颖公司就涉案电梯签订了维护保养合同,由中颖公司负责涉案电梯的维修保养,中颖公司应尽到对涉案电梯进行维修保养的义务。现涉案电梯发生故障给原告造成损害,鼎盛佳信公司未尽到管理义务,中颖公司未尽到对涉案电梯的维修保养义务,均存在过错,故应对因此给原告造成的损失承担连带赔偿责任。原告在乘坐涉案电梯过程中不存在违规行为,故在本案中没有过错。"东芝沈阳"虽然是涉案电梯的生产商,涉案电梯的故障是因为其配件平层感应器损坏造成,电梯本身不存在缺陷,故"东芝沈阳"在本案中不承担责任。

4.明确电梯投入使用后电梯制造单位的跟踪服务责任

电梯制造单位应当对电梯的质量和安全性能负责,在电梯的使用过程中

---

① 参见天津市津南区人民法院(2015)南民一初字第 3807 号判决书。

电梯制造单位应当跟踪了解电梯的安全运行情况,提供必要性技术帮助,发现隐患应及时告知电梯使用单位并报告安监部门。《特种设备安全法》第 46 条明文规定,电梯投入使用后,电梯制造单位应当对其制造的电梯的安全运行情况进行跟踪调查和了解,对电梯的维护保养单位或者使用单位在维护保养和安全运行方面存在的问题,提出改进建议,并提供必要的技术帮助;发现电梯存在严重事故隐患时,应当及时告知电梯使用单位,并向负责特种设备安全监督管理的部门报告。电梯制造单位对调查和了解的情况,应当做记录。

【案例 2-4】林某勇诉上海三菱电梯有限公司等公司产品责任纠纷案①

2008 年 11 月 9 日,原告林某勇与被告龙成公司签订《商品房买卖合同》,成为漳浦县绥安镇龙成尊庭小区××幢××号的业主。2009 年 8 月 21 日,被告龙成公司与被告三菱公司签订《产品买卖合同》,合同第 1 条约定龙成公司向三菱公司购买上海三菱商标的电梯 10 台,第 8 条第 3 款约定由卖方负责安装的产品,在买方合理正常的保管和试用下,产品质量保修期为政府部门验收合格之日起的 12 个月,并且不超过合同约定交货日期起的 18 个月。2010 年 3 月 18 日,漳州市工业安装有限公司就被告三菱公司 2010 年 2 月出厂的涉案电梯在漳浦县绥安镇麦市街中段南侧的龙成尊庭 15 号楼进行安装。2011 年 3 月 11 日,安装在漳浦县绥安镇麦市街中段南侧的龙成尊庭 15 号楼由西向东第 3 号电梯间的电梯(内部编号 5 某)经漳州市质量技术监督局检验合格并颁发《特种设备使用登记证》后正式投入使用。电梯内设置有铭牌、特种设备使用登记证、电梯使用说明、安全警示等。2011 年 10 月 12 日,漳州市工业安装有限公司特种设备工程部就所安装的电梯资料特种设备使用登记证、产品出厂合格证、安全检验合格证、电梯随机出厂图样图册、安装维护说明书、使用指南、电梯监督检验报告等移交给被告龙成公司。

福建省漳浦县人民法院认为,原告诉请判令被告三菱公司对涉案电梯的安全运行情况进行跟踪调查和了解,对电梯的维护保养单位或者使用单位在维护保养和安全运行方面存在的问题,提出改进建议,并提供必要的技术帮助,被告三菱公司辩解根据合同约定涉案电梯已过质保期,与三菱公司无关。因涉案电梯经常发生故障,被告三菱公司作为电梯制造单位,根据《特种设备安全法》第 46 条的规定,确有必要对生产的电梯安全运行情况进行调查了解,避免造成严重后果,被告辩解理由于法不符,不能成立,不予采纳,原告该诉讼

---

① 参见福建省漳浦县人民法院(2014)浦民初字第 1500 号判决书。

请求有事实和法律依据,法院予以支持。

本案中,原告林某勇作为小区业主,是涉案电梯的使用者,具有原告诉讼主体资格。被告三菱公司、龙成公司作为电梯的制造单位、使用单位,依法应对电梯的产品质量及安全运行负责。电梯作为公众出行乘坐的交通工具,电梯投入使用后,电梯制造单位应当对其制造的电梯的安全运行情况进行跟踪调查和了解,电梯使用单位应确实履行管理义务、消除事故隐患,电梯维护保养单位应及时保证维护保养的电梯的安全性能,才能确保使用人的人身、财产安全,避免发生电梯安全事故。

近年来,随着我国社会经济的快速发展,电梯数量也在急剧增加,使得电梯安全形势更加复杂。在日常生活中,电梯使用频率高,特别是在人员密集的公共场所,如商场、医院、火车站等公众聚集较多的场所。电梯安全性能与人民群众的人身安全和财产安全息息相关。电梯安全事故时有发生,制定法律将电梯安全上升到法治化的轨道进行管理可以说是建设平安社会、保障民生的一个重大举措。《特种设备安全法》对包括电梯在内的特种设备安全进行规范,以人为本,立法为民,该法的出台标志着我国对电梯安全监管在法治化的轨道上迈出了新的步伐。《特种设备安全法》明确了电梯安全的责任主体,强化了电梯安全管理责任,规定了电梯维护保养单位责任,进一步明确了电梯投入使用后电梯制造单位的跟踪服务责任。虽说《特种设备安全法》涉及电梯安全的规定只是一些原则性规定,但是也为电梯安全提供了更加可靠的法律保障。法律的生命在于执行,为保证《特种设备安全法》更好地发挥电梯安全监管的作用,让法律规定成为电梯制造、使用、维护保养、检测单位等责任主体严格遵守的准则,各地方政府及相关部门应当采取及时必要的行动,将电梯安全监管工作纳入法治化轨道,进一步细化《特种设备安全法》的有关规定。

(二)《特种设备安全监察条例》

修订后的《特种设备安全监察条例》于2009年5月1日起正式实施。《特种设备安全监察条例》是我国第一部关于特种设备安全监督管理的专门行政法规,是特种设备安全监察的奠基之法。电梯作为常见的特种设备之一,广泛运用于人们的日常生活和工作中,为确保电梯的安全运行,该条例对电梯的安装、改造、维修和维护保养等方面作出专门规定。

1.关于电梯安装、改造、维修的规定

为了确保电梯安全运行,保障人们出行安全,国家对电梯安装、改造、维修的主体资格有着严格的规定。对于电梯的安装、改造、维修,《特种设备安全监察条例》第17条第2款规定,电梯的安装、改造、维修,必须由电梯制造单位或者其通过合同委托、同意的依照本条例取得许可的单位进行。电梯制造单位对电梯质量以及安全运行涉及的质量问题负责。

【案例2-5】程某平诉湖北富升电梯有限公司生命权、健康权、身体权纠纷案①

2014年5月27日,湖北君和置业有限公司与被告富升电梯公司签订《电(扶)梯设备安装配套合同》,约定将位于湖北省浠水县的"凯旋城"项目的1、2、3、5号楼的电梯共12台交由被告富升电梯公司安装。合同签订后,被告富升电梯公司又将上述1、2号楼的4台电梯交由原告程某平(不具有承揽电梯安装资质)安装。2014年7月5日,原告程某平在安装电梯时因需要用电,请示湖北君和置业有限公司,因湖北君和置业有限公司的电工有事外出,电话嘱咐原告当时下雨天,一定要等他回来再接电。后原告程某平未等工地上的电工回来自己接电,被高压线吸住,导致身体多处被电伤,被紧急送往浠水县人民医院治疗。同日紧急转入鄂州市鄂钢医院,于2014年10月17日出院,治疗104天,花费医疗费用200931元。2015年3月11日入住华中科技大学同济医学院附属协和医院,行左手瘢痕松解十虎口开大十游离植皮手术,于2015年3月23日出院,花费医疗费用15248.01元。原告伤情于2015年5月24日经湖北中真司法鉴定所鉴定为七级伤残,后期治疗费用预计人民币15000元,误工时间为365日,护理及营养时间均为180天,花费鉴定费用1300元。

湖北省鄂州市鄂城区人民法院认为本案的争议焦点之一为本案的承揽合同是否有效。根据《中华人民共和国合同法》第52条第5项的规定,违反法律、法规的强制性规定的合同无效。而根据《最高人民法院关于适用〈中华人民共和国合同法〉若干问题的解释(二)》第14条,《中华人民共和国合同法》第52条第5项规定的"强制性规定",是指效力性强制性规定。效力性强制性规定是指法律、法规直接规定违反该规定合同无效,或者不直接规定,但如果违反该规定合同继续有效将有损国家利益和社会公共利益的,则该类规定属于效力性强制性规定。如果违反该规定使合同继续有效并不损害国家利益和社会公共利益,而只是损害当事人利益的,则属于管理性强制性规定。《特种设备安全法》第22条和《特种设备安全监察条例》第17条第2款均规定,电梯的安装、改造、修理,必须由电梯制造单位或者其委托的依照本法取得相应许可

---

① 参见湖北省鄂州市鄂城区人民法院(2015)鄂鄂城民初字第01258号判决书。

的单位进行。但均未规定若违反该规定则导致合同无效,安装电梯的行为本身并不违法,只是要求安装单位要取得相应资质,原告程某平虽然没有承揽电梯安装的资格,但有安装电梯的资格和相应的技能,原告承揽上述电梯安装并不会损害国家利益和社会公共利益,只是原、被告自身要受到行政主管部门的处罚,故该规定属于管理性强制性规定,本案中的承揽合同依法有效。

本案中,原告程某平与被告富升电梯公司之间的承揽合同真实有效,双方系承揽合同关系。原告程某平在完成承揽工作中造成自身损害,根据《最高人民法院关于审理人身损害赔偿案件适用法律若干问题的解释》第10条,承揽人在完成工作过程中对第三人造成损害或者造成自身损害的,定作人不承担赔偿责任。但定作人对定作、指示或者选任有过失的,应当承担相应的赔偿责任。本案中,原告程某平作为个人,被告富升电梯公司明知原告程某平不具有承揽电梯安装的资质,仍然将电梯安装工程交给原告程某平,存在选任过失,根据双方的过错程度,被告富升电梯公司应承担一定的责任。

2.关于电梯安装施工过程责任的规定

为保障电梯安全运行,电梯安全须从源头抓起,因此在电梯安装施工过程中,电梯安装单位应当遵守施工现场的安全生产要求,落实现场安全防护措施,服从建筑施工总承包单位对施工现场的安全生产管理,并订立合同,明确各自的安全责任。对于电梯安装施工过程中相关主体的安全责任,《特种设备安全监察条例》第18条规定,电梯井道的土建工程必须符合建筑工程质量要求。电梯安装施工过程中,电梯安装单位应当遵守施工现场的安全生产要求,落实现场安全防护措施。电梯安装施工过程中,施工现场的安全生产监督,由有关部门依照有关法律、行政法规的规定执行。电梯安装施工过程中,电梯安装单位应当服从建筑施工总承包单位对施工现场的安全生产管理,并订立合同,明确各自的安全责任。

【案例2-6】浙江省象山县新华书店诉宁波凌云电梯有限公司等财产损害赔偿纠纷案[①]

原告象山新华书店因建设象山书城工程需要,决定将其中的土建、安装及附属工程总包给被告天元公司施工,电梯工程由被告凌云公司专业分包,并委托被告凯远公司为工程监理单位。为此,原告于2012年4月16日与被告天元公司签订一份《建设工程施工合同》,于2012年5月3日与被告凯远公司签

---

① 参见浙江省象山县人民法院(2015)甬象民初字第281号判决书。

订一份《建设工程委托监理合同》，于 2013 年 3 月 1 日与被告凌云公司签订一份《电梯买卖合同》。合同签订后，有关《建设工程施工合同》约定的管理配合费，由凌云公司付给被告天元公司。工程所涉电梯，由凌云公司于 2013 年年底至 2014 年年初供货进场并吊装施工完毕。因调试验收电源迟迟未到位，该工作只得作罢，凌云公司因此撤离现场。撤场时，自动扶梯外包装纸板未拆封去除。2014 年 6 月 8 日，象山书城工地发生火灾，火灾烧损一层大厅中央部位自动扶梯两台，无人员伤亡。事故发生后，经象山县公安局消防大队现场勘察并走访调查认定，起火点：一层大厅中央部位自动扶梯处；起火原因：可排除电气线路故障引发火灾的可能性，不排除遗留火种或其他外来火源引发火灾的可能性。另查明，火灾发生时，施工现场入口及电梯井口等部位，未设置禁止明火等安全警示标志；已安装完毕的电梯，未采取封闭围挡隔离防护措施，电梯处于敞开断电状态；现场有散落无序的香烟蒂等建筑生活垃圾，部分施工人员在场午休，未见可疑人员进出，未使用任何电器设备。

　　浙江省象山县人民法院认为，本案争点之一系对责任性质的界定。本次火灾事故属安全事故，责任性质应为《中华人民共和国安全生产法》《特种设备安全法》《建设工程安全生产管理条例》《特种设备安全监察条例》等法律、法规特别明定的安全责任，以责任主体履行安全职责的适法适规性为其承担责任的构成要件，具备侵权责任的基本特征。本案争点之二系对责任归属和份额的界定。依照象山县公安局消防大队对起火原因及起火点现状的认定：不排除系现场遗留火种或其他外来火源等安全隐患因素引发火灾的可能性。因此，在无法查清火灾直接责任人的情形下，对安全责任的归属界定，应按安全隐患未消除的因果关系为判断基准。

　　依照《建设工程安全生产管理条例》第 24 条、第 28 条、第 29 条、第 31 条及《特种设备安全监察条例》第 18 条的规定，建设工程实行施工总承包的，由总承包单位对施工现场的安全生产负总责，并对电梯安装等专业分包工程的安全生产承担连带责任。电梯安装单位应遵守施工现场的安全生产要求，落实现场的安全防护措施，服从施工总承包单位对施工现场的安全管理，并订立合同明确各自的安全责任，不服从管理导致生产安全事故的，由其承担主要责任；在施工现场的入口及电梯井口等危险部位，应设置明显的安全警示标志，并按不同施工阶段，在施工现场采取封闭围挡、配备消防设施等安全措施，作业区与生活休息区应保持安全距离；施工现场暂停施工的，应做好现场防护。本案中，施工现场遗留的诸如香烟蒂等建筑生活垃圾未及时清理、未设置警示标志、休息区与作业区未保持安全距离、电梯安装完毕交付验收前易燃的外包装未除去或采取封闭围挡隔离防护措施、未配备必要消防设施等安全隐患,系施工、监理单位未按安全生产规范要求严格履职所致。因此,对本次事故的发生,施工和监理单位应承担安全失职责任。电梯安装完毕交付验收前,现场扶梯易燃外包装未除去,也无封闭围挡隔离防护措施的事实本身,表明安装单位在安全履职上存在过失,除非证据证明其已履行了该一安全防护措施。至于由谁导致其未履行该一职责,不影响失职结果的成立。因此被告凌云公司在安全履职上存在过失。上述安全隐患的存在本身,表明监理单位未尽到安全监理职责,除非证据证明其已履行了通知施工单位进行安全整改的义务。因此,被告凯远公司未履行安全生产的监理职责。同理,施工总承包单位作为施工现场安全生产的总负责单位,对上述安全隐患的存在,被告天元公司存在过失。鉴于本次火灾的起因,不排除系施工现场遗留的诸如香烟蒂等安全隐患共同作用的结果,由此引起的安全责任为共同(侵权)责任。按造成安全隐患未消除的职责大小,可酌情确定被告天元公司、凌云公司、凯远公司的责任份额或比例。

3.关于电梯制造单位对电梯安装、改造、维修活动的责任规定

为保障电梯安全运行,国家对于电梯的制造、安装、改造和维修有着严格的安全技术规范要求。电梯制造单位指导和监控被委托单位进行电梯安装、改造和维修活动。电梯的安装、改造、维修活动结束后,电梯制造单位负有对电梯进行校验和调试的职责。关于电梯制造单位对电梯安装、改造、维修活动的责任,《特种设备安全监察条例》第 19 条规定,电梯的制造、安装、改造和维修活动,必须严格遵守安全技术规范的要求。电梯制造单位委托或者同意其他单位进行电梯安装、改造、维修活动的,应当对其安装、改造、维修活动进行安全指导和监控。电梯的安装、改造、维修活动结束后,电梯制造单位应当按照安全技术规范的要求对电梯进行校验和调试,并对校验和调试的结果负责。

【案例 2-7】张某齐诉星玛电梯有限公司石家庄分公司、星玛电梯有限公司等侵权责任纠纷案[①]

2012 年 7 月 1 日晚,原告张某齐乘坐石家庄市汇龙湾小区 7 号楼 1 单元南侧电梯回家,在进入电梯,按下 7 号后电梯运行异常,直接冲顶至 32 层后又向回反弹,致原告受伤。2012 年 7 月 1 日至 8 月 15 日,原告张某齐在石家庄市中心医院住院 45 天进行治疗。2012 年 9 月 19 日至 24 日,原告张某齐在

---

① 参见河北省石家庄市长安区人民法院(2014)长民初字第 1169 号判决书。

河北省中医院住院治疗 5 天。2013 年 3 月 12 日,经石家庄市长安区人民法院委托石家庄市第一司法医学鉴定中心,作出石司鉴中心〔2013〕临鉴字第 159 号鉴定意见书,原告张某齐伤残程度属 8 级及 10 级伤残。

被告星玛公司及星玛石家庄分公司为事故电梯的制造、销售方,2008 年 12 月 2 日,被告星玛公司与石家庄永佳房地产开发有限公司签订《电梯销售合同》,将电梯出售给石家庄永佳房地产有限公司。后星玛公司北京分公司与第三人西格玛公司签订《电梯安装技术支持合同》,第三人西格玛公司在永佳公司开发建设的汇龙湾小区对电梯进行了安装。2010 年 8 月 5 日,河北省特种设备监督检验院出具电梯验收检验报告,检验结论为合格。2010 年 9 月 28 日,被告嘉瑞物业公司作为汇龙湾小区的物业管理公司正式进驻汇龙湾小区,管理汇龙湾小区物业,包括对电梯的管理。2011 年 8 月 20 日,被告嘉瑞物业公司与第三人西格玛公司签订《电梯维修保养协议》,委托第三人西格玛公司对汇龙湾小区的电梯进行维修保养。2012 年 7 月 1 日下午 4 时许,被告嘉瑞物业公司看到汇龙湾 4 栋 1 单元电梯"无人修理,老打检修字样"后,通知了维保单位第三人西格玛公司,第三人于当日 18 时 27 分派人到现场进行了维修,但第三人对本次维修未作任何记录。当日 21 时 26 分,原告张某齐乘坐该电梯,事故发生。7 月 27 日至 30 日,被告星玛公司派人在第三人西格玛公司协助下将该事故电梯进行拆换修理至恢复正常使用,所拆元件由星玛公司处理。事故后,诸被告均未向特种设备安全监督管理部门及有关部门进行申报,未对该事故原因进行鉴定,且至今元件已查找不到,事故现场也已破坏,事故原因无法鉴定。2014 年被告星玛公司向使用同种型号的电梯单位发出信函,安装的电梯存在潜在问题,在某些情况下,存在电梯控制柜部件工作异常的可能性。

公民的人身健康权受法律保护。侵害公民身体造成伤害的,应当赔偿医疗费、误工费、护理费、营养费、被抚养人生活费、残疾赔偿金及因此造成的精神损失、财产损失。依据《特种设备安全监察条例》的规定,电梯的制造单位应当对电梯质量以及安全运行涉及的质量问题负责,在电梯投入使用后,应当对其制造的电梯安全运行情况进行跟踪调查和了解并做记录,发现电梯存在严重事故隐患的,应当及时向特种设备安全监督管理部门报告。电梯的日常维护保养单位,应当对其维修保养的电梯的安全性能负责,对电梯维保内容及电梯发生的故障等情况及时进行详细记录。电梯的使用以及事故发生单位,在发生事故后,应立即启动应急预案,并及时向特种设备安全监督管理部门和有关部门报告,以便特种设备安全监督管理部门对事故发生原因进行分析。本案中,被告星玛石家庄分公司、被告星玛公司作为电梯的制造和销售单位,应对电梯的安全性负责,在事故发生后,应先行查清事故原因,以避免类似问题再次发生,但其在没有鉴定出事故原因的情况下,急于拆换修理电梯元件,虽然恢复了正常使用,但毁损了现场,其也没有对拆换修理电梯元件进行保存,致使无法查清事故原因,且二被告给使用该型号电梯的用户发出信函,电梯存在安全隐患,故其应承担该事故的赔偿责任。本案中由于原告主张产品质量侵权责任,故被告星玛石家庄分公司、被告星玛公司应承担原告因该事故造成的损失。被告嘉瑞物业公司作为电梯的管理以及事故发生单位。其在委托电梯维保单位时应依照《特种设备安全监察条例》第17条第2款的规定进行资格审查。电梯维修结束后,嘉瑞物业公司应依照《特种设备安全监察条例》第19条的规定,要求电梯生产者进行校验和调试。在事故发生后,应向事故发生地特种设备安全监督管理部门报告,由特种设备安全监督管理部门组织有关部门对事故进行调查,以便找出事故发生原因,但嘉瑞物业公司未履行相应职责,故被告嘉瑞物业公司应承担责任。第三人西格玛公司作为维护保养单位,在其对电梯连续维修数次后不久,即发生事故,属未履行保障电梯的安全责任,应承担责任。但嘉瑞物业公司承担是管理责任,与原告主张的产品质量侵权纠纷不是同一法律关系,原告也未向第三人主张权利,故嘉瑞物业公司,第三人不承担赔偿责任。

4.关于电梯的日常维护保养的规定

电梯的日常维护保养对电梯的运行安全至关重要,因此电梯维护保养单位在对电梯进行日常维护保养时,应当严格执行国家安全技术规范,对其维护保养的电梯的安全性能负责。对于电梯的日常维护保养,《特种设备安全监察条例》第31条、第32条规定,电梯的日常维护保养必须由依照本条例取得许可的安装、改造、维修单位或者电梯制造单位进行。电梯应当至少每15日进行一次清洁、润滑、调整和检查。电梯的日常维护保养单位应当在维护保养中严格执行国家安全技术规范的要求,保证其维护保养的电梯的安全技术性能,并负责落实现场安全防护措施,保证施工安全。电梯的日常维护保养单位,应当对其维护保养的电梯的安全性能负责。接到故障通知后,应当立即赶赴现场,并采取必要的应急救援措施。

【案例2-8】厦门申菱电梯工程有限公司诉宜昌富士电梯有限公司厦门分

公司、宜昌富士电梯有限公司、熊某合同纠纷案[①]

2011年12月21日至2013年12月31日期间,原告厦门申菱电梯工程有限公司以被告富士电梯厦门分公司的名义为客户进行电梯维修,并就该期间的电梯维修费用于2014年1月制成《宜昌富士电梯有限公司厦门分公司与厦门申菱电梯公司电梯费用结算表》,确定被告富士电梯厦门分公司应付电梯维修款项为302625.42元。被告富士电梯厦门分公司的员工熊某于2014年4月22日在该结算表上签字。自2009年12月起至2014年12月止,被告富士电梯厦门分公司均为被告熊某缴交社会保险费用。原告厦门申菱电梯有限公司在2011年12月21日至2013年12月31日期间没有电梯维修资质。

原告厦门申菱电梯有限公司在没有电梯维修资质的情况下,借用被告富士电梯厦门分公司的名义对外维修电梯,违反了《特种设备安全监察条例》第31条关于电梯维修许可的强制性规定,损害了社会公共利益,其与被告富士电梯厦门分公司之间的合同关系无效。被告富士电梯厦门分公司因原告厦门申菱电梯有限公司的维修行为而取得的电梯维修款302625.42元应当予以返还。至于原告厦门申菱电梯有限公司没有电梯维修资质而开展维修业务应承担的行政责任,应由有关部门依据相关法律法规进行处理。被告熊某作为被告富士电梯厦门分公司的员工,其签字行为系职务行为,个人不承担民事责任。被告富士电梯厦门分公司系被告宜昌富士电梯公司下属的、领取工商营业执照的非独立法人分支机构,可以在核准的经营范围内以自己的名义对外发生民事经济往来,成为民事法律关系的主体,故其对外发生的债务依法应以其自有财产负责偿还,不足部分应由其所属法人被告宜昌富士电梯公司承担偿还责任。

修订后的《特种设备安全监察条例》从特种设备的设计、制造、安装、改造、维修、使用、检验检测等环节入手,进一步确立了全过程安全监察制度。修订后的《特种设备安全监察条例》确立了对重要场所使用的特种设备进行重点安全监察的制度,同时加大了行政处罚的力度,并对故意违法行为规定了更为严苛的法律责任。该条例同时规定,特种设备安全责任包括各级政府的领导责任、生产和使用单位的主体责任、检验检测机构的技术把关责任以及各级特种设备安全监督管理部门依法监管的责任等四方安全责任,确立了政府统一领导、企业主体负责、部门依法监管、检验技术把关的特种设备安全工作格局。

[①] 参见福建省厦门市湖里区人民法院(2015)湖民初字第5903号判决书。

(三)首部电梯主要部件报废国家标准

2015 年 7 月,国家质检总局和国家标准委联合发布了由我国自主研制的《电梯主要部件报废技术条件》国家标准,该标准于 2016 年 2 月 1 日起正式实施。作为我国首部电梯主要部件报废国家标准,该标准规定了安全保护装置、紧急救援装置、井道安全门和活板门、驱动主机、轿厢、层门和轿门、电气控制装置等 13 项对电梯安全运行影响较大的电梯主要部件报废技术条件。目前国际上尚无相关的国际标准,该标准填补了多年来国内外电梯行业缺少电梯报废相关标准的空白,为电梯服务过程中的主要部件报废提供技术依据,也为电梯安全监管提供了依据。该标准兼顾了公共安全与资源节约,以上海市为例,截至 2015 年 7 月,上海市使用年限超过 15 年的电梯有 2 万余台,如根据 15 年的设计寿命全部整体报废,以平均每台耗费 40 万元计算,就需要超过 80 亿元人民币的投入,而只报废并更换安全性能不符合要求的部件使电梯继续保持安全运行,以更换 20% 的部件计算,可以节约超过 64 亿的资金。通过报废性能不符合要求的部件,既能保证电梯的安全运行,又能避免不必要的整梯报废而减少资源浪费,有利于加快推进在用电梯尤其是老旧电梯整机的更新改造,提升在用电梯安全性能,并为电梯企业的产品设计、制造提供参考。[①]

(四)首部在用电梯安全评估导则

2015 年 10 月 14 日,国家质检总局发布了由上海市特检院作为第一起草单位编写的《在用电梯安全评估导则—曳引驱动电梯(试行)》,指导全国开展在用电梯安全评估工作。目前,上海、深圳等经济发达地区已经开展了老旧电梯安全评估工作,上海市还将其列入 2015 年市政府实事项目,并发布了上海市地方标准《在用电梯安全评估技术规范》,但全国尚无统一的在用电梯安全评估技术规范。上海市特检院受国家质检总局特设局委托组织编写在用电梯安全评估导则,先后多次邀请国内技术专家开展研讨,结合全国已经开展在用电梯安全评估工作地方的经验,在该院负责起草的上海市地方标准《在用电梯安全评估技术规范》基础上进行整合完善,制定这部能指导全国各地开展在用电梯安全评估的导则。目前,国际上尚无类似的在用电梯安全评估技术标准。该导则的发布实施,有助于全国各地采用统一的技术标准,规范地开展在用电梯安全评估,对加快推进在用老旧电梯的更新改造,提升在用电梯的安全性

---

① 中国国家标准化管理委员会办公室:《首部电梯主要部件报废国家标准出台》,载中国国家标准化管理委员会网站。

能,服务公共安全具有重要意义。①

二、地方层面的电梯安全立法

虽然 2013 年颁布的《特种设备安全法》确立了包括电梯在内的特种设备安全管理的基本制度,但针对电梯安全管理的规定较为原则性,需要地方立法进行细化和补充。近年来,全国各地发生多起电梯安全事故,尤其是 2015 年,全国各地相继发生电梯致人损害事件,如广东广州"7·10"电梯事故②、辽宁沈阳"7·15"电梯事故③、湖北荆州"7·26"电梯事故④、广西梧州"7·27"电梯事故⑤、浙江杭州"7·30"电梯事故⑥等。电梯安全事故引发人们关注的同时,电梯安全立法工作也引起社会各界关注。2015 年以来,全国各地有关电梯安全的地方性法规、地方政府规章相继出台。目前,我国各地电梯安全立法工作正在如火如荼地进行,因受本书篇幅限制,本书仅介绍比较有代表性的九部地方层面的电梯安全立法情况。

（一）上海市电梯安全管理办法

20 世纪 90 年代以来,随着城市建设的步伐加快,上海市电梯数量高速增长。随着上海市电梯保有量的增加,上海市电梯安全管理也遇到了一系列的问题,诸如老旧电梯安全隐患较大、电梯运行费用管理不到位、电梯使用单位安全管理责任未落实、电梯维护保养质量不过关等问题。如果不落实与完善电梯安全管理制度,易埋下隐患形成电梯运行风险,造成电梯安全事故。一旦发生电梯安全事故,将直接损害人民群众的人身安全和财产安全,所以必须切

---

① 上海市质量技术监督局:《首部在用电梯安全评估导则发布实施》,载上海市质量技术监督局网站。

② 广东广州"7·10"电梯事故:在广东广州某个娱乐场所内,一名 53 岁的男子在如厕途中推开了电梯旁的一扇小门,结果坠入电梯井,第二天该男子被发现时已没有了生命迹象。

③ 辽宁沈阳"7·15"电梯事故:辽宁沈阳华阳国际大厦的电梯在运行过程中由 27 层向 1 层滑落,该事故造成 12 名乘梯人员受伤。

④ 湖北荆州"7·26"电梯事故:湖北荆州安良百货商场 6 楼至 7 楼之间的自动扶梯突然发生事故,造成一名 31 岁的女士不幸身亡。

⑤ 广西梧州"7·27"电梯事故:在广西梧州太阳广场内,一名 1 岁男童的左臂卷入自动扶梯致残。

⑥ 浙江杭州"7·30"电梯事故:在浙江杭州新华坊 18 幢,电梯停靠在 17 楼时突然发生下坠,一名 21 岁的女子进电梯时被卡在电梯外侧的缝隙当中,该女子被解救时已无生命体征。

实加强对电梯安全的监督管理。为了适应上海市电梯安全监督管理的新形势，更好地解决电梯安全问题，预防和减少电梯安全事故的发生，2015 年 2 月 16 日，上海市政府第 75 次常务会议通过《上海市电梯安全管理办法》，该办法于 2015 年 4 月 1 日起正式实施。

1. 推行电梯远程监测系统

上海市鼓励使用管理单位、电梯维护保养单位建立电梯远程监测系统，对电梯运行情况实施远程监测。电梯远程监测系统是采用传感器采集电梯运行数据，通过微处理器进行非常态数据分析，经由 GPRS 网络传输、公用电话线传输、局域网传输与 RS-485 通讯传输多种方式实现电梯故障报警、困人救援、日常管理、质量评估、隐患防范等功能的综合性电梯管理平台。《上海市电梯安全管理办法》规定在上海市安装使用的乘客电梯，制造单位应当配备具有运行参数采集和网络远程传输功能的监测装置。特种设备安全监督管理部门应当制定电梯远程监测系统的标准规范，并对制造单位、使用管理单位、维护保养单位的远程监测系统运用情况实施监督抽查。

2. 加强老旧电梯安全管理

上海市电梯数量位居全球各大城市第一，成为名副其实的电梯之都，随着时间的推移，上海市老旧电梯的数量也在逐步上升，上海市面临电梯老龄化的难题。住宅小区电梯维修资金缺失、业主委员会物业功能丧失、维护保养单位不负责任等原因使得老旧电梯安全问题难以解决。因此，为解决上海市电梯老龄化的难题，《上海市电梯安全管理办法》在加强老旧电梯安全管理方面规定，自监督检验合格之日起使用年限超过 15 年的电梯，应当每 5 年在定期检验时，按照监督检验的要求进行功能性试验和制停距离检查。自监督检验合格之日起使用年限超过 15 年的电梯，使用管理单位和维护保养单位应当根据电梯运行的实际状况，增加维护保养频次和维护保养项目。

3. 加强公共场所电梯监管

上海市约 20 万台各品种类别的电梯，分布在居民区、商务楼、商场和地铁站等公共场所，为方便上海市的市民出行，上海市在公共场所内大量使用电梯，因为数量庞大、使用频繁，被称为是第二交通工具。以上海市地铁人民广场站为例，每天至少有 50 万人在这里搭乘自动扶梯，高峰时达 90 万。公共场所电梯使用次数频繁，公共场所电梯的安全监管问题更加不容忽视。《上海市电梯安全管理办法》规定，特种设备安全监督管理部门应当对下列电梯实施重点安全监督检查，即位于学校、幼儿园、医院、车站、机场、客运码头、商场、体育场馆、展览馆、公园等公众聚集场所的；故障频率较高、影响正常使用的。

4.明确电梯运行费用管理

电梯运行费用管理是上海市电梯安全管理中矛盾较为突出的问题之一。为解决电梯运行费用不到位的难题,《上海市电梯安全管理办法》明文规定,电梯所有权人应当承担电梯日常管理、维护保养、改造、修理、检验、检测、安全评估、更新等所需的费用。物业服务企业为住宅小区电梯使用管理单位的,物业服务费中的电梯运行维护费用应当单独立账。物业服务企业应当每半年公布1次电梯运行维护费用支出情况。住宅小区电梯需要修理、改造、更新的,使用管理单位和业主委员会应当及时组织落实,业主应当履行资金筹集义务。所需资金按照以下方式筹集:已建立住宅专项维修资金的,按照规定程序在住宅专项维修资金中列支;未建立住宅专项维修资金或者住宅专项维修资金余额不足的,相关业主对费用承担有约定的,按照约定承担;没有约定或者约定不明确的,由相关业主按其专有部分占建筑物总面积的比例承担。街道办事处或者乡镇人民政府可以协助组织相关业主筹集落实资金。住宅小区电梯经检验、检测机构认定存在严重事故隐患,不采取重大修理、改造或者更新难以消除隐患且相关方对经费筹集、整改方案等达不成一致的,所在地街道办事处或者乡镇人民政府应当组织使用管理单位、业主代表和房屋、特种设备安全监督等行政管理部门共同商议,确定电梯修理、改造或者更新方案和费用筹集方案。

5.强化电梯制造单位责任

电梯制造从源头上影响电梯的安全运行,因此电梯制造单位应当对电梯的安全性能负责。《上海市电梯安全管理办法》强化了电梯制造单位的责任,明文规定电梯制造单位对电梯安全性能负责,并承担以下义务:明确质量保证期限,在质量保证期内电梯出现质量问题的,予以免费修理或者更换相关零部件;向电梯使用管理单位提供必需的备件、技术培训和其他技术帮助;对电梯安全运行情况进行跟踪调查和了解,对运行中存在的问题提出改进建议;因设计、制造等原因造成电梯存在危及安全的同一性缺陷的,应当立即停止生产,并主动召回,及时告知使用管理单位,并向特种设备安全监督管理部门报告。

6.强化电梯维护保养单位责任

针对电梯维护保养质量不过关的问题,《上海市电梯安全管理办法》强化了电梯维护保养单位的责任,明文规定在上海市设点开展电梯维护保养经营活动的单位,应当具备电梯制造或者安装、改造、修理资质,依法在上海办理工商登记。维护保养单位不得转包、分包或者变相转包、分包维护保养业务。维护保养单位应当建立作业人员教育培训记录,并至少保存5年。电梯维护保养单位应当对其维护保养的电梯安全性能负责,并履行下列职责:确保应急救援电话 24 小时有效应答,接到乘客被困报警后,30 分钟内赶到现场完成救援解困;至少每 6 个月对电梯进行 1 次自行检查,并向使用管理单位出具自检报告;建立维护保养和故障处置记录,并至少保存 5 年等。

《上海市电梯安全管理办法》在强化电梯制造单位责任的同时,还明确要求电梯制造单位应当配备具有运行参数采集和网络远程传输功能的监测装置,实时采集电梯运营数据。《上海市电梯安全管理办法》明文规定电梯日常管理、维护保养等电梯运行费用由电梯所有人承担,强化电梯维护保养单位的责任,重点加强对老旧电梯、公共场所电梯的安全监督管理。

(二)广东省电梯使用安全条例

2015 年 5 月 28 日,广东省第 12 届人民代表大会常务委员会公布的《广东省电梯使用安全条例》于 2015 年 10 月 1 日起正式实施。该条例是我国首部关于电梯的省级地方性法规,建立了电梯使用管理人首负责任制、电梯安全评估制度、应急救援制度等。同时,该条例明确了电梯制造单位、电梯施工单位、电梯使用单位、电梯维护保养单位等相关责任主体的责任,特别是明确了使用管理人的首负责任制,建立了清晰的责任链条,将有效解决电梯责任主体不明确、电梯安全隐患长期存在以及发生电梯安全事故后无从追究等问题。

1. 提出电梯使用管理人首负责任制

《广东省电梯使用安全条例》作为我国首部电梯使用安全条例,率先提出了电梯使用管理人的概念。电梯使用管理人是电梯使用安全管理的首负责任人,对电梯日常使用安全负责,履行安全管理义务。电梯在投入使用前应明确使用管理人,未明确使用管理人的电梯,不得投入使用。同时,该条例还规定电梯使用管理人在电梯日常使用中应履行的安全管理义务。电梯使用管理人的首负责任制涉及 13 项安全管理义务,首负责任制将推动电梯使用管理人进行主动管理,只要切实履行该条例所规定的 13 项安全管理义务,出现电梯安全事故的风险将大大降低,避免发生电梯安全事故后再被动管理的高成本。

2. 明确电梯制造单位责任

电梯制造单位应当保证电梯的质量、安全性能和能效指标符合法律法规以及安全技术规范和标准的要求。电梯制造单位除提供电梯设计文件、产品质量合格证明、安装及维护保养说明、应急处置技术指导文件外,电梯制造单位还要明确整机或者重要零部件的使用年限,并在使用年限届满 90 日前书面告知使用管理人;协助开展应急救援等专业技能培训;对电梯安全运行情况定期进行跟踪调查;对因设计、制造原因造成电梯存在危及安全的同一性缺陷的,立即停止生产,并依法实施召回,及时消除安全隐患。

3.建立电梯安全评估制度

移装电梯的,电梯使用管理人应当委托电梯制造单位或者电梯检验检测等专业服务机构进行安全评估。电梯出现整机或者重要零部件使用年限即将届满、故障导致人员伤亡、故障频率高、受灾害影响等情形,可能影响电梯使用安全的,电梯使用管理人应当委托电梯制造单位或者检验检测等专业服务机构进行安全评估,并根据评估结论对电梯进行更新、改造、修理。使用管理人委托制造单位对使用年限即将届满的电梯进行安全评估的,制造单位应当及时按照安全技术规范和标准组织评估并作出评估结论。电梯经评估、检验认为存在严重事故隐患,可能发生危及人身财产安全的紧急情况的,应当立即停止使用,并进行更新、改造、修理。

4.建立应急救援制度

电梯投入使用前,电梯使用管理人应当建立岗位责任、隐患治理、应急救援等安全管理制度,健全电梯事故风险防范机制,保障公众安全。电梯维护保养单位可以通过签订联保协议等方式委托其他具备应急救援能力的单位提供专业化、社会化的应急救援服务。

5.细化电梯运行费用管理

《广东省电梯使用安全条例》依据建设部和财政部发布的《住宅专项维修资金管理办法》第22条、第24条的相关规定,该条例规定电梯更新、改造、修理费用按照以下规定解决:(1)已交存住宅专项维修资金但未划转业主大会管理的,由使用管理人持有关资料向住房和城乡建设部门申请列支,住房和城乡建设部门审核同意后,向专户管理银行发出划转住宅专项维修资金的通知。(2)已交存住宅专项维修资金且已划转业主大会管理的,由使用管理人提请业主委员会审核同意,并报住房和城乡建设部门备案,由业主委员会向专户管理银行发出划转住宅专项维修资金的通知。(3)使用公有住房住宅专项维修资金的,由使用管理人报负责管理公有住房住宅专项维修资金的部门审核同意,由负责管理公有住房住宅专项维修资金的部门向专户管理银行发出划转住宅专项维修资金的通知。(4)未交存住宅专项维修资金或者住宅专项维修资金交存不足的,由电梯所有权人承担;属于共有的,由共有权人依照法律、法规以及国家和省的有关规定分摊相关费用,电梯共有权人依法另有约定的从其约定。

6.建立电梯公众责任保险制度

《广东省电梯使用安全条例》依据《特种设备安全法》第17条"国家鼓励投

43

保特种设备安全责任保险",该条例规定建立电梯公众责任保险制度,鼓励、支持按照国家和省的有关规定投保电梯公众责任保险。购买电梯公众责任险是完善事故救援机制的一个重要方面,不仅能使受害方及时得到有力救助,而且引入保险公司作为第三方,有利于引入市场因素形成多元共治的电梯安全管理体制,最大限度地弥补政府监管的不足。

7. 构建电梯安全社会多元共治制度

对县级以上人民政府、乡镇人民政府、街道办事处在电梯使用安全监管工作中应该履行的职责,以及医疗卫生、公安消防等部门及其工作人员在电梯事故救援工作中应履行的职责,均作了相关规定。这改变了以往电梯安全单独由质监部门进行监管的局面,能够充分利用社会各个领域的资源共同确保电梯安全。

广东省在用电梯数量巨大,每当电梯安全事故发生,电梯制造单位、电梯维护保养单位、电梯使用单位等相关责任主体总是互相推诿责任,追责追赔问题不知从何处追究,给受害人及其家属带来二次伤害。为解决电梯安全事故责任主体不明、电梯安全事故发生后无处追责等问题,《广东省电梯使用安全条例》提出电梯使用管理人首负责任制,但是《广东省电梯使用安全条例》所提到的电梯使用管理人首负责任制不涉及赔付或垫付,只涉及电梯安全管理义务。《广东省电梯使用安全条例》明确了电梯制造单位、电梯维护保养单位、电梯使用单位等相关责任主体的责任,细化电梯运行费用管理,建立电梯安全评估、应急救援、电梯公众责任保险、电梯安全社会多元共治等制度,将有效解决广东省的电梯安全问题。

(三)四川省电梯安全监督管理办法

随着电梯使用率逐年提高,维护与监管问题也日益凸显,为了加强和完善四川省电梯安全监管,2015年6月8日,四川省人民政府第88次常务会议审议通过《四川省电梯安全监督管理办法》,该办法于2015年8月1日起正式实施。该办法对四川省的电梯生产、经营、使用、维护保养、检验、检测及其监管等提出更具操作性的要求。

1. 规定电梯使用单位确定原则

该办法规定了电梯使用单位确定原则。电梯使用单位按下列规定确定:电梯安装后,建设单位尚未移交给电梯所有权人的,建设单位为电梯使用单位;委托物业服务企业管理的电梯,受委托的物业服务企业为电梯使用单位;未委托物业服务企业管理的电梯,只有1个所有权人的,该所有权人为电梯使用单位;有多个所有权人的,应当共同协商确定电梯使用单位;经协商无法确定的,由所在地乡(镇)人民政府、街道办事处协调确定其中1个所有权人为电梯安全使用管理的责任人,其他所有权人承担连带责任;出租配有电梯的场所,租赁合同中应当约定电梯使用单位;未约定或者约定不明的,电梯所有权人为电梯使用单位。电梯未明确使用单位的,不得投入使用。电梯使用单位履行电梯安全管理责任。

2. 对公共场所电梯管理有所要求

该办法对学校、医院、车站、机场、商场、体育场馆、展览馆等人员密集的公共场所的电梯进行了规定:推行公共场所投保电梯安全责任保险;明确公共场所的电梯使用单位应当设立专人进行现场疏导;医院提供患者使用的电梯、直接用于旅游观光的速度大于2.5米/秒的乘客电梯,以及需要人工操作的电梯,应当由持证的电梯司机操作;要求公共场所的电梯应当配备具有运行参数采集和实时监测功能的装置。

3. 规定居民住宅电梯运行费用筹集方式

该办法规定了电梯所有权人应当承担电梯日常运行、维护保养、改造、修理、检验、检测、安全评估、更新等所需费用。居民住宅电梯需要修理、改造、更新的,电梯使用单位和业主委员会应当及时组织落实,业主应当履行资金筹集义务。所需资金按照以下方式筹集:已建立住宅专项维修资金的,按照规定程序在住宅专项维修资金中列支;未建立住宅专项维修资金或者住宅专项维修资金不足的,业主对费用承担有约定的,按照约定执行;没有约定或者约定不明确,按照有关规定共同共有人共同承担的,由乡(镇)人民政府、街道办事处组织电梯使用单位、业主代表和住房城乡建设部门、负责电梯安全监督管理的部门等确定。

4. 规定电梯维护保养单位责任

针对目前四川省电梯维护保养的现状,该办法规定电梯的维护保养单位不得将维护保养业务转包、分包;异地开展电梯维护保养的单位,应当告知所在地市(州)负责电梯安全监督管理的部门;特别强调不得在电梯控制系统中设置技术障碍,影响电梯的正常运行。

5. 要求文明乘梯

该办法对乘客的文明乘梯行为也作了较为详细的规定,不得乘坐明示处于非正常状态的电梯;不得采用非正常手段开启电梯层门;不得擅自拆除、破坏电梯及其附属设施;不得乘坐超过额定载重量的电梯;不得有其他危及电梯安全运行或者危及他人安全的行为。

《四川省电梯安全监督管理办法》针对以往电梯安全监督管理中存在的热

点问题,在电梯使用单位的确定、公共场所电梯管理、居民住宅电梯运行费用筹集、电梯日常维护保养、乘梯行为等方面作了具体规定。《四川省电梯安全监督管理办法》的出台将进一步完善电梯安全监管法律法规体系,明确相关主体的安全管理责任,更好地解决电梯使用中出现的问题,有效地预防和减少电梯安全事故的发生,切实保障人民群众的人身安全和财产安全,妥善处置和化解矛盾纠纷。

(四)内蒙古自治区电梯安全管理办法

近年来,随着内蒙古自治区城市建设步伐的加快和社会经济的发展,内蒙古自治区电梯保有量的递增发展态势迅猛,在用电梯数量从 2008 年的 8689 部增长至 2014 年年底的 54239 部,近 5 年平均年增长速率为 36.45%。伴随着电梯数量的快速增长,在电梯安全管理中也出现一系列新的问题,诸如老旧电梯数量逐年增加、"三无电梯"数量逐步增多、电梯安全管理不到位等问题。为了切实解决内蒙古自治区电梯安全管理中存在问题,2015 年 6 月 17 日,内蒙古自治区人民政府第 47 次常务委员会审议通过《内蒙古自治区电梯安全管理办法》,于 2015 年 8 月 1 日起正式实施。该办法通过进一步细化国家法律法规和安全技术规范的要求,完善电梯安全监管体系,明确相关主体的责任,解决电梯使用中出现的问题,预防和减少电梯安全事故的发生,保障人民群众人身安全和财产安全,促进地方经济发展。

1. 规定电梯制造单位售后服务范畴

该办法规定电梯制造单位应当将电梯维护保养工作纳入电梯制造单位售后服务范畴,作为电梯制造单位应尽的义务和责任。该办法鼓励和提倡电梯制造单位直接从事或者通过授权、委托其他维护保养单位对其制造的电梯进行维护保养,逐步建立起电梯制造单位从设计、制造、安装、改造、维修和维护保养全过程的终身服务负责制,构建以电梯制造单位为主的维护保养体系。电梯制造单位自己或者其授权、委托的维护保养单位在维护保养其制造的电梯时,要在电梯所在地行政监管部门备案,维护保养质量由电梯制造单位负第一责任。

2. 规定禁止乘梯行为

该办法规定了乘客乘用电梯时不得有下列行为:不得乘用明示处于非正常状态的电梯;不得采用非正常手段开启电梯层门或者轿门;不得拆除、损坏电梯的部件或者标志、标识;不得乘用超过额定载荷的电梯或者运载超过额定载荷的货物等。此外,学龄前儿童应当在具有完全行为能力人陪同下乘用电梯。乘用的电梯发生故障时,乘客应当及时与电梯安全管理人员取得联系,服从电梯安全管理人员的指挥。

3.规定电梯运行费用管理

物业服务单位为住宅小区电梯使用管理责任单位的,物业服务费中的电梯运行维护费用应当单独立账,并每半年公布一次电梯运行维护费用支出情况。住宅电梯的更新、改造和修理费用,应当按照规定程序从住宅专项维修基金中列支。住宅专项维修基金余额不足或者未建立住宅专项维修基金,相关业主对费用承担有约定的,按照约定承担;没有约定或者约定不明确的,由相关业主按照其专有部分占建筑物总面积的比例承担。住宅小区电梯经检验、检测机构认定存在严重事故隐患,不采取重大修理、改造或者更新难以消除隐患且相关方对经费筹集、整改方案等达不成一致的,所在地苏木乡镇人民政府或者街道办事处应当组织电梯使用管理责任单位、业主代表和旗县级人民政府房屋、特种设备安全监督管理部门等共同协商,确定电梯修理、改造或者更新方案和费用筹集方案。房屋行政管理部门应当对住宅小区电梯运行维护保养费用管理和电梯修理、改造、更新资金筹集加强指导和监督。

4.强化老旧电梯安全管理

针对安全隐患较大的老旧电梯,该办法将老旧电梯列为重点安全监督检查对象。该办法作出以下规定:对使用年限超过15年的电梯,应当每2年在定期检验时按照监督检验的要求进行功能性试验和制停距离检查。对使用年限超过15年的电梯,使用管理责任单位和维护保养单位应当根据电梯运行的实际状况增加维护保养次数和维护保养项目。对使用年限超过15年的电梯或者电梯达到设计使用年限或者次数,需要继续使用的,使用管理责任单位应当委托检验、检测机构开展检验或者安全评估;经检验或者安全评估确定允许继续使用的电梯,使用管理责任单位应当采取加强检验检测和维护保养等措施,确保使用安全。要求旗县级以上人民政府特种设备安全监督管理部门将老旧电梯列为重点安全监督检查对象,建立专门的监督检查计划,督促使用单位加强安全管理。

5.引入电梯安全责任保险机制

引入电梯安全责任保险机制,是运用市场化的手段来解决电梯安全事故责任赔偿等方面的法律纠纷,是缓和化解社会矛盾的有效方式和手段。该办法建立了以电梯使用管理责任单位为参保主体,电梯制造单位、电梯维护保养单位和检验机构参与的电梯安全责任保险制度。该办法规定,自治区推行电梯安全责任保险,鼓励电梯生产、维护保养、使用管理责任、检验、检测等单位投保电梯安全责任保险。

6.对公共场所电梯有要求

为了确保公众聚集场所电梯的有效运行,避免因停电导致乘坐人员困梯,该办法规定,医院、机场、车站、学校、幼儿园、商场、体育场馆等公众聚集场所和住宅小区的电梯,应当按照有关规定和标准配备视频监控设施并保证其正常运行。同时该办法还规定,医院、机场、车站、学校、幼儿园、商场等公众聚集场所的电梯、新安装的电梯以及 10 层以上的高层住宅电梯,应当采用双回路供电或者配备备用电源。

7.规范检验检测机构的职责

电梯定期做好检验检测,不仅可以提高维护保养的质量,同时也能发现电梯运行中存在的问题,督促相关责任主体及时处理电梯隐患。为此,该办法对电梯的检验检测作出以下规定:从事检验、检测的人员应当取得检验、检测资格;检验、检测、安全评估活动要符合相关规定;自接到检验申请之日起 5 日内安排检验工作,完成检验工作后,检验机构应当在 10 日内出具检验报告;督促电梯使用管理责任单位按照规定申请检验,逾期未申请检验的,应当及时报告电梯所在地旗县级政府特种设备安全监管部门;在检验活动中,对电梯生产、使用管理责任单位执行法律、法规、标准,落实安全责任的相关工作质量进行核查;对检验、检测、安全评估活动中知悉的商业秘密负有保密义务;将监督检验、定期检验结果报送电梯所在地旗县级政府特种设备安全监管部门;检验、检测、安全评估活动中发现电梯存在事故隐患的,应当书面告知使用管理责任单位;有严重事故隐患的,还应当书面告知使用管理责任单位暂停使用电梯、及时采取相应措施。

8.建立电梯应急救援平台

该办法规定,电梯使用管理责任单位、维护保养单位、检验、检测机构应当制定本单位电梯事故应急专项预案,每年至少组织一次应急演练。目前,内蒙古自治区质监局已经在呼和浩特、包头、乌海、鄂尔多斯、兴安盟 5 个地区试点建立了 96116 电梯应急救援平台。同时在全区范围内建立了以使用单位为责任主体,电梯维保单位为主力军的应急救援队伍,合理布局网点,完善联动机制,力求快速、高效、准确地处置电梯应急救援报警①。

---

① 《〈内蒙古自治区电梯安全管理办法〉解读》,载《内蒙古日报》,下载日期:2017 年 7 月 3 日。

《内蒙古自治区电梯安全管理办法》强化了电梯制造单位的职责,落实了住宅小区电梯运行费用来源,加强了对老旧电梯的安全监督管理,对公共场所电梯提出采用双回路供电或者配备备用电源的要求,引入了保险机制,进一步规范检验检测机构的行为和责任。该办法将更好地解决电梯在使用和管理中出现的问题,预防和减少电梯安全事故的发生,保证人民群众的人身安全和财产安全,对内蒙古自治区经济社会稳定健康发展有着非常重要的意义。

(五)重庆市电梯安全管理办法

随着重庆市经济社会的快速发展,城市化和工业化进程加快,电梯与人民群众的生活和工作已经密不可分。截至 2015 年 8 月,重庆市电梯总量达到 95890 台,并以平均每年 15% 以上的速度增加。其中使用十年以上的老旧电梯有 6000 余台,并以平均每年 5% 的速度增加。从整体上看,重庆市电梯安全管理形势良好,但仍然存在电梯安全主体责任不够明确,电梯安全监管机制不够健全,电梯的选型、配置不够规范,电梯维护保养不到位,电梯日常运行、维护保养、改造、修理等所需费用落实困难等问题[①]。为了解决上述问题,进一步加强和完善重庆市的电梯安全管理,2015 年 10 月 23 日,重庆市人民政府第 107 次常务会议通过《重庆市电梯安全管理办法》,于 2016 年 1 月 1 日起正式实施。

1.明确电梯安全监管部门职责

电梯安全监管涉及多个政府职能部门,为了避免实践中电梯安全监管责任不清,该办法明确规定了政府相关职能部门的职责。市、区县(自治县)人民政府特种设备安全监督管理部门负责本行政区域内的电梯安全监督管理。建设行政主管部门会同有关部门对电梯选型、配置进行监督管理;房地产行政主管部门会同有关部门建立电梯改造、修理资金使用管理机制,督促物业服务企业承担电梯使用安全管理责任;公安机关消防机构会同特种设备安全监督管理部门实施电梯事故救援处置。教育、商业、卫生计生、交通、旅游、体育等有关部门应当按照各自职责共同做好电梯安全监督管理工作。

2.明确责任主体的电梯安全责任

该办法按照电梯生产、经营、使用、检验、检测等环节,强调了不同环节各责任主体的电梯安全责任。该办法规定,电梯制造单位对其生产的电梯的安

---

① 重庆市政府法制办:《重庆市电梯安全管理办法相关内容政策解读》,载重庆市政府网,下载日期:2017 年 3 月 10 日。

全性能负责。电梯的安装、改造、修理必须由电梯制造单位或者其委托的依法取得相应许可的单位进行。电梯经营单位对电梯销售过程负安全责任。该办法明确,电梯经营单位禁止销售以下 6 类电梯,即未经许可生产的、国家明令淘汰和已经报废的、存在安全性能缺陷的、利用报废或翻新部件拼装的、不符合安全技术规范及相关标准要求的和法律法规禁止销售的其他电梯。电梯使用单位对电梯使用履行安全管理义务,承担安全主体责任。特种设备检验检测机构对相关检验检测活动负责。同时,该办法也对建设单位、施工单位、维护保养单位、电梯乘用人的责任进行了规定。

3. 监管电梯选型配置

建设单位在利益驱使下采购电梯时刻意降低电梯的选型等级、配置数量,为电梯安全运行埋下了安全隐患。该办法规定,建设行政主管部门会同有关部门对电梯选型、配置进行监督管理。建设单位应当按照有关规定和标准进行电梯选型、配置;选型和配置不符合有关规定和标准的,施工图设计文件不得报审。

4. 强化重点场所电梯监管

该办法对两类重点场所的电梯加强了监管:第一类是学校、幼儿园、医院、机场、车站、客运码头、商场、体育场馆、旅游景点、会展场馆、公园等公众聚集场所使用的电梯,应当按照《中华人民共和国保险法》和有关规定投保电梯安全责任保险。同时要求质监部门对这些公众聚集场所的电梯实施重点安全监督检查。第二类是住宅小区电梯,区别有物业服务和没有物业服务的住宅小区分别确定了电梯使用单位,并明确了电梯使用单位在电梯使用管理中应当遵守的具体规定。①

5. 落实电梯运行费用

该办法分情况对电梯运行费用的落实进行了规定:电梯日常运行、维护保养、改造、修理、检验、检测、安全评估等所需费用由电梯产权人承担,电梯使用单位应当协助电梯产权人组织落实所需资金。住宅小区电梯需要重大修理的,电梯使用单位和业主委员会应当及时组织落实所需资金,业主应当履行资金筹集义务。所需资金按照以下方式筹集:已建立住宅专项维修资金的,按照规定程序在住宅专项维修资金中列支;未建立住宅专项维修资金或者住宅专

---

① 重庆市政府法制办:《重庆市电梯安全管理办法相关内容政策解读》,载重庆市政府网,下载日期:2017 年 3 月 10 日。

项维修资金余额不足的,相关业主对费用承担有约定的,按照约定承担;没有约定或者约定不明确的,由相关业主按照有关规定协商解决。乡镇人民政府、街道办事处可以协助组织相关业主筹集落实资金。

重庆市人民政府从实际出发,针对重庆市电梯安全管理中现实存在的问题,从电梯安全监管、电梯责任主体、电梯选型配置、重点场所电梯、电梯运行费用等方面入手,制定《重庆市电梯安全管理办法》来解决电梯安全问题。《重庆市电梯安全管理办法》是一部具有可操作性和针对性的政府规章,为重庆市电梯安全管理提供法律保障。

(六)新疆维吾尔自治区电梯安全监督管理办法

近年来,随着新疆经济社会的不断发展,新疆电梯数量迅速增长,截至2015年年底,新疆电梯总量达5.3万台,较2010年增长了3.9万台,每年以30%左右的速度持续增长。尽管已呈现增速快、使用面广并逐渐进入老旧状态的特点,但目前全疆只有近1220台电梯投保①。随着电梯使用范围的快速扩大,一些电梯安全问题也逐步显现,诸如电梯安全使用责任主体不明确、电梯维护保养不规范、电梯运行费用难以落实等问题。新疆维吾尔自治区政府通过制定《新疆维吾尔自治区电梯安全监督管理办法》来解决电梯安全监管中出现的一系列新问题。2015年12月30日,新疆维吾尔自治区政府第30次会议讨论通过的《新疆维吾尔自治区电梯安全监督管理办法》于2016年2月1日起正式实施。

1.强化电梯制造单位责任

该办法强化了电梯制造单位的责任,规定电梯制造单位应当履行下列责任:提供电梯设计文件、型式试验报告、产品质量合格证明、安装及使用维护保养说明、应急处置技术指导文件;明确电梯整机或者重要零部件的使用年限,建立电梯整机、重要零部件验收和溯源制度;保证电梯零部件供应,提供电梯安全运行和故障处理技术指导,协助开展应急救援等专业技能培训;定期跟踪调查电梯安全运行情况,发现电梯存在严重事故隐患的,提出处理建议,立即告知电梯使用管理责任单位,并报告特种设备安全监督管理部门;对在保修期限内的保修事项,履行保修义务;对因设计、制造原因造成电梯存在危及安全的同一性缺陷的,立即停止生产,并依法实施召回,及时消

---

① 《四类电梯实施重点安全监督检查,新疆出台首个电梯安全监督管理办法》,载《法制日报》,下载日期:2017年1月29日。

除事故隐患。

2.规定电梯使用管理责任单位责任

该办法对电梯使用管理责任单位的确认和责任进行了规定。所有在用电梯必须明确使用管理责任单位,未明确使用管理责任单位的,不得投入使用。电梯使用管理责任单位按照下列规定确定:新安装电梯未移交产权人的,项目建设单位为责任单位;委托物业服务企业或者其他机构管理的,受委托物业服务企业或者其他机构为责任单位;未委托物业服务企业或者其他机构管理的,电梯属于单一产权的,该产权人为责任单位;属于共有产权的,产权共有人为责任单位;出租配有电梯的场所,应当在租赁合同中约定责任单位;未约定的,电梯产权人为责任单位。电梯使用管理责任单位应当履行下列责任:依法办理电梯使用登记;使用管理责任单位变更的,应当自变更之日起 30 日内办理变更登记;负责电梯日常使用安全,建立电梯使用安全管理制度、电梯安全技术档案;对电梯进行经常性维护保养和定期自行检查,没有相应资质的,应当委托取得相应资质的单位进行;配备电梯安全管理人员,负责电梯运行日常巡查等工作;电梯紧急报警装置应当与电梯安全管理人员有效联通,应急照明保持正常;在电梯轿厢内或者出入口的显著位置,标明电梯使用管理责任单位、使用登记标志、警示标志、安全注意事项、应急救援和投诉电话号码;电梯出现故障或者存在事故隐患的,立即停止使用,在电梯口的显著位置设置停用警示标志;电梯经排除故障、消除事故隐患后,方可继续使用;停止使用电梯超过 24 小时以上的,应当公告电梯停止使用的原因和修复时间;乘客被困时,应当及时组织排险、救援;使用电梯运载建筑材料、建筑垃圾以及其他易造成电梯损坏的物品的,应当采取安全防护技术措施或者安排人员进行现场管理;对电梯轿厢内部进行装修可能影响电梯使用安全的,装修结束后,应当经取得相应资质的单位测试,符合相关安全技术规范要求的方可投入使用;协助做好电梯的改造、修理、更新、检验检测和安全评估工作。

3.规定电梯建设单位责任

该办法规定建设工程需要安装电梯的,建设单位应当选购依法取得许可的单位制造的电梯,且选型、配置及备用电源应当与建筑物结构、使用需求相适应;既有建筑物、建筑设施,需要加装电梯的,还应当符合城乡规划和消防安全的要求。电梯机房、井道、底坑等土建及钢结构工程应当符合建筑工程设计规范。

4.规定电梯销售单位责任

该办法规定电梯销售单位应当建立电梯进货查验制度和销售台账。销售的电梯应当随附产品质量合格证明、安装及使用维护保养说明等相关技术资料。禁止销售未取得许可生产的、未经检验或者检验不合格的、国家明令淘汰和已经报废的电梯。

5.规定电梯维护保养单位责任

该办法规定电梯维护保养由电梯制造单位或者依法取得许可的安装、改造、修理单位进行。电梯维护保养单位应当履行下列责任:维护保养由取得相应资质的作业人员实施,作业现场应当设置警示标识和防护栏;建立每部电梯的维护保养记录,记录保存期不少于 4 年;确保应急救援电话 24 小时有效应答,接到电梯困人故障报告后,及时实施现场救援;发现故障或者接到故障通知后,应当及时予以排除;发现电梯存在事故隐患的,应当向电梯使用管理责任单位提出处理建议;发现严重事故隐患的,还应当向电梯所在地特种设备安全监督管理的部门报告;每年至少组织一次对本单位电梯作业人员的安全教育和技能培训,教育和培训记录保存期不少于 2 年。电梯维护保养单位在企业注册地以外的市、县从事电梯维护保养的,应当设置固定办公场所,配备与其业务量相适应的维护保养人员和设备,并向维护保养业务所在地特种设备安全监督管理部门备案。

6.规定检验检测机构责任

该办法规定检验检测机构应当依法取得相应许可,提供检验检测服务,并对检验检测结果和鉴定结论负责。检验检测机构应当依法对电梯实施监督检验和定期检验。对技术资料、现场检验条件不符合技术规范要求的,不予实施监督检验;有下列情形之一的,不予实施定期检验:未明确使用管理责任单位的;未办理使用登记的;使用管理责任单位未取得相应资质,又未委托维护保养单位的;使用存在违法行为,经特种设备安全监督管理部门责令改正而未改正的。检验检测机构发现以下情形:电梯存在严重事故隐患的;电梯经监督检验或者定期检验不合格,在规定期限内未整改仍继续使用的;从事电梯安装、改造、修理、维护保养的单位或者作业人员未依法取得相应资质的,应当报告电梯所在地特种设备安全监督管理部门。

7.规定禁止乘梯行为

该办法规定使用电梯不得实施下列行为:使用标明停用警示标志的电梯;超过额定载荷使用电梯;在电梯内嬉戏、打闹、蹦跳,或者在运行的自动扶梯、自动人行道逆行以及在其出入口滞留;强行开启电梯层门、轿厢门;拆除、损坏电梯的零部件、附属设施或者标志;其他危及人身安全或者电梯安全运行的行为。发现电梯运行异常的,应当立即告知电梯使用管理责任单位或者其他相关人员。

8.加强电梯安全监督

该办法规定县级以上人民政府特种设备安全监督管理部门应当制定安全监督检查年度计划,对电梯生产、使用、维护保养单位和检验检测机构实施监督检查。下列电梯应当实施重点安全监督检查:学校、幼儿园、医院、车站、机场、商场、体育场馆、展览馆、公园等公众聚集场所的;使用年限超过15年的;故障频率高,影响正常使用的;举办重要会议或者大型群众性活动,以及其他需要实施重点安全监督检查的。

《新疆维吾尔自治区电梯安全监督管理办法》对电梯使用环节以及与电梯使用相关的生产、维护保养、检验检测、安全监管等活动进行重点规范,明确电梯安全责任主体的责任和义务,完善电梯安全监管体制。电梯安全监督管理工作应当坚持以人为本,遵循安全第一、预防为主、权责明确、便民高效的原则,实行企业全面负责、政府统一领导、部门联合监管、社会广泛参与。

(七)湖北省电梯使用安全管理办法

2016年5月31日,湖北省政府常务会议审议通过的《湖北省电梯使用安全管理办法》于2016年8月1日起施行。该办法是湖北省关于电梯安全管理的第一部专门立法。截至2015年年底,湖北省电梯总量达到近15万台,并以平均每年15%以上的速度增长,2015年增长率达20.87%[①]。电梯在实际使用中经常面临所有权、使用权和管理权相分离的情况,责任主体不明确,给电梯安全管理带来难度。鉴于目前的规定对各责任主体的权利、义务和责任界定不清晰,致使各方矛盾突出,极易造成责任主体之间相互推诿责任的现象。该办法针对湖北省电梯使用管理中存在责任主体不明确、监管机制不健全等问题,明确了与电梯使用安全相关主体的责任,构建了以电梯使用单位为主体、以维护保养单位为主力、以消防为补充的"三级"应急救援体系,建立电梯使用安全监管体制。

1.明确相关主体责任

该办法明确规定电梯所有权人依法承担电梯使用安全的相应义务,对电梯发生事故造成的损失承担责任。电梯使用单位应当建立健全以岗位责任制为核心的电梯使用安全管理制度,对电梯使用安全负责。电梯使用单位按该

---

① 湖北省人民政府:《图解:〈湖北省电梯使用安全管理办法〉》,载湖北省人民政府网站,下载日期:2017年5月27日。

办法的规定确定,电梯所有权人可以委托物业服务企业或者其他管理人管理电梯,受托人履行法定的电梯使用单位的义务,承担相应责任。电梯未明确使用单位,无法落实使用安全的管理责任的,该电梯不得使用。电梯生产、经营、维护保养单位对其生产、经营、维护保养的电梯安全性能负责。

2. 构建应急救援体系

该办法明确了应急救援事前、事中、事后的运行机制,构建了以电梯使用单位为主体、以维护保养单位为主力、以消防为补充的"三级"应急救援体系。电梯使用单位作为第一救援责任人,应当及时采取措施,安抚乘客,组织电梯维修作业人员实施救援。维护保养单位作为救援的实施责任人,应设立 24 小时值班电话,保证及时实施应急救援,在接到故障通知后,市区内抵达现场的时间不超过 30 分钟,其他地区不超过 1 小时。特定情况下,公安部门负责参与做好电梯故障、事故的应急救援工作。①

3. 建立电梯使用安全监管体制

电梯使用安全监管涉及地方政府和质检、安监、建设、房管、公安等行政管理部门,需要建立综合管理、相互协调、齐抓共管的管理体制。首先,该办法明确了县级以上人民政府电梯安全使用监管职责,乡镇人民政府、街道办事处、社区、居(村)民委员会协助有关部门做好安全监管工作。其次,该办法明确了县级以上人民政府特种设备安全监督管理部门负责对本行政区域电梯使用安全实施监督管理。县级以上人民政府安全生产监督管理部门负责综合指导电梯使用安全监督管理工作。建设行政主管部门负责对建筑物中电梯井道和机房、电梯选型、数量配置等工程质量实施监督管理,监督建设单位履行电梯使用安全管理职责。

房产管理部门负责指导和监督业主、物业服务企业履行居民住宅电梯使用安全管理职责,合理规范使用住房专项维修基金。公安部门负责参与做好电梯故障、事故的应急救援工作。规划、经信、工商、教育、商业、旅游等相关部门按照各自职责,共同做好电梯使用安全监督管理工作。

《湖北省电梯使用安全管理办法》规定了如何界定电梯使用单位,明确了与电梯使用相关的每个环节责任主体的责任,以及相关职能部门在电梯安全监管中的职能,构建起一条明晰的责任链条,形成电梯安全治理的合力,实现

---

① 湖北省人民政府:《图解:〈湖北省电梯使用安全管理办法〉》,载湖北省人民政府网站,下载日期:2017 年 5 月 27 日。

电梯安全治理效益的最大化。

（八）河北省电梯安全管理办法

目前河北省在册电梯数量超过 21 万部，近四年年平均增长达 26.9%，其中住宅及公共场所电梯数量占电梯总量的 60% 以上。在运行质量上，由于不同单位之间安全管理和维保作业水平的差距，电梯故障数量呈逐年增加趋势。为进一步加强电梯安全管理，保障人民群众的人身安全和财产安全，2016 年 12 月 30 日，河北省政府第 101 次常务会议通过《河北省电梯安全管理办法》，于 2017 年 3 月 1 日起正式实施。该办法围绕出现安全问题较多的电梯使用环节，重点规范了电梯使用和维护保养责任，以及与使用相关的制造、安装、改造、修理、检验检测、安全监督管理等责任。

1.强化电梯使用管理单位责任

该办法明确规定电梯使用管理单位履行电梯安全管理责任，对电梯日常使用安全负责。未确定电梯使用管理单位的电梯，不得投入使用。电梯使用管理单位按照下列规定确定：电梯安装后，建设单位尚未移交给电梯所有权人的，建设单位为电梯使用管理单位；电梯委托物业服务企业管理的，受委托的物业服务企业为电梯使用管理单位；电梯只有一个所有权人，未委托物业服务企业管理的，该所有权人为电梯使用管理单位；电梯有多个所有权人，未委托物业服务企业管理的，所有权人应当书面约定电梯使用管理的单位；不能协商约定电梯使用管理单位的，由当地乡（镇）人民政府、街道办事处或县（市、区）人民政府特种设备安全监督管理部门确定或者提请本级人民政府确定；出租配有电梯的场所，租赁合同中应当约定电梯使用管理单位；未约定或者约定不明的，电梯所有权人为电梯使用管理单位。

2.强化电梯维护保养单位责任

该办法对电梯维护保养提出了严格的要求。首先，强调了电梯维护保养单位严格按照国家安全技术规范要求开展维护保养作业，该办法规定电梯维护保养应当按照安全技术规范及相关标准的要求进行，不得使用已经报废或者不符合安全技术规范规定的零部件，不得将维护保养业务分包、转包。其次，明确了维护保养作业人员和作业量，该办法规定电梯维护保养人员不得同时在两个单位执业，每名维护保养人员负责维护保养的电梯不得超过 30 部。对电梯进行维护保养时，每台电梯的维护保养人员不得少于 2 人。最后，对维护保养单位的应急反应提出了更高要求，该办法规定电梯维护保养单位应当保证电梯应急救援电话 24 小时有效应答。接到乘客被困报警后，电梯维护保养人员应当在 30 分钟内抵达现场实施救援。对违反上述要求的电梯维护保养单位,该办法规定了最高 5 万元的处罚措施。

3.明确电梯其他主体责任

该办法规定了电梯制造单位的责任,电梯制造单位对出厂的电梯,应当提供安全技术规范要求的设计文件、产品质量合格证明、安装及使用维护保养说明等相关文件和技术资料,注明电梯主要零部件设计使用年限或者使用次数,并在电梯显著位置设置产品铭牌和安全警示标志。电梯制造单位不得在电梯控制系统中设置技术障碍,并应当预留可供信息采集的接口。电梯改造必须由电梯制造单位或者其委托的依法取得相应许可的单位进行,电梯制造单位对改造后的电梯质量和安全性能负责。改造非本单位制造的电梯的,应当在改造完成后 30 日内将电梯铭牌更换为本单位相应的产品铭牌,并按照规定提供相关文件和技术资料。

该办法规定了电梯销售单位的责任,电梯销售单位应当建立并执行电梯检查验收和销售记录制度,其销售的电梯应当符合安全技术规范及相关标准要求,并随附产品质量合格证明、安装及使用维护保养说明等相关技术资料,不得销售未取得制造许可资格的单位制造的电梯以及国家明令淘汰的电梯。

此外,该办法也对电梯采购单位和电梯检验机构提出了相关要求。电梯选型和配置应当满足使用需求以及功能要求,并保障安全、急救、消防、通信、无障碍通行等需要,即在采购时就应按要求考虑电梯的选型和配置,从源头为电梯安全提供保障。电梯安装、改造、修理单位或者使用单位提出电梯检验申请的,特种设备检验机构应当自收到申请材料之日起 3 个工作日内进行审查,经审查符合检验要求的,应当按照下列规定进行检验:在 3 个工作日内安排对电梯安装、改造、重大修理过程的监督检验;在 5 个工作日内安排对电梯的定期检验;申请人对检验日期有特殊要求的,按照双方约定的检验日期进行检验;电梯经检验合格的,自检验工作完成后 10 个工作日内出具检验合格报告,同时规定经检验电梯不符合安全技术规范要求的,特种设备检验机构应当出具检验意见通知书,提出整改要求和整改期限;逾期未整改合格的,自整改期满之日起 7 个工作日内出具检验不合格报告,并书面向所在地县(市、区)人民政府特种设备安全监督管理部门报告,特种设备安全监督管理部门应当采取必要措施,及时予以处理。

4.对住宅电梯安全管理有要求

该办法对物业服务企业提出了具体的安全要求,该办法规定物业服务企业应当公开电梯安全管理的相关记录,并每年公布一次电梯相关费用的收支情况,物业服务费中的电梯运行维护费用应当单独立账。物业服务企业应当在小区公示栏公布小区电梯最近一次维护保养信息。物业服务企业不再作为住宅小区电梯使用管理单位时,应当按照规定移交完整的电梯安全技术档案。对物业服务企业不按规定公布相关费用收支情况的,由县级以上住房城乡建设部门责令限期改正。

《河北省电梯安全管理办法》强化了电梯使用管理单位的电梯安全管理责任,对电梯维护保养单位的维护保养工作提出了更为严格的要求,明确了电梯制造单位、电梯销售单位的责任,对电梯设计、建设、采购单位和电梯检验机构提出了相关要求,强调了特种设备安全监督管理部门的监管责任,明确了各级政府对电梯安全工作的领导责任。《河北省电梯安全管理办法》的出台,对河北省电梯安全运行起到积极的促进作用。

(九)西安市电梯安全管理办法

2017年1月16日,西安市人民政府第163次常务会议通过的《西安市电梯安全管理办法》于2017年3月4日起正式实施。随着城市建设的加快,电梯数量的增多,监管工作难度日益增大,一些影响电梯安全的深层次问题和突出矛盾逐步显现。西安市人民政府高度重视电梯安全监管工作,通过制定该办法进一步加强西安市电梯安全监管,提升电梯安全管理水平和供给质量,保障市民乘梯安全。[①] 该办法明确了政府和部门的职责分工,规定了电梯相关单位的责任和乘梯禁止行为,严格限制电梯的选型配置。

1. 明确政府和部门职责分工

该办法明确规定市特种设备安全监督管理部门是本市电梯安全的主管部门,负责全市电梯安全的监督管理。区、县及开发区特种设备安全监督管理部门按照规定的职责分工负责本区域内电梯安全的监督管理。规划、建设、房屋、工商、公安、安监、城(棚)改、价格、交通运输、市政、教育、卫生、商务、旅游等部门,按照各自职责做好电梯安全管理工作。电梯安全管理实行属地管理、分级负责的原则。区、县人民政府及开发区管委会应当加强对电梯安全管理工作的领导,督促、支持有关部门依法履行电梯安全管理工作职责,并建立协调机制,及时协调、解决电梯安全管理中存在的问题。镇人民政府、街道办事处应当督促电梯使用单位排查电梯安全隐患,落实安全主体责任,协助有关部门做好电梯事故调查处理、隐患整改、日常监督检查等安全管理工作,协调、解

决电梯使用安全引发的矛盾纠纷。社区、居(村)民委员会应当积极配合政府及其有关部门履行电梯安全监督管理职责,协助处理因电梯使用安全引发的矛盾纠纷。

2.规定电梯相关单位责任

该办法规定电梯制造单位应当遵守下列规定:依法取得许可,对其生产的电梯安全性能负责;所制造的电梯(包括整机和部件)符合法律法规、安全技术规范及标准的要求;电梯出厂时,附有法律法规、规章和规范要求的技术资料和文件;为电梯使用、维护保养单位提供必需的电梯备品备件和技术培训及其他技术帮助,不得设置技术屏障;在质量保证期限内电梯出现质量问题予以免费修理、更换主要零部件的,电梯质量保证期重新计算;对电梯安全运行情况进行跟踪调查,对存在的问题提出改进建议,发现存在严重事故隐患的,及时告知电梯使用单位并向特种设备安全监督管理部门报告;委托其他单位进行电梯安装、改造、修理的,应当进行安全指导和监控,按照安全技术规范的要求进行校验和调试,并对校验和调试的结果负责;因设计、制造等原因造成电梯故障或者发生事故的,应当对本市同型号电梯采取措施整改,消除隐患,及时告知相关电梯使用单位,同时报告所在地特种设备安全监督管理部门。

该办法规定经营单位经营电梯及其安全保护装置,应当遵守下列规定:建立进货检查验收和经营记录制度,对其经营的电梯及安全保护装置的合法性负责;不得经营未经许可生产、未经检验或者检验不合格、不符合安全技术规范要求的产品;不得经营无设计文件、型式试验报告、安装及使用维修说明、产品质量合格证明的产品;不得经营淘汰、报废的产品,以及明知或者应当知道存在缺陷的产品;不得经营以假充真、以次充好、以旧充新、翻新拼装的产品;不得经营法律法规禁止经营的其他电梯及其安全保护装置。

该办法规定电梯使用单位是电梯使用安全的责任主体,对电梯安全运行负责,并履行下列职责:使用符合安全技术规范要求的电梯;制定电梯安全管理制度,建立完整的电梯安全技术档案;设置电梯安全管理机构,配备足够数量的取得《特种设备作业人员证》的专职电梯安全管理人员,保证在电梯运行期间至少有一名安全管理人员在岗;在电梯轿厢显著位置或自动扶梯、自动人行道显著位置张贴悬挂有效的使用标志、安全注意事项、安全警示标志、96333二维码信息标识、应急救援和投诉电话;保持电梯视频监控设施、紧急报警装置完好有效,能随时与使用单位安全管理机构或者值班人员实现有效联系等。

3. 规定禁止乘梯行为

该办法规定电梯乘客不得实施下列行为:违反电梯安全使用须知和安全警示使用操作电梯;乘用明示处于非正常状态下的电梯;拆除、破坏各类标识、标志、呼叫按钮、紧急报警装置、监控装置等电梯设施或者零部件;携带易燃易爆物品或者危险化学品乘用电梯;运载超重货物或者乘用超载电梯;采用非安全手段开启电梯层门、轿门或者强行阻挡层门、轿门正常关闭;在自动扶梯、自动人行道上打闹、攀爬、玩耍、逆行等;携带购物车、婴儿车等乘用自动扶梯等。学龄前儿童、行动不便人员等不宜单独乘用电梯的,应当在成年人陪同下乘用电梯。电梯乘客发现电梯运行异常的,应当停止使用电梯,并立即告知电梯使用单位。

4. 对电梯选型配置有要求

该办法规定建设单位应当委托有资质的单位根据电梯的使用频率、使用场所等因素,进行建筑设施及电梯数量、参数设计,并按照建筑工程质量要求和电梯安全技术规范规定,修建与电梯安全有关的建筑设施,满足电梯机房降温、底坑防漏防水等要求。建筑设计单位应当严格按照国家、省、市有关规定和标准规范的要求,设计电梯的数量、参数,保证电梯选型、配置的要求与建筑结构、使用需求相适应,并综合考虑急救、消防、无障碍通行等功能。电梯的数量、参数、位置、功能布局等设置不符合国家、省、市有关规定和标准规范的,施工图审查机构不得办理施工图设计审查备案手续。

《西安市电梯安全管理办法》以明确落实电梯安全主体责任和监管责任为核心,建立有效的日常维护保养、改造更新、应急处置、经费保障、综合防范等电梯安全监管长效机制,推进西安市电梯安全管理专业化、信息化、社会化,确保人民群众的人身安全和财产安全。

自 2015 年始,全国各地与电梯安全有关的地方性法规、地方政府规章密集出台,从目前我国电梯安全立法来看,立法重点集中在电梯安全主体责任、电梯维护保养、违规处罚措施、电梯应急处置平台、电梯质量、乘梯安全注意事项等方面。电梯安全立法在加强电梯制造单位、电梯销售单位、电梯建设单位、电梯维护保养单位、电梯使用单位等主体对电梯安全重视程度的同时,也将促进电梯行业的健康发展,预防电梯安全事故需要社会多元共治。虽然目前我国电梯安全立法工作正在如火如荼地进行,但电梯安全立法工作依旧任重道远,全国各地的地方性法规、地方政府规章由于立法权限的限制,许多问题需要国家层面的专项立法来解决,有关电梯安全的法律法规体系有待进一步完善。随着电梯安全立法工作的持续推进,电梯安全的监督管理将面临更加全面、严苛的法律法规规定。

第二节 我国电梯安全问题的实践现状

一、我国电梯安全形势

随着时代的推移,我国的经济社会迅猛发展,城市化的建设步伐也越来越快,高楼大厦如雨后春笋般拔地而起。在高层建筑数量不断增多的同时,电梯的安装量和使用量也急剧增加。无论是在居民小区、超市商场还是办公大厦,每个人的生活和工作几乎都离不开电梯,电梯似乎已经成为现代城市人们日常生活不可分割的一部分。在城镇化的社会大背景之下,我国的电梯行业迅猛发展。近年来,我国电梯保持以每年 20% 的速度增长,截至 2015 年年底,全国电梯总量达到 425 万台,我国电梯保有量、年产量、年增量均为世界第一。[①]

电梯已成为现代城市人们日常生活中离不开的垂直交通运输工具。虽然我国近十年来保持了万台电梯事故死亡人数持续下降的良好局面,但是,电梯安全事故还是时有发生,电梯致人死亡事件仍然存在。2015 年全国共发生电梯安全事故 58 起,死亡 46 人,与 2013 年、2014 年相比均有所下降,在电梯数量快速增加和老旧电梯激增的双重压力下,保持了总体平稳的安全态势。近十年来,我国电梯总数增长 5.5 倍,万台电梯事故死亡率从 0.40 下降到 0.11,整体安全水平逐年提高,接近发达国家平均水平[②]。国家质检总局特种设备局副局长贾国栋在参加"2017 中国(上海)电梯业界创新发展交流研讨会"上表示:"2016 年全年,全国共发生电梯事故 48 起,死亡 41 人,事故数量和死亡人数均较 2015 年有明显下降,我国电梯安全运行态势平稳。根据测算,截至 2016 年年底,我国的电梯总量在 490 万台左右,占世界总保有量的三分之一强,比 10 年前增长了 5 倍。目前,我国的万台电梯死亡人数和美国等发达国家较为接近,我国电梯总体运行态势平稳。"

[①] 国家质检总局:《〈对十二届全国人大四次会议第 6407 号建议的答复〉的摘要》,载国家质检总局网站,下载日期:2017 年 5 月 27 日。

[②] 国家质检总局:《〈对十二届全国人大四次会议第 6407 号建议的答复〉的摘要》,载国家质检总局网站,下载日期:2017 年 5 月 27 日。

二、我国电梯安全现状

（一）2013 年全国电梯安全事故情况

截至 2013 年年底,全国特种设备数量共计 936.91 万台,其中电梯数量共有 300.93 万台。2013 年全国共发生电梯安全事故 70 起,死亡 57 人。按照电梯安全事故发生形态分,人员坠落 46 起,人员挤压、剪切 19 起,碰撞 5 起。按照电梯安全事故发生环节划分,电梯安全事故发生在使用环节的事故数量共 48 起,发生在安装改造环节的事故数量共 13 起,发生在修理环节的事故数量共 9 起。按照电梯安全事故原因分,安全附件或保护装置失灵等设备原因导致的事故 35 起;违章作业或操作不当原因导致的事故 25 起;管理不善原因导致的事故 10 起。

表 2-1 2013 年全国电梯安全事故情况表

划分标准		事故数量(起)
按照发生形态划分	人员坠落	46
	人员挤压、剪切	19
	碰撞	5
按照发生环节划分	使用环节	48
	安装改造环节	13
	修理环节	9
按照事故原因划分	安全附件或保护装置失灵	35
	违章作业或操作不当	25
	管理不善	10

（二）2014 年全国电梯安全事故情况

截至 2014 年年底,全国特种设备数量共计 1036.46 万台,其中电梯数量共有 359.85 万台。2014 年全国共发生电梯安全事故 95 起,死亡 48 人。按照电梯安全事故发生形态分,人员坠落 56 起,人员挤压、剪切 33 起,困人 3 起,跌倒 3 起。按照电梯安全事故发生环节划分,电梯安全事故发生在使用环节的事故数量共 76 起,发生在安装改造环节的事故数量共 8 起,发生在维保修理环节的事故数量共 11 起。按照电梯安全事故原因划分,安全附件或保护装置失灵等设备原因导致的事故 73 起;违章作业或操作不当原因导致的事故

19 起;管理不善原因导致的事故 3 起。

表 2-2　2014 年全国电梯安全事故情况表

划分标准		事故数量（起）
按照发生形态划分	人员坠落	56
	人员挤压、剪切	33
	困人	3
	跌倒	3
按照发生环节划分	使用环节	76
	安装改造环节	8
	维保修理环节	11
按照事故原因划分	安全附件或保护装置失灵	73
	违章作业或操作不当事故	19
	管理不善	3

（三）2015 年全国电梯安全事故情况

截至 2015 年年底,全国特种设备数量共计 1100.13 万台,其中电梯数量共有 425.96 万台。2015 年全国共发生电梯安全事故 58 起,死亡 46 人。按照电梯安全事故发生环节划分,电梯安全事故发生在使用环节的事故数量共 38 起,发生在安装、改造、修理、维保环节的事故数量共 20 起。按照电梯安全事故原因划分,安全附件或保护装置失灵等设备原因导致的事故 39 起;违章作业或操作不当原因导致的事故 13 起;应急救援（自救）不当导致的事故 2 起;管理不善或儿童监护缺失以及乘客自身原因导致的事故 4 起。

表 2-3　2015 年全国电梯安全事故情况表

划分标准		事故数量（起）
按照发生形态划分	使用环节	38
	安装、改造、修理、维保环节	20
按照事故原因划分	安全附件或保护装置失灵	39
	违章作业或操作不当	13
	应急救援（自救）不当	2
	管理不善或儿童监护缺失以及乘客自身原因	4

从 2013—2015 年全国电梯安全事故情况来看,我国电梯安全事故时有发生,电梯安全管理形势严峻。2013—2015 年全国共发生电梯安全事故 223起,其中发生在使用环节以及因设备缺陷、操作不当等原因导致的电梯安全事故数量居多。

三、我国电梯安全问题

虽然我国电梯总体运行态势平稳,但是近年来相继发生的电梯安全事故依旧困扰着人民群众,电梯安全问题备受社会关注。相对发达国家而言,我国电梯不但普遍存在特殊的使用环境,而且在制造质量、维护保养、安全管理、责任落实等方面都存在一些问题。[①] 从近几年电梯安全事故的来看,电梯安全问题主要出在电梯制造、选型安装、维护保养、安全管理、使用等环节。

(一)电梯制造质量低劣

电梯因其便捷性而被广泛运用于各类人员密集的公共场所,一旦发生电梯安全事故,容易引发人们对电梯的恐惧心理,社会影响恶劣。因此,电梯制造质量合格与否不仅关乎电梯运行的安全性,也关系到社会的稳定性。从2013—2015 年全国 223 起电梯安全事故来看,其中因安全附件或保护装置失灵等设备原因导致的事故共 147 起,这说明因设备缺陷导致的电梯安全事故数量居多。电梯的安全附件或保护装置等设备存在缺陷说明电梯制造质量低劣。

近年来电梯制造市场的竞争愈演愈烈,电梯制造行业的恶性竞争使得部分电梯制造单位陷入价格战的深渊,给电梯制造单位带来巨大的压力。电梯制造单位为了降低生产成本,往往会在生产材料上偷工减料,降低电梯的配置及功能。价格战的大面积燃烧导致电梯产品技术含量较低,安全性能较差,电梯制造质量低劣,部分电梯存在着大量的安全隐患,威胁乘客的人身安全和财产安全。从 2015 年全国 58 起电梯安全事故的事故原因分析中可以发现,因安全附件或保护装置失灵等设备原因导致的电梯安全事故就有 39 起,电梯设备原因导致的电梯安全事故数量之多引人深思。为了从源头上预防电梯安全事故的发生,电梯制造质量问题值得关注和思考。

(二)电梯选型安装不符规范

电梯质量不仅与电梯制造质量相关,还与电梯安装质量密不可分。电梯

---

① 质检总局特种设备局:《当前我国电梯安全形势及安全监察工作情况》,载《中国应急管理》2015 年第 12 期。

行业内部人员认为电梯质量"三分靠产品,七分靠安装",电梯安装可以看作是电梯制造的持续。电梯作为建筑物内的交通运输工具,其选型安装关系到整个建筑物面积是否合理利用的问题。规范的选型安装有利于乘梯人员在建筑物内快捷便利且安全地流通,意味着整个建筑物面积的合理利用。电梯作为特种设备,其安装过程要遵守法律法规规定的标准并按照相关规范执行相应的要求。然而在现实生活中,多数住宅小区的电梯选型安装并不符合《住宅设计规范》的规定[1],没有安装一台可以容纳担架的电梯,一旦遇到抢救等紧急情况,医护人员无法使用电梯,危及被抢救者的生命安全。此外,房地产开发商为了节约成本、追求利润最大化,不按国家规定配置电梯的数量[2],电梯数量少无法满足使用需求,导致电梯使用次数过于频繁,致使电梯运力不足,电梯选型安装不符规范给人们的出行埋下安全隐患。

　　近年来,由于电梯需求的高度膨胀,需要安装的电梯数量与日俱增。实际上电梯安装行业所获得的效益并不高,因此很难吸引高素质的人才加入电梯安装行业,仅靠电梯制造单位的安装人员并不能满足与日俱增的电梯安装需求。在这样的背景下,有经验的安装人员数量与需要安装的电梯数量已经不相匹配。电梯制造单位的安装队伍无法应对数量庞大的安装业务,便把安装业务分包给其他电梯安装队伍,其他电梯安装队伍往往又把安装业务分包给小的安装队伍,甚至分包给没有安装资质的个人。电梯安装工程逐层分包,其中的利润微薄,导致安装管理无法到位,安装质量下降。此外,有些建筑工程项目为了缩短工程进度,不按规定安装电梯,例如大幅度地压缩电梯的安装、调试周期,不规范的安装、调试电梯[3]都是影响电梯安全运行的因素。电梯选型安装不符规范是造成电梯安全事故的原因之一,电梯选型安装关乎电梯安

---

① 住房与城乡建设部与国家质检总局联合发布的新版《住宅设计规范》于 2012 年 8 月 1 日起正式实施,其中最引人关注的规定为:总层数在 12 层及 12 层以上的住宅,每栋楼设置电梯不应少于两台,且其中应设置一台可以容纳担架的电梯。

② 在建筑规划设计上,国家对电梯的配置有明确的规定:电梯的数量要与住户的数目相匹配。板式或塔式楼每 80 户要设 1 部速度为每秒 1 米,运量在 750 千克以上的电梯;超过 80 户的,要设 2 部电梯,其电梯的运量一般一部为 1000 千克,另一部不低于 400 千克。120 户以上的住宅楼,则要设置 3 部电梯,整栋楼的净高如果超过 100 米,便属于超高层建筑,也需要配备 3 部电梯。

③ 例如电梯轿厢门保护装置未安装调整到位,将导致保护功能未有效动作,会造成乘客进出轿厢时面临挤压风险;又如扶梯乘客传感器的安装位置不准确,或增益调整过小,可能造成乘客漏检,在乘客已踏上梯级时突然启动,容易导致乘客摔倒。

全运行,因此,按照国家规定的要求对电梯进行规范安装是电梯安全运行的有力保障。

（三）电梯维护保养质量低

相对于电梯的整个生命周期而言,电梯的制造、安装只是一个极为短暂的过程,而电梯的维护保养却伴随着电梯的运行直到电梯"寿终正寝",这是一个反复进行的漫长过程。在我国电梯总体运行态势平稳的情形之下,依旧不能忽视因电梯日常维护保养缺位所引发的电梯安全事故。从 2013—2015 年全国 223 起电梯安全事故的事故原因分析中来看,因违章作业或操作不当原因导致的电梯安全事故共有 57 起,可以发现这与电梯维护保养人员能力不足有着密切联系。电梯维护保养单位因为电梯维护保养业务量大,对同一家电梯使用单位进行维护保养时,派出的电梯维护保养人员并不固定,甚至有的时候派出没有电梯维护保养资质的人员。电梯维护保养人员能力不足,不熟悉电梯的配置和功能,无法及时排除电梯故障,直接后果就是引发电梯安全事故。

同时,在我国电梯维护保养行业中,电梯维护保养单位数量众多,鱼龙混杂,电梯维护保养质量参差不齐。有些电梯维护保养单位经营管理规范,配备专业的电梯维护保养人员和设备,技术力量雄厚,专业水平过硬,能够保证电梯的维护保养质量;而有些电梯维护保养单位并没有电梯维护保养资质,缺乏专业的电梯维护保养人员和设备,技术水平低。电梯维护保养单位为迎合物业管理公司低价维保的要求,低价争保揽保,降低维保费用,形成恶性竞争,难以保障电梯的维护保养质量。

我国电梯因为其普遍存在特殊的使用环境,长时间高负荷的使用电梯,电梯的磨损折旧速度快,因此对电梯进行日常的维护保养必不可少。但是部分电梯使用单位未意识到电梯日常维护保养对电梯安全运行的重要性,并未做到法律法规所规定的要求。根据《特种设备安全监察条例》要求,电梯使用单位应当对在用电梯进行经常性日常维护保养,至少每月进行一次自行检查[①],对电梯的日常维护保养作出更为严格的规定,电梯应当至少每 15 日进行一次

---

① 《特种设备安全监察条例》第 27 条第 1 款至第 3 款规定,特种设备使用单位应当对在用特种设备进行经常性日常维护保养,并定期自行检查。特种设备使用单位对在用特种设备应当至少每月进行一次自行检查,并作出记录。特种设备使用单位在对在用特种设备进行自行检查和日常维护保养时发现异常情况的,应当及时处理。特种设备使用单位应当对在用特种设备的安全附件、安全保护装置、测量调控装置及有关附属仪器仪表进行定期校验、检修,并作出记录。

清洁、润滑、调整和检查①。但是在现实生活中,部分电梯使用单位对电梯维护保养工作放松要求,不少电梯里没有电梯维护保养单位标识,不注重对电梯的日常维护保养。而且,许多电梯的业主尤其是住宅小区电梯的业主要求低价对电梯进行维护保养,电梯维护保养单位不按规定的次数和要求对电梯进行维护保养,致使维护保养质量低。

电梯维护保养单位应当对其维护保养的电梯的安全性能负责。当电梯故障困人时,电梯维护保养单位及时派员赶赴现场对解救被困人员来讲尤为重要。但是实际上,部分电梯维护保养单位并未制定应急救援措施,应急救援能力较差,接到电梯故障通知后措手不及,不能在规定的时间内赶赴救援现场,耽误救援进度,极易造成电梯安全事故。总之,电梯维护保养人员能力不足、电梯维护保养单位鱼龙混杂、电梯使用单位维护保养工作不到位、电梯维护保养单位应急救援能力差等因素都是导致电梯维护保养质量低的原因。

（四）电梯安全管理滞后

虽然电梯作为人们日常出行使用工具,有其普遍性,但是,电梯作为机电一体化的特种设备具有一定的危险性。因此,为了避免电梯的危险性,无论是电梯维护保养单位还是电梯使用单位,都不能忽视对电梯的日常安全管理。从 2013—2015 年全国 223 起电梯安全事故的发生环节来看,电梯安全事故发生在使用环节的事故数量就有 162 起,大约占事故数量的 4/5。为什么电梯安全事故发生在使用环节的数量如此之多? 主要原因在于电梯安全管理滞后。

电梯使用单位对电梯日常安全管理的重视程度不足,没有健全的电梯安全管理制度,没有设置专门的电梯安全管理机构和配备专门的电梯安全管理人员,即使有配备电梯安全管理人员,实践中也大量存在电梯安全管理人员无证上岗的现象。现实生活中,电梯使用单位安排非专业人员进行电梯安全管理的现象较为常见,电梯日常安全管理流于形式,不能及时发现和处理电梯的异常情况,未能及时把电梯故障情况反馈给电梯维护保养单位。还有部分电梯使用单位拖欠维护保养费用,导致电梯维护保养单位无法正常开展日常维护保养工作。

电梯安全问题除了涉及电梯设计制造、选型采购、安装调试、使用维保、更

---

① 《特种设备安全监察条例》第 31 条规定,电梯的日常维护保养必须由依照本条例取得许可的安装、改造、维修单位或者电梯制造单位进行。电梯应当至少每 15 日进行一次清洁、润滑、调整和检查。

新改造等多个环节,同时也涉及住建、质监、财政、消防等多个行政部门,各个行政部门之间联动机制不健全,导致对电梯安全的监督管理无法形成合力,监管能力发挥不足。电梯使用单位和监管部门忽视电梯的日常安全管理,各种安全隐患日积月累,极易引发电梯安全事故,因此电梯安全管理问题不容忽视。

（五）乘梯安全意识薄弱

高楼大厦林立,电梯成为人们出行不可或缺的立体式交通运输工具。虽然电梯给人们的生活带来了极大的便利,但是电梯的便捷性往往让人们在使用电梯的过程中忽视电梯安全。现实生活中,人们在使用电梯时未按相关安全守则搭乘电梯,存在不文明的乘梯行为,乘梯安全意识薄弱。例如,部分乘客在商场、火车站、飞机场等场所搭乘扶梯时没有把手放在扶梯的扶手上,一旦遇到紧急情况,乘客容易摔倒造成人身伤害;又如,部分乘客在搭乘电梯时乱按电梯按钮等零部件导致电梯空跑,加快电梯的折旧速度;再如,部分乘客使用电梯搬运物品时放置障碍物长时间阻挡电梯门关闭。这些乘梯行为或多或少都会影响电梯的安全运行,导致电梯安全事故发生。人们应当树立乘梯安全意识,遵守规则文明乘梯,为出行的安全负责。

（六）责任主体不明确

在电梯运营过程中涉及众多责任主体,电梯的投资建设者是房地产开发商和电梯制造单位,电梯的所有者和使用者是业主,电梯的使用管理者是物业管理公司,电梯的监督管理者是质监部门。尤其是住宅电梯,其所有权和使用权涉及业主,使用管理权也涉及业主、业主委员会、物业管理公司和电梯维护保养单位等众多责任主体,各责任主体不明确,安全管理职责无法有效落实。电梯行业内部人员认为责任主体不明确是近年来电梯安全事故频发的重要原因。一旦发生电梯安全事故致人损害事件,由谁来对该事件负责?此时,房地产开发商、电梯制造单位、电梯维护保养单位、物业管理公司等相关责任主体互相推诿责任。彼此都不愿意对受害人负赔偿责任,给受害人及其家属带来二次伤害。

法律规定电梯使用单位对电梯的使用安全负责,然而现实生活中,在电梯所有权、使用权、管理权相分离的情况下,电梯的使用单位成了一个模糊的概念。在电梯采购环节,房地产开发商为了节约成本、追求利润最大化,会压低电梯的采购价格,降低电梯的选型和配置,从源头上给电梯运行安全埋下隐患。在电梯使用管理环节,由于住宅电梯业主共有产权的特性,导致业主不愿承担责任,同时业主作为电梯的所有权人没有对物业管理公司的管理进行有效监督,造成电梯使用管理责任无法落实,给电梯安全运行带来隐患。

电梯安全问题除了电梯制造质量低劣、电梯选型安装不符规范等上述内容,还涉及电梯日常运行管理费用不足的问题。部分住宅小区的业主认为自己在日常生活中未使用电梯,于是便不支付电梯维护保养费用,导致电梯日常运行管理费用不足,电梯安全管理人员和维护保养单位无法按标准对电梯进行管理和维护保养。电梯日常运行管理费用不足导致电梯"带病"运行,易引发电梯安全事故。电梯安全问题涉及方方面面,其中有关电梯安全的立法和执法问题亟须解决。

第三节 解决电梯安全问题的具体对策与思路

近年来,我国电梯保持以每年20%的速度增长,截至2015年年底,全国电梯总量达到425万台。在电梯数量与日俱增的同时,电梯安全事故也屡见不鲜,如何有效地解决电梯安全问题,值得人们关注和思考。本书认为解决电梯安全问题的具体对策与思路主要如下:

一、对电梯安全进行专项立法

我国目前还没有一部专门针对电梯安全的法律法规,虽然现行的《特种设备安全法》和《特种设备监察条例》确立了包括电梯在内的特种设备安全管理的基本制度,但是其中有关电梯安全管理的规定较为原则性。为了适应电梯安全管理形势的要求,进一步完善与电梯安全相关的法律法规体系,在《特种设备安全法》的基本制度之下,我国有必要制定出一部更具针对性和操作性的电梯安全法。

电梯作为交通运输工具在日常生活中随处可见,电梯安全事故也屡见不鲜。电梯安全事故发生后,电梯制造单位、电梯维保单位、物业管理公司等相关责任主体互相推诿责任,"踢皮球"的现象时有发生。为了预防和解决各责任主体"踢皮球"的现象,可以通过电梯安全专项立法明确各方主体的具体责任,消除人们担心电梯安全事故无人负责的不安情绪。电梯安全专项立法使电梯制造单位、电梯维保单位、物业管理公司等责任主体更加重视电梯安全,切实承担起保障电梯安全的责任,同时也能促进电梯行业的健康发展。

为了有效预防和消除电梯安全隐患,减少电梯安全事故的发生,提升电梯的安全管理水平,进一步保障人民群众的人身安全和财产安全,电梯安全走向专项立法的轨道势在必行。对电梯安全进行专项立法,将电梯安全上升到法治化的轨道,是运用法治的思维方式防患于未然,这不仅是保障民生的重大举措,也是建设平安社会的要求。通过电梯安全专项立法,明确细化电梯从选型采购到更新改造等各环节中责任主体的责任和义务,加强对电梯制造单位、电梯维保单位、电梯使用单位等责任主体的监督,加大对违法违规行为的处罚力度,最大限度防控电梯安全事故带来的风险,维护乘梯人员的人身安全和财产安全。通过对电梯安全进行专项立法,从而形成对电梯安全"事前预防、事中监督、事后保障"的安全链条,使与电梯安全相关的法律法规体系更加严密、更加具有针对性和可操作性。

二、提高电梯产业准入门槛

伴随着中国房地产业发展而红火起来的中国电梯产业,其技术手段仍然停留在组装电梯的层面上。电梯制造单位为了节约成本、追求利润最大化,往往选用低价格的部件组装低档电梯。采用低价格购买部件组装电梯的方式制造出来的低档电梯,降低了电梯的配置,使用寿命短,安全性能差,电梯故障更是频频发生。电梯制造单位通过低配、减配等手段方式就可以制造电梯,说明我国电梯产业的技术含量不高,反映出我国电梯产业的准入门槛不高。电梯产业准入门槛低,难以保障电梯的产品质量,在源头上就为电梯的安全运行埋下了隐患。

提高电梯产业准入门槛,加强对电梯产业的监督管理。国家规定生产特种设备应当经过行政许可并具备相应的条件方可从事生产活动。电梯制造单位对电梯的安全性能负责,电梯制造单位从事电梯制造活动应当经过行政许可,并采取电梯制造单位许可、电梯制造条件评审等环节,审查电梯制造单位的生产资质,规范其生产、制造行为。在提高电梯产业准入门槛的同时,还要严格执行电梯产业行政许可制度,确保售出电梯的安全性能符合国家规定的产品质量标准,防止劣质的低档电梯流入市场和投入使用。

三、严格追究电梯质量缺陷法律责任

如果因电梯存在质量问题造成他人人身、财产损害的,由谁来承担法律责任?我国《民法通则》《侵权责任法》《产品质量法》《消费者权益保护法》等法律对此均作出相应的规定。因为电梯质量不合格造成他人人身、财产损害的,电梯制造单位或者电梯销售单位应当依法承担法律责任。电梯采购单位、电梯使用单位因为购买或者使用质量不合格的电梯造成本人或者第三人人身伤害、财产损失的，受害人可以向电梯制造单位或者电梯销售单位要求赔偿。因此提起的诉讼，由被告所在地或侵权行为地的人民法院管辖。电梯的运输者和仓储者等第三人对电梯质量负有责任，电梯制造单位或者电梯销售单位请求赔偿损失的，可以另案处理，也可以将电梯的运输者和仓储者列为第三人，一并处理。因电梯缺陷危及他人人身、财产安全的，被侵权人有权请求电梯制造单位、电梯销售单位承担排除妨碍、消除危险等侵权责任。电梯投入流通后发现存在缺陷的，电梯制造单位、电梯销售单位应当及时采取警示、召回等补救措施。未及时采取补救措施或者补救措施不力造成损害的，应当承担侵权责任。

鉴于目前我国电梯产业准入门槛低，难以把控电梯的质量，因电梯质量问题而引发的电梯安全事故还是时有发生。为了做好电梯安全事故的善后工作，应当依据《民法通则》《侵权责任法》《产品质量法》《消费者权益保护法》等法律严格追究电梯质量缺陷的法律责任。就具体的赔偿请求，赔偿权利人可以根据具体情况依据我国《产品质量法》《消费者权益保护法》或者《最高人民法院关于审理人身损害赔偿案件适用法律若干问题的解释》的相关规定，提出医疗费、护理费、康复费、交通费、误工费、住宿费、住院伙食补助费、必要的营养费、残疾生活辅具费、残疾赔偿金、丧葬费、死亡赔偿金、被扶养人生活费等合理费用的赔偿请求；赔偿权利人还可以依据《最高人民法院关于确定民事侵权精神损害赔偿责任若干问题的解释》的相关规定，向人民法院起诉请求赔偿精神损害。此外，依据我国《侵权责任法》的规定，被侵权人有权请求相应的惩罚性赔偿。

四、落实电梯使用管理责任

电梯使用管理单位是电梯使用管理的责任主体，但是在电梯使用管理中存在多个责任主体。如何确定电梯的使用管理者？根据法律规定，电梯作为建筑物的附属设施属于相关业主共同占有，业主对电梯享有权利，承担责任和义务；共有人可以委托物业服务单位或其他管理人管理电梯。电梯产权所有者或者受其委托承担电梯管理责任的物业服务单位，对电梯安全管理负责；电梯的维护保养必须由电梯制造单位或取得相应许可的单位进行。因此，电梯的使用管理者涉及业主、物业服务单位或其他管理人、电梯制造单位、电梯维保单位等多个责任主体。

为避免责任主体互相推诿责任，有必要落实各责任主体的电梯使用管理责任。落实好物业服务单位的电梯管理责任是落实电梯使用管理责任工作的重中之重。物业服务单位受业主委托管理电梯，其作为电梯的使用管理单位，不仅要遵守《特种设备安全法》《特种设备检察条例》等涉及电梯方面的法律法规，也要遵守《物权法》《物业管理条例》等涉及物业方面的法律法规①。物业服务单位应当严格履行《特种设备安全法》等法律法规规定的责任和义务，切实执行电梯安全管理制度，及时处理业主反映的电梯安全问题，并予以公示。电梯维护保养单位应当认真开展电梯维护保养工作，仔细排查、治理电梯安全隐患。业主要监督物业服务单位和电梯维护保养单位的行为，共同做好电梯安全管理工作。

五、完善电梯安全监督管理体系

电梯安全涉及电梯设计制造、选型采购、安装调试、使用维保、更新改造等多个环节，电梯安全监督管理也涉及地方政府和住建、质监、财政、公安等多个行政部门，但是各个行政部门之间联动机制不健全，导致对电梯安全的监督管理无法形成合力。由此可以看出各个行政部门之间在横向上缺乏沟通协调机制，电梯安全监督管理体系在顶层设计上缺乏系统规划，在电梯安全监督管理过程中社会力量参与不足，这些因素都使得电梯安全监督管理难以有机协调。

为了使电梯安全风险信息共享常态化，可以由质监部门牵头，建立跨部门的电梯安全风险信息沟通协调机制。在地方政府和住建、质监、财政、公安等多个行政部门之间，充分利用政府各部门的安全监督管理平台，借助现代化信息技术手段促进电梯安全风险信息的流通和共享。在电梯制造单位、电梯使用单位等企业与政府之间，建立企业电梯安全风险信息报告制度，开展电梯安

---

① 法律针对物业服务单位管理电梯作了专门规定。如果业主委托物业服务单位管理电梯，物业服务单位应当依法履行安全管理义务。一旦发生电梯安全事故，物业服务单位如果未尽到安全管理义务，应当承担法律责任。该责任应为补偿责任，依据我国《民法通则》的规定，被代理人（业主）对代理人（物业服务单位）的代理行为承担民事责任，被代理人（业主）承担民事责任后，再由被代理人（业主）要求代理人（物业服务单位）承担不履行职责的过错责任。因物业服务单位不落实电梯使用管理责任致人损害的，由物业服务单位作为责任主体。物业服务单位委托其他有资质的单位承担维护保养的，因维护保养不符合安全技术要求致人损害的，由电梯保养维护单位承担责任；物业服务单位委托没有资质的单位承担维护保养的，因维护保养不符合安全技术要求致人损害的，由物业服务单位和电梯保养维护单位共同承担连带责任。

全风险评估,实现对电梯安全风险的动态监控。

地方政府和质监等行政部门应当紧密围绕电梯安全所涉及的各个环节,将电梯安全监督管理视为一个有机整体,进一步加强对电梯安全的监督管理。质监等行政部门无论在职责上是否存在交叉,只要其履行监管权力,就要做到依法监管、职责统一。尤其是质监部门作为特种设备安全检查责任主体,要进一步增强责任意识,全力做好电梯安全监督管理工作,及时发现电梯安全隐患,严格依法执法。完善电梯安全监督管理体系,可以推广电梯安全监管网格化管理的新模式①,将工作职责进一步延伸到社区,实现电梯安全监督管理体系的区域全覆盖。利用互联网技术,建立在用电梯安全监督管理信息平台,实时监控,落实物业服务单位、电梯维护保养单位等相关主体的责任。

电梯安全监督管理模式应当"变一为多",改变过去由政府监管的单一模式,改为由政府部门、社会组织和公民共同参与的多元模式,搭建起政府部门、社会组织、公民共同参与的电梯安全多元共治制度。推动电梯行业协会发挥在电梯行业中的监督管理作用,严格约束电梯制造、销售单位的生产经营行为,提高电梯行业协会的权威性。鼓励公民个人参与电梯安全监督,积极培育社会力量,发挥社会媒体的舆论监督作用,强化社会力量参与监督的路径建设②。此外,要将业主代表纳入电梯安全监督管理体系,业主代表要监督电梯的日常使用管理和维护保养等工作,发现问题及时反映给物业服务单位等责任主体。

六、加强电梯安全宣传

电梯与汽车、火车、飞机等交通运输工具一样,给人们带来便利的同时,也带来一定的风险。从近几年全国电梯安全事故发生形态的统计数据来看,电梯安全事故发生形态大多为人员坠落、挤压、剪切。乘梯人员在进出电梯轿厢时要通过层门,此时乘梯人员可能会跌入井道,或乘梯人员卡在井道与轿厢之间被挤压,或乘梯人员的肢体被电梯轿厢剪切。电梯安全无小事,搭乘电梯具

---

①　河北石家庄市质监局推广新华区电梯网格化监管试点经验,明确将小区业主代表纳入电梯安全监管责任体系,推出物业单位、维保单位、检验机构、监察机构、基层特种设备安全员和业主代表"六位一体"的电梯安全监管新模式。该模式构建了"以网定格、以格定人、以人定岗、以岗定责"的电梯安全监管网络,实现定区域、定人员、定责任的监管机制,为电梯安全监管打好基础,从根本上提高了电梯安全监管的整体水平。

②　曹海峰:《安全监管体系如何完善》,载前线网,下载日期:2017年1月25日。

有一定的风险性,因此养成良好的乘梯行为习惯尤为重要。但是现实生活中不文明的乘梯行为时有发生,存在人为损坏电梯内外召唤装置、强行进出轿厢等行为。乘梯人员的乘梯安全意识薄弱,"文明乘梯、安全乘梯"的社会氛围尚未完全形成,说明我国对电梯安全教育公益宣传的力度还有待加强。

为了预防电梯安全事故,确保乘梯安全,应当加强电梯安全宣传,开展"文明乘梯、安全乘梯"的宣传教育活动,增强公民电梯应急意识和安全使用电梯常识。为了加强电梯安全宣传,营造"文明乘梯、安全乘梯"的社会氛围,可以借力新媒体①普及宣传电梯安全知识,通过多种多样的方式建设电梯安全宣传的新局面。做好电梯安全宣传工作,倡导文明乘梯守则,树立乘梯安全意识,从而减少电梯安全事故的发生。

为了满足广大人民群众的出行要求,在写字楼、商场、火车站、飞机场等公共场所随处可见电梯的身影。电梯作为一种常见的交通工具,与公民的生活联系密切,电梯安全更是关系到公民的人身安全和财产安全。为了更加有效地预防和减少电梯安全事故的发生,电梯安全问题的破解需要各方齐心协力。通过对电梯安全进行专项立法,提高电梯产业准入门槛,严格追究电梯质量缺陷法律责任,落实电梯使用管理责任,完善电梯安全监督管理体系,加强电梯安全宣传等对策,解决电梯安全问题,进一步提升我国电梯安全管理水平。

---

① 新媒体是一个相对的概念,是相对于传统媒体而言,是报刊、广播、电视等传统媒体以后发展起来的新的媒体形态,是利用数字技术、网络技术、移动技术,通过互联网、宽带局域网、无线通信网、卫星等渠道以及电脑、手机、数字电视机等终端,向用户提供信息和娱乐的传播形态和媒体形态。严格地说,新媒体应该称为数字化新媒体,新媒体涵盖了所有数字化的媒体形式,包括数字化的传统媒体、网络媒体、移动端媒体、数字电视、数字报纸杂志等。

<table>
<tr><td>第三章</td><td></td></tr>
</table>

政府有关职能部门在电梯安全使用中所涉及的相关法律问题研究

第一节 政府有关职能部门在电梯安全使用中起到的作用

根据中国电梯协会的统计,目前我国电梯整机产品、配件产品的产销量均居世界第一,电梯产量居世界总产量的一半以上,中国已经成为全世界最大的电梯市场。但与发达国家相比,我国的每万人电梯拥有量仅是部分发达国家的 1/10 左右,因此我国电梯的数量应当还将有一个大幅的增加。依据 2014 年的数据,我国单台电梯服务人数为 381 人,是日本的近两倍,韩国的近四倍,也是欧洲国家平均水平的近三倍。据以上数据可以看出我国电梯使用率之高,因此对电梯的出产验收应当给予足够的重视。这需要政府相关部门行使其职能,履行相应的义务,对电梯质量进行一个细致的检测监督。①

为何电梯安全问题会受到此般重视,为何社会公众对政府的有关部门有如此高的期待? 显然这与电梯种类的增加、电梯数量的增加以及电梯在日常生活中的高使用率是分不开的。加之,近些年网络科技的进步,电梯事故通过网络平台,相较过去,更加频繁进入人们的视野,电梯在人们眼中一度成为"吃人的恶魔"。但这仅仅是在造成电梯事故的严重情形下,才引起媒体和老百姓的关注,从而才受到政府有关部门的重视。电梯运行中发生的诸如"急坠""逆

---

① 《2016 年中国电梯行业市场现状分析及市场前景预测》,http://www.chyxx.com/industry/201610/460662.html,下载时间:2017 年 3 月 5 日。

行""突然停止"等情况,在未造成人员伤亡的情况下是否可以称为电梯事故呢?各方的观点难以达成一致,但在电梯使用人眼中,这些紧急情形足以对心理造成不同程度的损害。在这些造成伤亡的事故以及对人造成心理影响的紧急情形中,绝大多数是人为因素所致,这样的结果在绝大多数情况下是可以避免的。人为原因主要包括维保方对电梯的维护、保护方面做得不够,还包括电梯使用人自身对电梯的错误使用等。其中最关键的一部分,应当是政府部门的监督:电梯生产之后是否能够投入使用,对于电梯的维保是否能达到有关部门的相关标准,电梯的设计是否符合相关标准等。这需要政府有关部门,对电梯质量列出一系列的指标,并根据此指标对出产的新电梯进行检测,对安装电梯的管井以及维保单位的资质等与电梯安全有关的各项活动进行监管,确保电梯能够安全地使用。也正是因为政府部门在电梯的设计、生产、使用、监督等一系列步骤上起着至关重要的作用,才使得广大群众对政府有关部门的要求不断提高。

与电梯安全使用有关的政府职能部门主要包括国家质检总局、国家质检总局的下属部门特种设备安全监督局以及各地的质量技术监督局(所)、直属于国家质检总局的中国特种设备检测研究院以及省一级质量技术监督局的直属事业单位省特种设备检测检验院。此外,还包括消防部门、市场监督管理部门、规划部门等有关部门,以及一些由法律、法规和规章所授权的相关机构。它们除了要检测电梯的质量以外,还需审查电梯生产、安装、维保等企业以及相关工作人员的资质,授予相关许可等一系列与电梯安全有关的活动。本书将对这些部门的职能进行评述。

一、国家质检总局在电梯安全使用中的主要作用

国家质检总局,全称中华人民共和国国家质量监督检验检疫总局,是中华人民共和国国务院主管全国质量、计量、出入境商品检验、出入境卫生检疫、出入境动植物检疫、进出口食品安全和认证认可、标准化等工作,并行使行政执法职能的正部级国务院直属机构。其前身为大家所熟知的国家质量技术监督局,后与国家出入境检验检疫局合并,组建成中华人民共和国国家质量监督检验检疫总局。国家质检总局与电梯安全有关的主要职责有:

1.承担综合管理特种设备安全监察、监督工作的责任,监督检查高耗能特种设备节能标准的执行情况。

2.组织起草有关质量监督检验检疫方面的法律、法规草案,研究拟定质量监督检验检疫工作的方针政策,制定和发布有关规章、制度;组织实施与质量

监督检验检疫相关法律、法规,指导、监督质量监督检验检疫的行政执法工作;负责全国与质量监督检验检疫有关的技术法规工作。

3.依法监督管理质量检验机构;依法审批并监督管理涉外检验、鉴定机构(含中外合资、合作的检验、鉴定机构)。

4.综合管理锅炉、压力容器、电梯等特种设备的安全监察、监督工作,制定有关规章制度并组织实施;对锅炉、压力容器实施进出口监督检查。

国家质检总局与电梯安全存在监管与被监管关系的法律依据主要有:

国务院颁布的《特种设备安全监察条例》(国务院总理令第 373 号)中明确指出,国家质检总局管理锅炉、压力容器、压力管道、电梯、起重机械、客运索道、大型游乐设施、场(厂)内机动车辆等特种设备的安全监察、监督工作;以及《中华人民共和国特种设备安全法》第 2 条第 2 款的规定:"本法所称特种设备,是指对人身和财产安全有较大危险性的锅炉、压力容器(含气瓶)、压力管道、电梯、起重机械、客运索道、大型游乐设施、场(厂)内专用机动车辆,以及法律、行政法规规定适用本法的其他特种设备。"

国家质检总局在总体上,对特种设备进行管理、监督,对特种设备的安全使用进行监察,对下属部门进行指导工作,并根据《特种设备安全监察条例》《中华人民共和国特种设备安全法》履行质量监督工作,制定《特种设备现场安全监督检查规则》《特种设备质量监督与安全监察规定》等重要的规则、规定,在特种设备的安全保障上起着指导性的作用。《特种设备质量监督与安全监察规定》第 4 条第 1 款规定"国家质量技术监督局统一负责全国特种设备的质量监督与安全监察工作;地方质量技术监督行政部门负责本行政区域内特种设备的质量监督与安全监察工作;各级质量技术监督行政部门的特种设备安全监察机构(以下简称特种设备安全监察机构)在各自职责范围内,负责实施特种设备的质量监督与安全监察。"该条文明确指出全国特种设备的质量监督与安全监察工作由我国国家质量技术监督局进行统一负责,而这里所提到的国家质量技术监督局就是指国家质检总局。可见在特种设备安全问题上我国国家质检总局起着领导作用,领导其下属的各级质量技术监督行政部门,以及各级质量监督行政部门的直属特种设备安全监察机构保障特种设备的安全使用。除此之外,国家质检总局还在特种设备出产前质量标准的设定上起着指导与监督的作用,并且根据《特种设备安全监察条例》的设定,实施以下行政许可:"(一)特种设备设计单位及设计文件许可;(二)特种设备制造单位资格许可;(三)特种设备安装改造维修单位资格许可;(四)特种设备使用登记;(五)特种设备作业人员考核;(六)特种设备检验检测单位资格许可;(七)特种设备检验检测人员考核;(八)特种设备制造安装改造维修监督检验及定期检验。"综上所述,国家质检总局在特种设备的设计、制造、维保等关乎电梯使用安全的各个环节上都承担监管与领导的作用,要想从事与电梯有关的任何一项活动,相关从业人员都应得到与之相匹的行政许可。只有符合法律、法规以及一些部门规章中的条件、某些行业的相关准入资质,才能够被赋予相关的行政许可,可以说电梯安全使用的各个环节都与国家质检总局存在联系。

什么是行政许可,行政许可有何作用？在我国1983年出版的王珉灿老先生主编的法学统编教材《行政法概要》中对行政许可作出定义,"许可为一般禁止的行为,对于特定人或关于特定事而解除其禁止的行政措施"[①]。但是无论是在行政法的理论界还是实务界都对行政许可的定义以及行政许可的性质存在较大的争议,主流的学说观点有:

解禁说,该学说认为行政许可是对一般禁止的解除,而王珉灿老先生就是解禁说的代表。学界中有许多教授认为行政许可是对应当受到普遍禁止的可能存在对国家、社会或是公民存在危害可能性的行为给予许可,解除对拥有特定条件的人的普遍禁止。

赋权说,对于持有此项观点的学者来说,行政许可就是行政机关赋予行政相对人(行政许可的申请人)某项法律权利或者免除其某项义务的行政行为,使行政相对人获得从事某活动的法律资格。主要的形式有行政机关颁发给行政相对人许可证书、执照以及加盖印章等。

双重性质说,该学说的定义既有解禁说中对普遍禁止的解除,还有赋权说中对行政相对人赋予某项权利或免除其义务。[②]

行政许可对于其出现的本意应当是在于限制公民的权利与自由,它属于一种政府对市场的宏观调控。在某些行业中,对于公民权利与自由的限制是十分必要的。以包括电梯在内的特种设备行业为例,该行业涉及具有较大人身危险性的设备的运用,若不对公民的相关权利进行限制,任何人都可以不受限制地参与相关生产活动,不免导致市场的混乱,人们的生命安全难以得到相应的保障。这也将使得该类行业难以得到良好的发展,更加难以做到合理的规制与规范,若不加以限制势必会致使大量不符合相关资质的人员进入该类

---

① 王珉灿主编:《行政法概要》,法律出版社1983年版,第114页。

② 马德怀主编:《共和国六十年法学论争实录·行政法卷》,厦门大学出版社2009年版,第136页。

行业,相关产品的安全质量无法得到保障,相关行业的信誉以及发展前景也会因此受到不同程度的影响。因此在电梯这类行业中设置大量的行政许可是十分必要的。与此同时需要电梯设计单位、制造单位、维保单位以及其他从事电梯相关行业的和想要加入电梯行业的人能够依法、及时获得相关资质,并得到有关部门的授权与许可。

二、省级质量技术监督局的主要作用

我国有 31 个省级质量技术监督局,它们受国家质检总局的领导,并领导与监督其下级的质量技术监督行政部门,以及其授权的相关机构。省一级质量技术监督局在电梯安全使用中所要履行的职责主要有以下几点:

1. 贯彻执行国家质量技术监督法律、法规和政策,起草有关标准化、计量、质量管理和监督、认证认可、特种设备安全监察的地方性法规、规章和政策并组织实施,指导监督质量技术监督行政执法工作。

2. 负责统一管理全省认证认可工作,监督管理全省认证认可活动,按照规定负责全省实验室和检查机构的资质认定工作。

3. 承担特种设备的安全监察、监督工作,负责特种设备应急预警、事故预防和调查处理及分析评估工作。监督检查高耗能特种设备节能标准的执行情况。监督检查危险化学品包装物、容器的质量。

省级的质量技术监督局是确保国家质检总局的相关监管活动可以更加顺利而稳步进行的行政部门,贯彻相关法律、法规与政策,协助国家质检总局对行政区域内的、对其职责范围内的各项活动进行监管,还需完成省委、省政府所交办的其他工作任务。省一级的质量技术监督局还有对获得相应特种设备的安装、维修保养、改造资格的企业情况对社会大众进行公告的职责。

省级的质量技术监督局除了上述的职能之外,还需对从事特种设备监督检验工作的技术机构进行资质的审查,对于通过审查的,即可授予其开展相关特种设备监督检验工作的资质,相关的法律依据是《特种设备质量监督与安全监察规定》的第 5 条:"从事特种设备监督检验工作的技术机构(以下简称监督检验机构),应当具备相应的条件,经省级以上质量技术监督行政部门资格认可并授权后,方可以开展授权项目的特种设备监督检验工作。"

《特种设备质量监督与安全监察规定》第 7 条第 3 款规定:"特种设备安全认可证的取(换)证工作,实行分级分类管理。证书申请的受理分别由国家特种设备安全监察机构或者省级特种设备安全监察机构负责,审查工作由国家特种设备安全监察机构授权的单位承担,审查合格后,分别由国家质量技术监督局或者省级质量技术监督行政部门批准发证。"该条文明确指出待国家或省级特种设备监察机构受理了特种设备安全认可证的申请之后,由国家特种设备安全监察机构授权的单位进行审查,符合相关的要求后,由国家质量技术监督局或者省级的质量技术监督行政部门批准发证,这体现了省级质量技术监督局拥有相关行政许可的权力。

三、地市级、县级质量技术监督局主要作用

地方的质量技术监督局对其行政区划内的相关质量技术监督事务负责,对于行政区划内的特种设备的安全与监管工作负责。需要对电梯的使用、停用、报废等步骤进行相应的登记。地市级质量技术监督局在电梯安全使用的问题上的职责有:

1.宣传、贯彻执行国家和省有关质量技术监督工作的方针、政策和法律、法规;根据有关标准化、计量、质量和安全监察的法律、法规,进行行政执法工作。

2.综合管理全市产品质量监督工作。负责质量监督检查,对生产企业实施产品质量监控和强制检验;受理申诉、调解和仲裁质量纠纷。

3.负责标准化工作。管理企业产品标准备案、标准登记工作,监督标准的贯彻执行;推行采用国际标准和国外先进标准。

4.综合管理锅炉、压力容器、压力管道与电梯、起重机械、厂(场)内专用机动车辆、客运索道、大型游乐设施等特种设备的安全监察监督工作;参与省、市局对重大产品质量事故和锅炉、压力容器与电梯、起重机、厂内机动车辆、客运索道、游乐设施等特种设备重大事故的调查、分析并提出整改意见;会同地方政府及有关部门,组织锅容管特严重事故的调查处理。

5.承办上级质量技术监督部门和地方政府交办的其他事项。

除上述职责外,地方质量技术监督局还需要对特种设备作业人员的相关资格进行审查并颁发有关资格证书,相关法律依据是《特种设备质量监督与安全监察规定》的第 19 条:"特种设备作业人员(指特种设备安装、维修、保养、操作等作业的人员)必须经专业培训和考核,取得地、市级以上质量技术监督行政部门颁发的特种设备作业人员资格证书后,方可以从事相应工作。"

除此之外,地市级的质量技术监督局应当按照上级质量技术行政部门的安排,组织对特种设备的质量监督抽查。由于电梯属于特种设备,因此在社会的实践中对于电梯质量的监督也是通过抽查的手段进行的,但是有关部门应当尽可能地加大相关监督工作的力度,甚至做到普查,或者制定更加细致的规

章来确保电梯拥有符合相关标准的质量要求。我国电梯平均载客量超过了世界上大多数的国家,电梯的安全问题是不容小觑的。抽查存在较大程度的偶然性,极有可能使某些不合格的、"滥竽充数"的企业躲过相关的检查,而一旦此类企业还存在于电梯行业中,安全隐患将一直伴随在社会公众的左右。这种抽查的监督模式还会使得一些不符合相关标准的电梯使用单位、维保单位、安装单位甚至是电梯的检验机构存在侥幸心理,相信其经手的"问题电梯"不会被抽查到,进而可以免受处罚。更加令人后怕的是,某些生产设计出存在安全隐患电梯的电梯生产企业有可能因为未被抽查到,其相关的资质就无法被撤销,甚至有的未获得相关资质的企业因为其生产的电梯未被抽查到而仍然活跃在电梯行业中,这对于电梯安全来说无外乎是埋下了一颗"定时炸弹"。在此,本书呼吁有关电梯安全监督部门与机构可以尽可能扩大抽查的范围,甚至是普查,让电梯安全威胁尽可能地在社会公众的生活中消失。

上述各级质量技术监督局以及国家质检总局可以统称为质量技术监督行政部门,除了上述各项权力与义务外,还有行政处罚、行政公开等行政机关所拥有的基本权力及义务,本书在后文中还将进行阐述。

四、特种设备安全监察局主要权力及义务

特种设备安全监察部门在电梯的安全监督方面起着十分重要的作用,特种设备安全监察局是国家质检总局的一个内设机构,省一级的设有特种设备安全监察处,地市一级的设有特种设备安全监察科,其主要职责是:管理锅炉、压力容器、压力管道、电梯、起重机械、客运索道、大型游乐设施、场(厂)内专用机动车辆等特种设备的安全监察、监督工作;监督检查特种设备的设计、制造、安装、改造、维修、使用、检验检测和进出口;按规定权限组织调查处理特种设备事故并进行统计分析;监督管理特种设备检验检测机构和检验检测人员、作业人员的资质资格;监督检查高耗能特种设备节能标准的执行情况。上文所提到的国家质检总局以及各级质量技术监督局对于特种设备的监督主要都是依靠其特种设备安全监察部门,对包括电梯在内的所有特种设备的"出生"到"死亡"的整个过程都进行着监督与管理。本书将通过有关条文对特种设备安全监察部门的主要权力及义务进行评述与简单的总结。

根据国务院制定的《特种设备安全监察条例》第4条的规定,"国务院特种设备安全监督管理部门负责全国特种设备的安全监察工作,县以上地方负责特种设备安全监督管理的部门对本行政区域内特种设备实施安全监察(以下统称特种设备安全监督管理部门)"。该条文中提到的国务院特种设备安全监

察管理部门指的就是国家质检总局的内设机构特种设备安全监察局,而县级以上的特种设备安全监察管理部门就是指省一级的特种设备安全监察处以及市(县)一级的特种设备安全监察科,它们负责对相应行政区域内的特种设备的安全进行监察,这也是特种设备安全监察部门对电梯安全进行监察的法律依据。

《特种设备安全监察条例》第 9 条第 1 款规定:"任何单位和个人对违反本条例规定的行为,有权向特种设备安全监督管理部门和行政监察等有关部门举报。"该条文明确指出,任何单位以及个人都有权利向特种设备安全监督管理部门举报,而相应的特种设备安全监督管理部门有义务接受群众的举报,特种设备安全监督管理部门还有义务为群众提供举报的平台,建立相应的举报机制,并且应当及时对有关举报进行核实,情况属实的应当给予相应的警告、处罚或其他行政处罚,并依照相关的规范对核查结果进行公开,接受举报的相关部门还应当对举报人的信息进行保密,防止打击报复等情况的发生。也更有利于调动公民参与社会管理的积极性。

除此之外,我国的特种设备安全监察部门还有以下主要的权力、义务:

1. 特种设备安全监察部门有制定与公布相关安全技术规范的权力及义务。特种设备生产单位,应当依照遵守该安全技术规范从事相关的活动,否则应当接受相应的处罚。

2. 在电梯的生产、改造方面特种设备安全监察部门有授予相关满足资质的人员行政许可的权力。凡是要获得电梯制造、安装以及改造的单位,都应当获得特种设备安全监督管理部门的行政许可,当具备相应的资质要求,并获得管理部门的许可、审核之后,才可从事相关的活动。不得在未经许可时、不符合相关资质要求时参与相关的电梯活动,否则将受到相应的行政处罚,触犯刑法的还应受到刑事法律的追究。

3. 特种设备安全监察部门还应组织相关的考核,通过考核者才可获得从事相应特种设备活动的证书,得到相应证书后才可从事该类工作。除了相关单位需要获得有关部门的许可才可从事相关的活动之外,参与维修、安装等工作的技术人员或工人也应当满足相应的条件才可上岗,其中不可缺少的一步就是获得特种设备安全监督管理部门的考核许可。

4. 在进行安装、维修、改造前,相关单位还应当将待安装、维修、改造的电梯的具体情况以书面的形式告知直辖市或者设区的市的特种设备安全监督管理部门,告知后即可施工。在电梯投入使用之前以及使用后的 30 日内使用单位还应当向直辖市或者设区的市一级的特种设备安全监督管理部门进行登记,当电梯超过使用年限或者报废之后,电梯的使用单位还有义务到办理登记的监督管理部门办理撤销手续。监督管理部门还应当对存在事故隐患的电梯进行调查与了解,并作出记录。我们可以从《特种设备安全监察条例》第25条、第30条、第37条的规定中看到这几项权力义务。① 根据本条例第38条的规定,特种设备安全监察管理部门还负有对从事电梯工作的作业人员以及相关管理人员的考核工作负责,当考核合格之后,相关人员将获得由国家统一格式特种作业人员证书,才可以从事相关的作业或者是管理工作。

5.特种设备检验检测机构要获得参与监督、检验工作的权利同样应当获得国务院的特种设备安全监督管理部门的核准,根据《特种设备安全监察条例》第41条的规定,"从事本条例规定的监督检验、定期检验、型式试验以及专门为特种设备生产、使用、检验检测提供无损检测服务的特种设备检验检测机构,应当经国务院特种设备安全监督管理部门核准。特种设备使用单位设立的特种设备检验检测机构,经国务院特种设备安全监督管理部门核准,负责本单位核准范围内的特种设备定期检验工作。"该条款中所指的国务院的特种设备安全监督管理部门即国家质检总局特种设备安全监察局。特种设备检验检测机构简称"特检院",本书将在后文中对其在电梯安全中起到的作用以及权利义务进行进一步的阐述。由该条文可以肯定的是,要想获得对电梯进行检测的权利,也应当得到我国相关监管部门的认可。特检院中的相关参与监督和各项检测的工作人员,也要通过特种设备安全监察局的组织考核,合格者将取得检验检测人员证书,之后才可参与具体的检验检测工作。

6.国务院的特种设备安全监督管理部门不仅要对特检院的资格,特检院的工作人员的资质进行考核,还应当组织对特检院的检验检测结果、鉴定的结

---

① 《特种设备安全条例》第25条规定:"特种设备在投入使用前或者投入使用后30日内,特种设备使用单位应当向直辖市或者设区的市的特种设备安全监督管理部门登记。登记标志应当置于或者附着于该特种设备的显著位置。"《特种设备安全条例》第30条规定:"特种设备存在严重事故隐患,无改造、维修价值,或者超过安全技术规范规定使用年限,特种设备使用单位应当及时予以报废,并应当向原登记的特种设备安全监督管理部门办理注销。"《特种设备安全条例》第37条规定:"电梯投入使用后,电梯制造单位应当对其制造的电梯的安全运行情况进行跟踪调查和了解,对电梯的日常维护保养单位或者电梯的使用单位在安全运行方面存在的问题,提出改进建议,并提供必要的技术帮助。发现电梯存在严重事故隐患的,应当及时向特种设备安全监督管理部门报告。电梯制造单位对调查和了解的情况,应当作出记录。"

论进行监督抽查。而县级以上的地方负责特种设备安全监督管理的部门应当在所管理的行政区域内组织监督抽查，并对抽查的结果进行公开。

7.国务院的特种设备安全监督管理部门还可以授权省、自治区、直辖市特种设备安全监督管理部门负责该条例中所规定的特种设备的行政许可工作，具体由国务院的特种设备安全监督管理部门进行制定。

8.特种设备安全监察管理部门应当依照《特种设备安全条例》对特种设备生产、使用单位和检验检测机构实施安全监察。特别是对于如学校、车站、商场、公园等公众聚集的场所的特种设备进行重点的安全监察。

9.特种设备安全监督管理部门的安全监察人员也应当是熟悉相关法律、法规、规章以及安全技术规范的，此类特种设备安全监察人员也应当获取相应的考核，才可参加安全监察活动，并且应当拥有相应的专业知识以及工作经验。

电梯属于机电类特种设备，为了对机电类特种设备安装、改造、维修资格进行更好的规制，国家特种设备安全监察局制定了《机电类特种设备安装改造维修许可规则（试行）》。对于电梯这类存在大量技术规范与标准的特种设备，社会公众最害怕的除了电梯本身的质量之外，就是电梯安装、改造、维修的单位及其工作人员是否有资格、有能力从事、完成该项工作。特种设备安全监察部门若不对行业的相关人员的资质进行审核，这不仅对人民的安全是不负责任的，还会使大量的没有相关资格的单位涌入电梯行业，这同样是对获得从事电梯工作相关许可的单位及人员的一种伤害。一个电梯安装、改造、维修单位若没有相关资格，就如同一个没有驾驶资格的人开着车在道路上行使，后果令人担忧。

根据《机电类特种设备安装改造维修许可规则（试行）》第4条规定："国家质量监督检验检疫总局（以下简称国家质检总局）负责全国机电类特种设备施工单位资格许可工作的统一管理。安装、改造施工单位的资格许可，除客运索道施工单位及本规则第三十七条规定的单位由国家质检总局负责外，其他单位的资格许可委托各省、自治区、直辖市质量技术监督局（以下简称省局）负责管理；维修施工单位的资格许可，由施工单位所在地的省局或其委托的地市级质量技术监督局负责管理。国家质检总局及其他各级质量技术监督局特种设备安全监察机构（以下简称总局或省级、市级特种设备安全监察机构）负责施工单位资格许可具体工作的实施。"由该条文得知各级的特种设备安全监察机构对电梯的安装、改造、维修单位的资质进行审查，颁发许可。

尽管已有相关法律规定，但是仍有不少未获得资质的单位"鱼目混珠"混入电梯行业。有违法,而无处罚,法律将不会被人尊敬,将失去其存在的意义。而违法之后,违法的成本太低,法律的威慑力也将大打折扣。

【案例 3-1】2013 年 10 月,北京的电梯安装个体从业人员,在未获得资质的情况下,自行组织人员从事电梯的安装作业,后因故障导致一名安装人员坠入地坑中死亡,另一名安装人员手臂受伤,该组织者除了对死者以及伤者进行赔偿之外,还因触犯了重大责任事故罪被判处有期徒刑一年六个月,缓刑两年。①

【案例 3-2】2016 年在厦门,一家机电设备有限公司无资质擅自从事电梯的安装活动,经厦门市特种设备检测检验院的检验,其安装的货梯都不符合相关规定,为了获得货款,该公司甚至伪造了检测报告,厦门市的质监局将对其处以 10 万至 50 万的罚款,此外,该行为人还涉嫌伪造、变造国家机关公文、证件、印章,触犯了《刑法》第 280 条。②

【案例 3-3】2010 年至 2012 年,某品牌电梯公司的福建省代理,在不具备安装电梯资质的情况下,组织没有安装资质的人员,为其客户安装电梯达五部。除了非法安装电梯外,该公司负责人在签订买卖合同后,私自购买电梯配件,并组织没有安装资质的人员,为其客户非法安装及拼装假冒的某品牌电梯,其行为除了应当受到相应的行政处罚之外,还应当以非法经营罪追究其刑事责任。③

《特种设备安全监察条例》第 75 条规定:"未经许可,擅自从事锅炉、压力容器、电梯、起重机械、客运索道、大型游乐设施、场(厂)内专用机动车辆及其安全附件、安全保护装置的制造、安装、改造以及压力管道元件的制造活动的,由特种设备安全监督管理部门予以取缔,没收非法制造的产品,已经实施安装、改造的,责令恢复原状或者责令限期由取得许可的单位重新安装、改造,并处 10 万元以上 50 万元以下罚款;触犯刑律的,对负有责任的主管人员和其他直接责任人员依照刑法关于生产、销售伪劣产品罪、非法经营罪、重大责任事故罪或者其他罪的规定,依法追究刑事责任。"此条文便是上述三个案例的处

---

①　《装电梯无资质工人坠亡　工头赔偿后获两年缓刑》,http://legal.people.com.cn/n/2014/0310/c42510-24591766.html,下载时间:2017 年 3 月 10 日。

②　《无资质安装电梯　还伪造检验合格报告》,http://cnews.chinadaily.com.cn/2016-05/13/content_25249416.html,下载时间:2017 年 3 月 10 日。

③　《泉州一无资质安装电梯人员被控非法经营罪》,http://www.xindianti.com/html/diantizixun/hangyeyaowen/20130424/98780.html,下载时间:2017 年 3 月 10 日。

罚依据。在未经许可的情况下，擅自从事电梯的制造、安装、改造的活动，应当由特种设备安全监察部门对其进行处理，并处以 10 万元至 50 万元的罚款，除此之外，涉及触犯刑法的情形，还应当对其主管人员或其他的质检责任人员依法追究刑事责任。

随着货币的贬值，10 万元至 50 万元的罚款不足以对试图非法参与电梯行业的相关人员形成威慑，对于部分没有获得电梯行业相关资质的"黑心"商人，违法犯罪的低成本使其铤而走险，抱有侥幸心理从事违法犯罪的活动。因此，要想让电梯行业有一个更好的发展环境，让人们可以乘上合格的电梯，不让这些"黑心"商人影响电梯行业从业人员的口碑，杜绝该类现象存在于社会生活之中，相关的特种设备安全监察部门以及其他有相关立法权的立法机关应当适当加大打击力度，制定更为严苛的法律，提升处罚的强度，对这些不法分子进行更为严厉的打击。

在此，本书呼吁从事电梯安装、维保、发行的单位，以及即将要加入电梯行业的有关人士，必须在具备相应的条件之后，向所在地的省级特种设备安全监察机构或者是向获得其授权的特种设备安全检查机构提出申请，在获得认可且得到资格证书后，再从事受到认可的有关项目的业务，共同维护电梯行业的良好发展。

五、特种设备检验、检测机构的主要作用

特种设备检验、检测机构包括不同级别特检院，以及一些拥有检验、检测能力的受审批的相关检验、检测评估的第三方机构。

中国特种设备检验研究院是全国唯一从事锅炉、压力容器、压力管道、特种设备检验检测与技术研究的国家级技术机构，特检院主要从事锅炉、压力容器、压力管道、特种设备（电梯、起重机、厂内机动车辆、架空索道、游乐设施等）及其设备的部件（配件）、安全附件、相关产品和材料的检验检测、质量监督、安全评定、失效分析、科研开发、事故调查与分析、国内外制造企业许可审查、质量体系认证评审（ISO）、进出口检验、人员培训、检测技术研究开发、工程监理、技术咨询、出版发行、信息及网络服务、有关政策法规研究和标准制定、国内外学术（技术）交流等各项业务，直属于国家质检总局。

省一级的质量技术监督局也有其相应的省级特种设备检验研究院，并且有可能在其行政区划内设置级别较低一些的分院，每个地区都存在一些较小的差异，在此我们不做赘述。省一级的特种设备检验研究院直属于省一级的质量技术监督局而并没有受到中国特种设备检验研究院的管辖，这点需要我

们注意。省一级的特检院是直属于各级质量技术监督局的事业单位,是被授权的实施行政职能的非政府组织。事业单位拥有服务性、公益性与知识密集性。这同样是特种设备检验、检测机构的性质。其主要职责是帮助国家质量监督局和各级的质量技术监督局以及它们内设的特种设备安全监察部门行使部分权力,这同样也体现了特种设备检验检测机构的公益性与服务性。

特种设备检验检测机构的权力来源,以及其权力与义务:

(一)权力来源

《特种设备安全监察条例》第41条规定:"从事本条例规定的监督检验、定期检验、型式检验以及专门为特种设备生产、使用、检验检测提供无损检测服务的特种设备检验检测机构,应当经国务院特种设备安全监督管理部门核准。特种设备使用单位设立的特种设备检验检测机构,经国务院特种设备安全监督管理部门核准,负责本单位核准范围内的特种设备定期检验工作。"

(二)权力及义务

从事该条例有关检验检测活动的工作人员方面,应当通过经国务院特种设备安全监督管理部门组织的相关考核,并取得检验检测人员证书,才可以从事检验检测工作。并且相关人员只可以在一家拥有检验检测资质的机构中执业,不得同时在两个机构中执业,也不得因拥有检验检测人员证书,而私自参与相关活动。

检验、检测机构受到国务院特种设备安全监督管理部门的抽查监督,县级以上的特种设备安全监督管理部门同样可以在本行政区划内组织抽查监督,并把抽查结果向社会公众公开。若是出现特种设备检验检测机构和检验检测人员利用检验检测工作而故意刁难特种设备生产、使用单位,特种设备生产、使用单位,或者以职务之便以权谋私,相关单位与个人有权向特种设备安全监督管理部门投诉,接到投诉的特种设备安全监督管理部门应当及时进行调查处理。

对《特种设备质量监督与安全监察规定》第16条进行概括可得出:新的特种设备想要投入到使用之中,必须先经过监督检验机构出具相应的验收检验报告和安全检验合格的标志,随后才可以到其所在地区的地、市级别以上的特种设备安全监察机构进行登记、注册。除此之外,还应当将此安全检验合格标志固定至特种设备的显著位置后,才可以让该特种设备投入使用。① 据此,一台电梯要投入使用,必须经过特种设备检验、检测机构的检测,只有在通过了检验、检测之后才可以投入使用。我们由此能够认识到该机构的作用,以及其完成检验义务的重要性,如果该机构的人员因疏忽或者是因为某些金钱利益上的关系而不能奉公职守,将会使得电梯行业乱象丛生,也会让社会公众的安全受到威胁。

《特种设备质量监督与安全监察规定》第 29 条规定:特种设备检验、检测机构进行的特种设备型式试验、验收检验、定期检验等各类检验程序、内容、方法,以及如何可以被认定为合格的规则都必须严格按照国家质量技术监督局发布的相应的检验程序来执行。② 特种设备检验、检测机构在其监督检验活动中,也必须依照相应的程序规范来作出相应行为,而不得在规定之外肆意地放大自身的权力、滥用该监督检验的权力。另外,根据《特种设备现场安全监督检查规则》的相关条文,我们可知,当特种设备检验、检测机构发现规定中出现的"严重情况"时,有及时通知受检单位的义务,并且还应通知所在地的县或者市级的监管部门。③

《特种设备质量监督与安全监察规定》第 31 条规定:"监督检验机构在接到具备验收检验或者定期检验条件的检验申请后,必须在 10 个工作日内安排相应的检验。完成相应检验工作后,必须在 10 个工作日内出具检验报告,同时应当将检验报告报送负责注册登记的特种设备安全监察机构。"据此,检验、

---

① 《特种设备质量监督与安全监察规定》第 16 条规定:"新增特种设备,在投入使用前,使用单位必须持监督检验机构出具的验收检验报告和安全检验合格标志,到所在地区的地、市级以上特种设备安全监察机构注册登记。将安全检验合格标志固定在特种设备显著位置上后,方可以投入正式使用。"

② 《特种设备质量监督与安全监察规定》第 29 条规定:"监督检验机构进行特种设备型式试验、验收检验和定期检验等各类监督检验的程序、内容、方法、合格判定规则等,必须按照国家质量技术监督局发布的相应检验规程执行。"

③ 《特种设备现场安全监督检查规则》第 12 条规定:"特种设备检验、检测机构实施监督检验和定期检验时,发现以下重大问题之一的,应当及时书面告知受检单位,并书面报告所在地的县或者市级监管部门:(一)特种设备生产单位重大问题:1.未经许可从事相应生产活动的;2.不再符合许可条件的;3.拒绝监督检验的;4.产品未经监督检验合格擅自出厂或者交付用户使用的。(二)特种设备使用单位重大问题:1.使用非法生产特种设备的;2.超过特种设备的规定参数范围使用的 3.使用应当予以报废的特种设备的;4.使用超期未经检验检测判为不合格且限期未整改的或复检不合格特种设备的。"

检测机构当收到检验申请后,检验、检测工作必须要在一定的期限内完成,并将其作出的检验报告报送至相关机构,并对该报告负责,这也是检验、检测机构的义务之一。当受检单位对相关检验、检测有异议时,还可以在 15 日内,以书面的形式向监督检验机构提出,而相应的监督检验机构也应当在 15 日内以书面的方式对受检单位所提出的异议进行回复。此时,若受检单位仍然对其回复有不服,可以在 15 日内以书面的方式向当地与该监督检验机构同等级的特种设备安全监察机构提出,接到异议申请的特种设备安全监察机构则应当在 30 日内委托国家特种设备安全监察机构授权的监督检验机构或者组织专家,对存在异议的检验结果进行鉴定或确认。得到的结论则为最后的结论。①以上相关的受检单位的权利义务就是行政复议中的相关权利义务。本书将在后文中对行政复议进行展开描述。

《特种设备安全监察条例》第 6 条规定:"特种设备检验检测机构,应当依照本条例规定,进行检验检测工作,对其检验检测结果、鉴定结论承担法律责任。"因此,特种设备检验、检测机构的工作,必须按照《特种设备安全监察条例》来完成。《特种设备安全监察条例》还明文指出,任何单位或者个人,发现检验检测的行为有涉及违法的行为,都可以向相关的监督部门举报。②

包括电梯在内的特种设备,在进行安装、改造或者重大维修的过程中,必须经过国务院特种设备安全监察管理部门核准的检验、检测机构按照安全技术规范的要求来进行监督检验,若是未经过检验合格,该电梯不得出厂投入使用,电梯在进行移装时同样也需要特种设备检验检测机构进行技术上的鉴定,对于应当属于报废的,或者不合格且无法符合国家相关安全技术规范要求的电梯不得进行移装。若特检院未依法行使其权力、承担义务的同样也需要承

---

① 《特种设备质量监督与安全监察规定》第 34 条第 1 款至第 3 款规定:"受检单位对检验结果有异议时,可以在收到检验报告之日起 15 日内,以书面形式向监督检验机构提出。监督检验机构必须在 15 日内对受检单位提出的异议予以书面答复。受检单位对监督检验机构的答复仍有异议时,可以在收到答复之日起 15 日内,以书面形式向当地与该监督检验机构同级的特种设备安全监察机构提出。接到异议申请的特种设备安全监察机构,应当在 30 日内,委托由国家特种设备安全监察机构授权的监督检验机构或者组织专家,对被提出异议的检验结果进行鉴定或者确认。鉴定或者确认的结论为最终结论。上述鉴定或者确认所需费用,由提出异议的单位支付。鉴定或者确认结论证明原检验结果错误的,该费用由出具原检验结果的监督检验机构承担。"

② 《特种设备安全监察条例》第 9 条第 1 款规定:"任何单位和个人对违反本条例规定的行为,有权向特种设备安全监督管理部门和行政监察等有关部门举报。"

担责任。

六、其他有关部门的权力、义务

通常情况下,消防部门、房管部门以及质量技术监督管理部门将联合对房屋的消防设施、电梯井道、电梯质量等相关设施进行检查,发现存在问题的电梯,将不能投入使用,只有当问题得到解决后,通过检查才可投入使用。

消防部门主要对建筑中主要的消防设施进行监督管理,并对消防通道的安全情况进行评估,而高层住宅应当按照相应的规定设置相应数量的消防电梯,并且对相应建筑进行消防验收,但是消防部门不得利用权力来谋取利益,相关部门也不得利用职务为用户、建设单位指定或者变相指定消防产品的品牌、销售单位等相关产品。

房管部门则主要对建筑中的附属设施的建造及配套的管道、设施的安装活动进行监督管理,质量技术监督管理部门则对电梯的具体情况进行检查。

市场监督管理部门主要拥有对从事与电梯相关的企业进行管理、监督、授予行政许可,对违法行为进行处罚等一系列权力。

七、电梯行业现状

目前我国电梯行业的市场现状如何? 现在市场中存在诸多不规范的现象,部分不符合从事电梯活动条件的人,通过违法的手段以通过相关部门的审核。而这些企业为了能在价格上形成优势、开辟市场,以"偷工减料"的方式压低成本,进而使得电梯的质量更加难以得到保障,在消费者眼里这些企业都是已经通过有关部门审核的正规厂家,价格将是决定其是否购买的一项重要因素,而电梯的消费者绝大多数都是商品房的开发商、商场的所有人,而极少是由普通的社会公众自行选择购买,在每一家电梯厂家制造的产品都是通过了相应的审核的情况下,低价必定会带来巨大的竞争优势。而降低成本随之而来的安全隐患则全都落到了电梯使用人的身上。相应的,该种现象也对其他拥有资质的电梯生产企业造成了很大的影响,若不降价,将有极大可能因违法商家的低价优势而失去市场,难以在此行业中生存下去。若降价的同时还需保质保量,则有可能得不到任何利润,长此以往,也将失去竞争力。在这种不良竞争的环境下为了不失去市场,有很大可能要牺牲电梯的质量,到最后受到损害的依旧是电梯的消费者、使用者。本书作者在调研中,时常收到来自电梯从业人员的抱怨,在他们看来有许多不符合资质的人"混"入了电梯行业,这对于其他企业的正常运作、发展都带来了极大的冲击。在从事电梯行业的专业人士看来,要保证电梯的安全运行并不难,只要给他们一个良好的市场环境,每一个现存的问题几乎都能解决。但是因为有些管理部门的监管存在问题,使得"不符合资质的人""不专业的人员"混入电梯行业,又以低价来扰乱行业秩序,影响正常的市场竞争,使得某些合法从业人员不得不以牺牲电梯质量来维持其生存的空间。另外,他们还提到,政府对进入该行业的资质标准定得太低,致使一些不能胜任电梯生产、安装、维保条件的人员进入了该行业,同样是以低价来吸引消费者,在出现事故之后,损害的却是整个电梯行业的形象。在此,我们呼吁有关部门可以听到电梯从业人员的心声,寻找一个治理当前市场乱象的办法。总的来说,乱象的存在并不是这些拥有资质的电梯企业与从业人员造成的,而是因为相关部门在监管上没有起到其应有的作用,使得一些没有资格从事相关行业的人员进入电梯行业,因此,相关部门不应该在电梯事故发生后,就将责任全部归咎于电梯行业。归根结底,是相关部门未将监管工作做到位。在市场经济的大环境下,市场通过自身的调整来使行业通过竞争而不断发展当然是一种良好的手段,但是电梯安全,关乎社会公众的生命、财产安全,其重要性不言而喻,因此本书认为政府应当在此方面做得更多,构建一个"干净"的竞争环境。

八、相关政府部门在电梯安全问题上的完善方向

政府相关部门在电梯安全问题上所起到的作用已经无需强调,但是在实践中,政府部门还是有许多的问题可以改进、完善。因此本书作者在此提出一些不成熟的建议,希望能够对有关部门在电梯安全问题日后的完善工作上起到微薄的作用:

(一)立法方面

从立法的广度来谈,我国对于电梯安全问题方面的立法,还不能做到全国范围内的全面覆盖,还存在许多省市,没有任何相关的立法,而仅仅通过全国人大所制定的《中华人民共和国特种设备安全法》来进行规范、调整,但其难以做到有针对性地为电梯安全保驾护航。

从立法的深度来谈,我国部分省份制定的相关法规、规章,是否能够更加针对该地区范围内的具体情况。在立法过程中的调研工作能否做得更加充分,立法的专业性是否能够更强,这都是有关部门值得思考的问题。

相关立法机关可以制定更加细致、专业、针对性强的法律、法规、规章,对电梯这一特定的行业做到更有力的监管,同时也带来更强的说服力。

（二）执法方面

1.相关法律法规应当将电梯的检查监督方式由抽查改为普查，而且有关部门不仅应当对检查的电梯"量"进行提高，而且还应当对其"质"进行提高。有些人可能会提出质疑，认为我国电梯总量庞大，而且还在以很快的速度增加，要进行普查，将会花费大量的人力、物力、财力以及大量的时间，但是政府及有关部门并非做不到。原因如下：其一，在实践中，我们也常看到在一些电梯事故发生后，某些地区相关部门开始重视电梯安全问题，开展了电梯安全普查活动。其二，对于社会公众的生命、财产安全，对于涉及公共利益方面的问题，是不容许有任何的轻视的，进行普查可以规避可能存在的不必要的风险。因此，相关部门是完全应当对电梯的质量进行普查的。除了应该由抽查改为普查之外，还应当对检查的质量进行提高，相关部门可以考虑聘请有相关资质的专业人员进行检查，提高检查的专业性，才能使检查有实质的效果。

2.有关的行政部门应当加大对相关专业人员的培训，并且提高相关部门工作人员自身的素质，加强对其内部工作人员的管理。杜绝任何乱收费、吃、拿、卡、要的现象。另外，检验、检测机构属于公益性质的事业单位，但是在实践中，仍然存在收取较高检验、检测费的现象。因此，相关部门更加应该加强对检验、检测机构的监管，防止检测机构收取高额的检验、检测费用，防止检测人员公务费用由企业来买单的不良现象继续存在。这些情况都在一定程度上增加了被检企业的经济负担，加上行业中本就存在压价竞争的情况，相关部门若不能更好地规范其内部相关工作人员的行为，极有可能在电梯行业的发展上"雪上加霜"。而一切的不利后果都将会是导致电梯的制造成本下降、电梯的质量下降，而受到安全威胁的依旧是社会公众。

3.可增加监管部门相关监管人员的数量，并适当地引入专业的第三方协助监管工作。随着经济的发展，对于电梯的需求也随着城市化建设的进程而不断攀升，而相比于电梯数量，我国从事特种设备安全监管的监管人员数量少之又少。工作量之大，工作人员之少，不免牺牲监管的质量来完成相应的工作，这将大大影响监管活动。而适当地增加监管人员的数量，或者是引入专业性更强的、人数更多的第三方机构，进行配合监管，想必监管的质量能得到很好的提高。

（三）宣传、教育方面

在当前的社会生活中，依旧存在电梯使用不规范的现象，如：客梯、货梯时常存在混用的现象，孩子在电梯上乱按按钮以及在电梯上蹦跳的现象，在自动扶梯上嬉戏打闹的现象也时有发生，这需要有关政府部门加强对如何正确使用电梯进行宣传教育,让社会公众可以更加正确的使用电梯,这对于电梯的使用寿命延长,电梯相关配件损害的减少以及电梯故障的避免都能起到很大的作用。

（四）维保方面

对于电梯保持一个良好的运行状态,除了政府有关部门前期对行政许可资质的审核之外,维保工作在电梯持续安全的运作上起到了举足轻重的作用。而当前维保工作还存在着维保单位水平不足,不符合维保资质的人员进入维保行业,维保工作不认真、不负责的情况,因此相关政府部门有必要对维保行业进行整顿,对维保人员进行组织培训,提升专业技能,相关的法律、法规也应当更加细化对维保企业、参与维保工作的工作人员不负责任、不符合相关资质的法律后果方面的规定。

另外,我国还存在大量的老旧电梯。对于该类电梯的报废标准,以及使用、改造、维保方面都存在很大的完善空间。电梯行业在不断地发展,行业标准也在不断提高,老旧电梯是否能够胜任工作,这仍旧是一个很大的问题,对于老社区的老旧电梯与新标准之间存在的矛盾,以及老旧电梯年久失修与电梯安全之间的矛盾,都值得相关政府部门提起足够的重视,尽快地制定相关计划,确保老旧电梯不对社会公众的安全造成威胁。

第二节　政府相关职能部门在电梯安全管理实践中所适用的行政行为

行政行为主要包括两类,一类是抽象的行政行为,另一类是具体的行政行为。抽象的行政行为主要是指国家的行政机关针对不特定的行政管理对象实施制定行政法规、制定行政规章及规范性文件。而具体的行政行为则是指国家的行政机关以及行政机关工作人员、法律法规授权的组织、行政机关委托的组织或者个人在行政管理中针对特定的人（公民、法人、其他组织）行使职权的单方行为。具体的行政行为包括:行政命令、行政征收、行政许可、行政强制、行政赔偿、行政处罚等。区分抽象行政行为与具体行政行为是区分一个行政行为可否提起行政诉讼的一个主要标准,提起行政诉讼又是相关企业维护自身权益的主要方式之一,因此有必要利用一个章节来对电梯行业可能面对的具体行政行为进行阐述。

在行政诉讼中行政相对方仅可对具体的行政行为提起行政诉讼,而不得直接对抽象的行政行为提起行政诉讼。但是在行政诉讼与复议的过程中,我们可以对规范性文件的合法性提起附带性的审查,但是不得对行政法规、国务院的决定以及规章进行审查。

除了应当将具体行政行为与抽象行政行为区分开之外,还应当将其他类似的行为区分开,因此先探讨具体行政行为的特征。

第一,具体行政行为拥有处分性或称规制性,它必须产生一定的处分效力。一个具体行政行为的作出,无疑会引起行政法律关系的变动(包括设定、变更与消灭某种行政法上的权利义务关系)。另外,该法律关系的变动还应当是行政主体的意思表示。该特征就将具体行政行为与行政事实行为区分开。行政事实行为指在实施行政管理、履行服务职能过程中作出的不以设定、变更、消灭行政法律关系为其直接目的的行政行为。主要包括:建议性的行为、具体行政行为的补充,如对扣押物的保管行为、行政公务人员在执行公务时做出的事实行为,如暴力执法、还有一些监察、检查的活动。

第二,具体行政行为还具有特定性,其针对特定的对象与特定的事项。这还是区分抽象行政行为与具体行政行为的特征。

第三,具体行政行为具有单方性,行政机关在作出具体行政行为不需要获得行政相对方的同意,即可发生法律效力。这就将具体行政行为与行政协议行为给区分开了。行政协议类似于行政相对人与行政机关之间签订了某种为了实现公共利益或者是达成某种行政管理目标的合同,其存在合意性,是通过合意建立起行政法上的权利义务关系。

除此之外,具体行政行为还具有外部性,与行政主体内部的行政行为区分开来,如行政机关对其工作人员作出的处分,就不能算是具体的行政行为。

一、行政许可

《行政许可法》第 23 条规定:"法律、法规授权的具有管理公共事务职能的组织,在法定授权范围内,以自己的名义实施行政许可。被授权的组织使用本法有关行政机关的规定。"若要从事电梯相关行业就要面对行政许可行为,获得行政许可的一般程序应当是先申请,在经过受理并通过审查后再由有关部门进行决定是否授予相应许可。在此,本书主要对行政主体进行行政许可的过程中的主要义务进行阐明,以便从事电梯行业的相关人员能从中得知自己具体权利以及行政主体应当承担的具体责任。

首先,行政机关以及其他行政主体应当将许可的事项所应提交的材料目录以及申请书的范本等在办公场所中进行公示,让提出申请的行政相对人不必因为材料问题而浪费不必要的时间与精力,这体现了行政法中高效便民的基本原则。

其次,行政主体应当免费提供有关申请书所应当采用的格式文本,此项义务避免了乱收费现象的产生,同时也避免了申请的文本不规范所带来的麻烦。

再次,行政主体还负有说明的义务。当许可申请人对于电梯的相关许可的公示内容存在不解时,行政主体有义务解释说明有关问题,并且应当提供准确的信息。

最后,行政主体还有推行电子政务的义务。行政主体有义务在其相关网站中公布行政许可的相关事项,在有条件的情形下申请人还可以通过网络或者其他数据电文的方式提出行政许可申请,从而使行政许可的申请可以更加便利。

行政机关在受理行政许可的过程中,发现申请的材料存在错误,若可以当场进行更正的,应当允许申请人当场更正,当发现材料不齐全或者与法定的形式不相符合时,行政主体应当当场告知或者在 5 日内一次性告知应当补正的全部内容,不得在此问题上反复刁难当事人,这同时也是生活实践中,行政主体对行政相对人发难较多的一个环节,从而使得许可申请人对行政机关产生"申请难、办事难"的印象。无论相关行政主体是否受理都应当出具书面的凭证,该凭证也是电梯相关人员维护自身权益的一项证据。若要提起行政复议或者是行政诉讼,该凭证就是行政相对人曾提出过行政许可申请的一项重要证据。

当行政主体作出准予的行政许可的决定时,应当作出书面的决定,并颁发相应的证书与证明,与此同时应当将其情况予以公开,供公众查阅。当作出拒绝行政许可决定时也应当以书面的方式作出决定,并说明不予准予的理由,除此之外还应当告知申请人依法享有的申请行政复议或提起行政诉讼的权利。

二、行政处罚

行政处罚主要包括四类:申诫罚、财产罚、行为罚、自由罚。在针对电梯企业与相关从业人员的行政处罚中,行政机关作出的主要还是以申诫罚、财产罚和行为罚为主的处罚。

申诫罚主要针对精神与声誉进行处罚,主要的方式是行政主体对行政违法的行为人进行警告、通报批评。申诫罚一般都是对较为轻微的行政违法行为进行处罚,其目的是避免会再次出现行政违法行为。

财产罚,可以说是行政处罚中占比最高的,主要包括罚款和没收违法所得和非法财物两种。如《特种设备安全监察条例》第 77 条规定:"未经许可进行维保活动的,将由相关部门予以取缔,并处一万元以上五万元以下罚款;有违法所得的,将没收其违法所得。"该条文就是财产罚的具体表现,对于罚款与没收违法所得的决定也是可以同时作出的,且不违反行政法中一事不二罚的原则。

行为罚,又称能力罚和资格罚,是以限制或者剥夺行政违法行为人从事某特定行为的能力和资格为内容的行政处罚。主要表现为责令停产停业、暂扣或者吊销许可证,暂扣或者吊销执照两种方式。如《特种设备安全监察条例》第 85 条规定:"电梯的使用单位未将安全注意事项和警示标志置于易于为乘客所注意的显著位置的时候,特种设备安全监察部门将责令其在一定期限内改正,若逾期未改正将会责令其停止使用或者停产停业整顿,并处一万元以上五万元以下的罚款。"可见,财产罚与行为罚也是可以一并处罚的。

在此应当注意的是,可以实施行政处罚的主体有哪些。根据《行政处罚法》的第 16 条、第 17 条、第 18 条[①]可以得知,具有实施行政处罚的主体主要包括:行政机关、法律、法规授权的组织、行政机关委托的组织。

三、行政强制

行政强制,包括行政强制措施和行政强制执行两种。在《行政强制法》第 2 条第 2 款的第(2)(3)项中对行政强制措施与行政强制执行下了定义:"行政强制措施,是指行政机关在行政管理过程中,为制止违法行为、防止证据损毁、避免危害发生、控制危险扩大等情形,依法对公民的人身自由实施暂时性限制,或者对公民、法人或者其他组织的财物实施暂时性控制的行为","行政强制执行,是指行政机关或者行政机关申请人民法院,对不履行行政决定的公

---

① 《行政处罚法》第 16 条至第 18 条规定:"国务院或者经国务院授权的省、自治区、直辖市人民政府可以决定一个行政机关行使有关行政机关的行政处罚权,但限制人身自由的行政处罚权只能由公安机关行使。法律、法规授权的具有管理公共事务职能的组织可以在法定授权范围内实施行政处罚。行政机关依照法律、法规或者规章的规定,可以在其法定权限内委托符合本法第十九条规定条件的组织实施行政处罚。行政机关不得委托其他组织或者个人实施行政处罚。委托行政机关对受委托的组织实施行政处罚的行为应当负责监督,并对该行为的后果承担法律责任。受委托组织在委托范围内,以委托行政机关名义实施行政处罚;不得再委托其他任何组织或者个人实施行政处罚。"

民、法人或者其他组织,依法强制履行义务的行为"。从法条中两者的概念可以看出两者的主要区别:首先,两个具体行为作出的前提条件是不相同的,行政强制措施的前提条件是情况紧急,这种行为的作出不需要有需履行的义务和已经生效的行政决定的存在。而行政强制执行必须以行政决定为前提条件,只有当先前作出的具体行政行为中的义务未得到履行时,才可作出行政强制执行的决定。其次,两者的法律效果也不同,行政强制措施是针对行政相对人的人身、财产权利的一种临时的处理方法,体现了其临时性与非处分性,而行政强制执行就具有终局性。通俗来说,行政强制措施是对人身权利与财产权利做临时性的限制,是剥夺使用权的一种措施,是不影响所有权的,而行政强制执行是直接对行政相对人的财产的所有权进行剥夺。

(一)行政强制措施

行政强制措施的种类主要分成了四类:

1.限制人身自由。这种方式是由行政机关依法对公民的人身自由采取的临时性限制的一种措施。通常以盘问、留置、强制带离现场等形式来进行。

2.查封场所、设施或者财物。这种行政行为主要是行政机关为了保障其作出的行政决定有效或者其行政决定能够得到有效执行,而依法对行政相对人的场所、设施或者财物进行查封处理。而查封的方式主要是就地封闭,在生活中常见的方式是贴上封条,禁止动用。

3.扣押财物。扣押财物其针对的主要是可以移动的财物,对于不能进行移动的财物只能通过查封的方式进行处理,行政机关所扣押的财物仅限于与违法行为有关的财物,而不得随意扣押相对人的合法财产。

4.冻结存款、汇款。行政机关为了保障其作出的行政决定能够顺利执行,或者其为了防止行政相对人转移或者隐匿违法资金,毁损证据,而作出的对相对人的账户采取冻结的行政强制措施,但是冻结的仅可以是当事人的账户资金,而不可是其亲属的财产,并且大多数行政机关需要通过向法院申请才可实施冻结存款的行为。

在有关电梯活动的实践中,查封与扣押两种方法是最容易、也最多被适用的,如《特种设备现场安全监督检查条例》第 16 条、第 23 条、第 24 条、第 25 条等都分别指出哪些机关、组织有查封、扣押的权力,在何种情况下可以采取查封、扣押措施,对于何种设备应当予以查封、扣押以及查封、扣押的期限,还有其他关于有关部门查封、扣押时需要注意的事项。

(二)行政强制执行的分类

行政强制执行主要分成两种方式,一种为直接的强制执行,另一种为间接的强制执行。顾名思义,直接的强制执行就是行政机关直接对负有义务的行政相对人的人身或者财产直接采取强制执行。对财产的强制执行包括划拨存款、汇款,拍卖或者依法处理查封、扣押的场所、设施或者财物、排除妨碍、恢复原状等。因此,参与电梯使用、生产、安装、维保等活动的单位若对有关行政机关或其他有权作出行政决定的组织的相关行政处罚决定置之不理,经过一系列的程序之后,行政机关是有权对其财产进行强制执行的,但是相应的行政机关也不得滥用权力来获得行政义务人应付义务以外的利益。间接强制执行,是指行政主体通过间接的手段,迫使义务人履行其应当要履行的义务,或者达到和履行义务相同效果的其他方式。间接强制执行又可以分为代履行和执行罚两种。代履行,是指负有行政义务的义务人在不履行其义务时或者有其他紧急情况时,由行政机关委托第三方代替义务人履行义务,之后向当事人收取相关费用的执行方式。执行罚则包括加处罚款和加收滞纳金,当负有义务的行政相对人不履行其法定义务或者对行政决定所确定的金钱给付义务不予履行的,行政机关可以对其加处罚款或者是一定量的滞纳金,但是执行罚仅可针对不履行金钱给付义务的行为。如《中华人民共和国特种设备安全法》第74条规定:"违反本法规定,未经许可从事特种设备生产活动的,责令停止生产,没收违法制造的特种设备,处十万元以上五十万元以下罚款;有违法所得的,没收违法所得;已经实施安装、改造、修理的,责令恢复原状或者责令限期由取得许可的单位重新安装、改造、修理。"该条的"责令停止生产"属于行政处罚中行为罚的一种,"没收违法制造的特种设备,处十万元以上伍拾万元以下罚款"则属于财产罚,而最后的"责令恢复原状"就属于行政强制执行中的直接强制执行的方法之一。

（三）行政强制措施中的具体问题

对于行政强制措施该篇中所提到的所有政府部门和其他机构并非都可以实施,行政强制措施的实施主体已经在《行政强制法》中作出明确的限制。首先,并不是所有的行政机关都是可以实施行政强制措施,只有拥有法定职权的行政机关才有权力实施行政强制措施,而且必须在其行政管理职责范围内行使,不得越权。其次,法律、行政法规授权的管理公共事务的组织是有权力作出行政强制措施决定的,行政强制措施是涉及行政相对人的人身权利以及财产权利的,因此实施行政强制措施的被授权的组织必须受到严格的限制,在此我们要特别注意的一点是:对于行政强制措施实施主体的授权只能是由法律和行政法规进行授权,而地方性的法规以及各种的行政规章以及其他的规范性文件都是不得授权的。并且,被授权的组织是不得实施限制人身自由的强制措施的。因此,若被授权的组织作出的行政强制措施决定超过被授权的范围,则是一种违法的行政行为。

在实践中,相关从事电梯行业的企业最有可能受到的行政强制措施是查封和扣押,所以有必要对查封、扣押的有关问题进行说明,使相关电梯企业可以维护自身的合法权益而不受侵害。

1.实施的主体问题。在上文中也提到了实施行政强制措施的主体必须是法律、法规明确授权的行政机关和法律、行政法规授权的具有管理公共事务职能的组织。对于不符合上述两种情形的其他组织或者行政机关,是没有权力实施查封与扣押的。

2.查封与扣押所针对的对象。在实施查封与扣押的过程中,是不得对与违法行为无关的财物进行查封、扣押的。另外,公民个人以及需要其扶养的家属的生活必需品是不得进行查封、扣押的。对于已经被其他国家机关查封的,就不得同时进行查封。

3.实施查封、扣押的行政机关需要当场制作相关的文书和清单,并且需要一式两份,交由当事人和行政机关分别进行保管。

4.查封、扣押的期限。本章中提及查封、扣押属于行政强制措施的两种方式,而行政强制措施的一项特点就是具有临时性,倘若查封、扣押没有一定的期限,就违背了其临时性的特点,同样也有悖于行政法基本原则中的合理行政原则。在通常情况下,查封、扣押的期限不得超过 30 日,在经过行政机关负责人的批准之后,可以再行延长 30 日,因此,其最长的期限只能达到 60 日,但是这种延长查封、扣押期限的决定应当及时以书面的方式告知当事人。除此之外,在其他法律、行政法规中另有规定的,从其具体的规定。并且在此期限中凡是有检测、检验、检疫或者技术鉴定的行为,该期间是被排除在相应的期限之外的,不能算在期限之中。

5.被查封、扣押的财物的保管及后续的处理。对于财物的保管,大致上可以分为由行政机关保管和委托第三方来对查封、扣押的财产进行保管。相同的是,无论运用哪一种保管方式,都应当对查封、扣押的财物进行一个妥善的保管,尽到其应当注意的义务,并且不得擅自使用或者毁损相关财务。若是由行政机关进行保管,而因为行政机关的原因造成了当事人的损失,行政机关就有义务承担赔偿责任。若是由行政机关委托第三方进行保管,而因为第三方的原因造成了损失,也应当由行政机关先行赔付,当然行政机关是有权利向代为保管的第三方进行追偿的。在保管中所涉及的费用都应当由行政机关来承担。相关行政机关实施了查封和扣押不代表其行为就这样结束了,行政机关还有义务及时查清情况,在法定的期限内作出相关行政决定,并且根据不同的情况,作出最后的处理决定。

6.在何种情况下行政机关应当解除对财物的查封与扣押。有以下具体的几种情况:(1)当事人没有违法行为。(2)行政机关所查封和扣押的场所、设施或财物与违法的行为之间不存在任何关系。(3)行政机关对违法的行为已经作了其他的处理决定,而不需要再对有关场所、设施或财物进行查封、扣押。(4)查封、扣押的期限已经届满。在这些情况下,行政机关不仅应当对查封和扣押的场所、设施或者财物进行解除,归还财物。若行政机关的行为是合法的而造成了当事人的损失的,则应当予以相应的补偿,若行政机关的行为是违法的而造成了当事人的损失的,则应当予以赔偿。

四、政府信息公开

政府信息公开主要是指国家的行政机关和法律、法规以及规章所授权和委托的组织,在行使其相关的国家行政管理职权的过程中,将政府的信息向社会公众主动公开,或者是依申请向特定的人或者组织公开的一种制度。政府信息公开主要是针对相关的政务以及信息的公开。公开行政政务,主要是针对行政机关相关的执法依据、执法的程序以及执法的结果进行公开,使行政更加透明。公开信息是政府以及相关的组织机构向社会公众公开,开放自己所拥有的信息,使其他的组织机构与公众可以基于正当的理由而尽可能方便地获得上述信息。由于政府部门在收集信息的能力方面相较于社会公众来说更加强、更具有优势,信息的准确度更高,数据来源更加丰富,因此政府信息的公开是十分有必要的。

(一)主动公开

政府信息公开是公民知情权能够实现的前提和保障,行政机关在公开政府信息时,必须遵循公正、公平、便民的原则。并且应该及时地、准确地对政府信息在不危害国家安全、公共安全、经济安全、社会稳定的前提下进行公开。对于何种信息应当由行政机关主动公开,《政府信息公开条例》第9条明确指出了主动公开的条件:"行政机关对符合下列基本要求之一的政府信息应当主动公开:(一)涉及公民、法人或者其他组织切身利益的;(二)需要社会公众广泛知晓或者参与的;(三)反映本行政机关机构设置、职能、办事程序等情况的;(四)其他依照法律、法规和国家有关规定应当主动公开的。"除了本条之外,《政府信息公开条例》第10条、第11条、第12条还规定了其他应当主动公开的相关内容,在此就不一一罗列。

要对政府信息主动进行公开,公开的方式尤为重要,不可仅仅"宣誓性"的公开,而应当确实让公众可以较为方便地获得其想要获得的并且是法律允许获得的信息。通常情况下,行政机关会通过政府公报、政府网站、新闻发布会以及报刊、广播、电视等便于公众知晓的方式对相关信息进行公开,或者通过编制、公布政府信息公开指南和政府信息公开目录,并及时对相关内容进行更新。

（二）依申请公开

依申请公开则是指当公民、法人或者其他组织根据自身的生产、生活、科研等特殊需求需要获取相关的信息时,可以向国务院部门、地方各级政府及县级以上地方政府部门申请获取相关政府信息。

1.依申请公开的申请程序及公开范围

对于依申请公开的法定程序,根据《政府信息公开条例》第 20 条至第 24 条的规定,公民、法人或者其他组织在申请获取政府信息时,应当采用书面的形式(包括数据电文形式),但是在采用书面形式的确存在困难的情况下,申请人是可以口头提出申请公开的要求的,并由受理该申请的行政机关为其代为填写政府信息公开申请,申请书中应当包括以下内容:(1)申请人的姓名或者名称、联系方式。(2)申请公开的政府信息的内容描述。(3)申请公开的政府信息的形式要求。

行政机关对于所申请公开的信息属于公开范围的,应当告知申请人获取该政府信息的方式和途径;属于不予公开范围的,同时也应当告知申请人并说明理由;依法不属于本行政机关公开或者该政府信息不存在的,应当告知申请人,对能够确定该政府信息的公开机关的,应当告知申请人该行政机关的名称、联系方式;申请内容不明确的,行政机关也应当告知申请人需要作出何种更改或者补充。对行政机关可以当场进行答复的内容,应当当场予以答复。对于不能当场答复的,应当在自收到申请之日起的 15 个工作日内予以答复;如需延长答复期限的,应当经政府信息公开工作机构负责人同意,并告知申请人,延长答复的期限最长不得超过 15 个工作日。值得注意的是,申请公开的政府信息涉及第三方权益的,行政机关征求第三方意见所需的时间是不计算在内的。

2.申请公开的费用问题

对于申请政府公开信息,行政机关依申请提供了政府信息,是不得收取任何费用的。行政机关也不得通过其他组织、个人以有偿服务的方式提供政府信息。

3.申请公开的限制

政府信息的公开也并非是行政机关要对所有其掌握的信息全部公开,当有涉及国家秘密的信息,是绝对不能予以公开的。除此之外,针对涉及商业秘密、个人隐私的政府信息,行政机关原则上是不予公开的,但是经权利人同意公开或者行政机关认为不公开可能对公共利益造成重大影响的,是可以予以公开的。

对于电梯生产企业的负责人员或主管人员以及其他人员,除了会受到相关行政机关作出的行政行为的限制之外,还有可能因其行为触犯刑法,而受到刑事上的处罚,在后文中将会提到,在此章中将不做过多的赘述。

此节的二、三部分,对行政处罚以及行政强制做了一个较为完整的解析,对于相关的电梯企业在受到相关行政处罚与行政强制的决定时,在确实存在违法行为时,应当及时接受处罚并对违法行为进行改正。但是,当自己的行为并没有违法,而行政主体作出行政处罚与行政决定的决定,使自己的合法权益遭受到侵害时,相关电梯企业也应当拿起法律的武器维护自己的合法权益,因此在第三节中将对行政救济作出较为全面的解释。

第三节　法律救济

在与电梯相关的企业及人员的工作中,企业有可能会受到不法的、不正当的行政行为的"侵犯",法谚称"无救济则无权利",具体行政行为的相对人的权利若受到了行政机关的侵犯时,法律同样也应当规定相应的法律救济手段,以维护普通群众的合法权益不受到行政主体的肆意侵犯。

行政侵权是指我国的行政机关以及法律、法规授权的组织在行使其行政职权的过程中,侵犯了公民、法人和其他组织的合法权益的违法行政行为和事实行为。简而言之就是国家的行政机关及其工作人员在行使职权时实施了侵犯行政相对人合法权益的一种行为,而该行为是需要依法承担相应的行政法律责任的。判断一个行政行为是否属于行政侵权,需要满足以下几点:(1)侵权的主体是行政机关及其工作人员的。(2)必须要有损害事实的存在,即使行政机关或者其工作人员的行政行为存在违法或者不合理的情况,但是没有造成损害的事实,仍然不能算作是行政侵权。(3)损害事实的出现与行政机关及其工作人员的公务行为之间存在因果关系。(4)行政机关及其工作人员的公务行为存在违法性。

面对行政侵权的救济方式主要包括诉讼内的救济和诉讼以外的其他诉讼方式。诉讼外的方式主要包括信访、行政投诉、行政复议、立法救济。信访，根据《信访条例》第 2 条的规定，"信访是指公民、法人或者其他组织采用书信、电子邮件、传真、电话、走访等形式，向各级人民政府、县级以上人民政府工作部门反映情况，提出建议、意见或者投诉请求，依法由有关行政机关处理的活动"。行政投诉指行政相对人认为存在行政侵权的行为，而向有关的国家机关进行投诉，寻求处理，虽说目前没有任何关于行政投诉的法律依据，但是在全国大部分地区都成立了专门的行政投诉中心。行政复议则是指公民、法人或者其他组织对于行政主体作出的具体行政行为表示不服，认为行政机关侵犯了其合法权益，而依法定程序向作出该具体行政行为的上一级机关或其他法定的机关提出申请，由受理的行政机关对该具体行政行为的合法性、合理性进行审查，从而获得救济。立法救济，又称为权力机关救济，是国家的权力机关根据行政相对人的申请或依宪法职权，对行政主体作出的行政行为进行审查并作出相应处理的一种救济方式，但是权力机关的救济主要是针对抽象的行政行为，因此该种救济方法的使用率是极低的。

在此，本书主要对最为有效且利用率最高的两种行政救济方式作出一个较为详细的解释。

一、行政复议

（一）行政复议的概念

行政复议对于当事人来说，是一种维护自身合法权益的救济方式，对于行政机关来说，则是一种对行政机关系统内部进行自我监督的一种方式。《行政复议法》明确规定，当事人认为行政机关的具体行政行为侵犯其合法权益的，有权向行政机关提出行政复议申请。《行政复议法》第 7 条①也明确指出，当公民、法人或者其他组织认为行政机关所实施的具体行政行为是依据国务院部门的规定、县级以上地方各级人民政府及其工作部门的规定、乡、镇人民政府的规定时，在对具体行政行为申请复议的同时，还可以向复议机关提出对该

---

① 《中华人民共和国行政复议法》第 7 条第 1 款规定："公民、法人或者其他组织认为行政机关的具体行政行为所依据的下列规定不合法，在对具体行政行为申请行政复议时可以一并向行政复议机关提出对该规定的审查申请。"

规定审查申请,这就将抽象行政行为的其中一小部分纳入复议的范围之中。但是对该小部分抽象行政行为的复议,必须伴随对具体行政行为的复议而提出,而不得单独提出。

(二)行政复议的受案范围

行政复议所审查的主要是行政行为,根据《行政复议法》第6条的规定,可以申请复议的行政行为主要包括:(1)行政处罚;(2)行政强制;(3)行政许可;(4)行政确认;(5)侵犯经营自主权的行政行为;(6)行政协议;(7)认为行政机关违法要求履行义务的;(8)行政许可不作为;(9)不履行保护职责;(10)行政给付;(11)其他被认为是行政机关侵犯其合法权益的行政行为。在《行政复议法》中明确规定:对其机关的工作人员进行人事上的处理的相关行为,行政机关对民事纠纷作出的调解、仲裁等居间行为,其他法律上所规定的一系列明确授权的行为,或者行政指导行为等不包含在行政复议范围之内。对于在电梯相关活动中遇到的可以提出行政复议的具体行政行为主要是:行政处罚、行政强制、行政许可、侵犯经营自主权的行政行为、认为行政机关违法要求履行义务的、行政许可不作为。因此,在实践中当行政相对人发现行政主体的具体行政行为侵犯了自身的合法权益,就可向相关行政复议机关提出申请行政复议的请求。

(三)提出行政复议的主体

行政复议申请人是指认为行政主体的行政行为侵犯其合法权益,并以自己的名义向有关机关提出复议申请的公民、法人或者其他组织。行政复议申请人主要包括行政相对人和行政相关人员。行政相对人是指行政行为直接针对的对象,行政相关人则是指虽然不是行政行为直接针对的对象,但其合法权益有可能受到了该行政行为影响的人,简而言之,就是与该行政行为存在利害关系的公民、法人或者其他组织。《行政复议法》还明确指出:有权申请行政复议的公民死亡,其近亲属是可以申请行政复议的,并且此近亲属包括其配偶、父母、子女、兄弟姐妹、祖父母、外祖父母、孙子女、外孙子女等。有权申请行政复议的法人或者其他组织终止的,承受其权利的法人或者其他组织也可以申请行政复议。

电梯相关从业人员除了自己可以提出行政复议,还可以以第三人的身份参加与自己存在利害关系的由他人提出的行政复议的程序之中。行政复议第三人是指认为自己与被申请行政复议的行政行为存在着利害关系,而加入已经开始的行政复议活动中的公民、法人或者其他组织。行政第三人参加行政复议主要通过两种方式:一种是通过申请而参加,另一种则是通过复议机关通知参加。

（四）行政复议的被申请人与复议机关

行政复议被申请人主要是作出违法具体行政行为的行政机关、县级以上地方政府依法设立的派出机关、法律、法规、规章授权的组织、继续行使被撤销行政机关职权的行政机关、行政机关设立的派出机构、内设机构或者其他组织等。

行政复议机关是依照法律、法规的规定，受理行政复议申请，并依法对被申请的行政行为进行合法性、适当性审查并作出相关决定的行政机关。根据《行政复议法》第 12 条至第 15 条的规定，申请人对县级以上地方各级人民政府工作部门的具体行政行为不服的，可以由申请人选择，向与该部门同级的人民政府申请行政复议，也可以向该部门的上一级主管部门申请行政复议，除了海关、金融、国税、外汇管理等实行垂直领导的行政机关和国家安全机关是由其上一级主管部门受理行政复议申请之外，其余的都可以向两方提出申请。对省级以下地方各级政府的具体行政行为不服的，应向其上一级地方政府提起行政复议。除此之外还有一些特殊规定，在此不作阐述。

二、行政诉讼

我国行政诉讼法的核心目的就是保护公民、法人和其他组织的合法权益。其最核心的价值是通过司法来保护公民的权利，而控制行政权力。但是对于行政诉讼的困难之处不仅在于该救济方式是一种"民告官"的形式，而我国当前的司法审判仍然在一定程度上受到来自行政的干预，所谓"立案难、审理难"的现象依旧大量存在。虽然在新《行政诉讼法》中为保障原告的权利作了具体的规定："人民法院应当保障公民、法人和其他组织的起诉权利，对应当受理的行政案件依法受理。行政机关及其工作人员不得干预、阻碍法院受理行政案件。被诉行政机关负责人应当出庭应诉。不能出庭的，应当委托行政机关相应的工作人员出庭。"该条文的立法初衷虽然是解决"告官不见官"问题，但是还是为行政机关负责人不参加诉讼留有了一丝余地。并且在实践中，法院仍然会受到来自行政机关、政府部门的施压。某些行政官员"官本位"思想依旧严重，法律意识淡薄，对于司法审判依旧有不予理睬的现象存在。

（一）行政诉讼的受案范围

首先，行政诉讼只可以是"民告官"，而不得有"官告民"的情形。因此，原告必须是与具体行政行为有利害关系的公民、法人或者其他组织。

其次，与行政复议的受案范围相类似，行政诉讼的受案范围不仅包括具体行政行为,还包括部分抽象行政行为,但是仅允许附带审查。

再次,根据新《行政诉讼法》第 12 条的规定,法院可以受理公民、法人或者其他组织提起的下列诉讼:(1)行政处罚行为;(2)行政强制行为;(3)行政许可行为;(4)自然资源行政确认行为;(5)征收征用决定及其补偿决定;(6)行政机关的行政不作为;(7)侵犯经营自主权、徒弟承包经营权行为;(8)排除或者限制竞争的行为,该行为是指行政机关滥用其行政权力,干预和破坏市场交易的秩序;(9)违法集资、摊派费用或者违法要求当事人履行其他义务的;(10)行政给付行为;(11)行政协议;(12)司法解释和其他法律规定可以起诉的案件,如政府信息公开案件、行政复议案件等。

最后,根据新《行政诉讼法》第 13 条的规定,"人民法院不受理公民、法人或者其他组织对下列事项提起的诉讼:(一)国防、外交等国家行为;(二)行政法规、规章或者行政机关制定、发布的具有普遍约束力的决定、命令;(三)行政机关对行政机关工作人员的奖惩、任免等决定;(四)法律规定由行政机关最终裁决的行政行为"。更具体地来说就是:(1)国家行为;(2)抽象行政行为;(3)内部行政行为;(4)"一裁终局"的行政决定行为,如国务院的复议决定,公安机关对外国人行政管理的终局行为等;(5)刑事司法行为;(6)行政机关的行政调解行为与仲裁行为;(7)不具有行政强制力的行政指导行为;(8)行政机关对公民的申请或申诉,对原有的已生效的行政行为作出的没有任何改变的二次决定;(9)不产生实际影响的行为;(10)司法解释规定的其他不予受理的案件。在这些情况下所提出的行政诉讼请求是不会被受理的。

(二)行政诉讼相较于其他救济方式的优缺点

行政诉讼虽说不是行政救济的必经环节,但其应当是解决行政争议制度中的最终环节。简言之,行政诉讼可以不作为行政救济的开始,但一定是行政救济的"终结",行政诉讼一旦开始,行政救济的其他方式将不得再被使用,如果先选择了运用行政诉讼的方式寻求救济,就算结果不是满意的,也不得再运用其他的行政救济手段。相较于其他手段,行政诉讼的公正性应当是最强的,程序是最为严格的,同样也应当是最具权威的。

信访又称为上访,在实践中利用率极高,效率却并不高,甚至有的上访者会受到有关行政部门的"打压",最终不仅解决不了问题,还因为上访过程中的"过激行为",而受到其他的行政处罚或者刑事处罚。虽然有部分人会因为上访而得到一些来自相关部门的妥协与好处,但是这种情况少之又少,且风险极高。而行政诉讼虽说需要大量的时间成本与人力、财力,并且行政诉讼是否能做到绝对的公平,在司法还在一定程度上受制于行政的时代,仍然值得人们深思,但是相较于信访,其公正性强与风险小的特点还是不言而喻的。

行政投诉仅是一种意见式的救济方式,其最后的效果如何同样也是不得而知的,并且对于当事人已经遭受的经济损失,是无法通过投诉来寻求赔偿的。而行政诉讼中,当事人可以要求行政主体对其因作出违法或不当的具体行政行为而导致的合法利益损失进行赔偿或者补偿。

行政复议则同样面临一个问题,即公正性问题,复议机关是否会为了机关内部利益而"袒护"作出具体行政行为的受其领导的下一级机关。

行政诉讼虽说仍然存在着很大的不足之处,但是其与行政复议是两个最为有效的方式,是最适合当事人使用的两种救济方式。行政诉讼随着新《行政诉讼法》的出台,将在更大程度上保障当事人的合法权益,限制行政机关的权力,并进一步解决"立案难、审理难"的问题。除此之外,行政诉讼与行政复议都赋予当事人对经济损失提出赔偿要求的权利,并通过法院来解决执行的问题,相比于其他救济方式不失为最佳的两种救济选择。

综上,本书希望从事与电梯活动有关的企业及工作人员在面对合法权益受到侵犯时,可以用最为适当的方式来维护自身的权益,避免采用极端的方法来寻求救济。

第四章　电梯行业相关商事主体在电梯安全使用中的法律问题探究

第一节　涉及电梯行业相关商事主体的具体制度

一、相关行政许可制度

行政许可制度是指在法律一般禁止的情况下,行政主体根据行政相对人的申请,通过颁发许可证或执照等形式,依法赋予特定的行政相对人从事某种活动或实施某种行为的权利或资格的行为。电梯行业的行政许可是政府对电梯安全管理最基本、也是最重要的监管手段,是政府职能部门对电梯行业运作机制的必要补充。健全的电梯市场准入制度对保障电梯安全性能、规范市场秩序存在重要作用。许可条件既是准入的一道门槛,也是生产单位在整个生产活动中要坚持的基本要求。国务院负责电梯安全监督管理的部门根据不同类别特种设备产品的特点、危险性、复杂程度,以及特种设备设计、制造、安装、改造、修理单位生产活动的不同特点等,按照分类监督管理的原则设计、建立、实施特种设备生产许可制度。① 电梯生产单位应当依法取得许可资格,方可从事相应的活动。电梯安装、改造、维修、日常维护保养和操作的作业人员及其相关安全管理人员应当按照国家有关规定,经特种设备安全监督管理部门考核合格,取得国家统一格式的特种设备作业人员证书,方可从事相应的作业

---

① 石家骏:《解读〈特种设备安全法〉中关于生产环节的重点内容》,http://www.cqn.com.cn/news/zgzlb/disi/802769.html,下载时间:2017 年 11 月 7 日。

或者管理工作。

（一）严格的电梯行政许可制度基本内涵

行政主管部门对电梯进行检验,颁发合格证,表面上看是检验电梯是否安全、合格,其实质是有条件地控制电梯准入。对电梯行业的行政许可,有助于克服电梯生产企业的自发性、盲目性和维保单位的事后性所带来的消极后果,可以有效预防和控制电梯在生产、安装、维保过程中可能出现的各种不安全因素,从而维护广大公民的切身利益。所以电梯行政许可制度是电梯安全使用的基本前提,而严格的电梯行政许可制度,往往包含制度制定和制度执行两方面:

第一,制度制定原则。首先,制度制定应当遵循电梯行业自身的发展规律,凡电梯行业能自律管理的事项,不设或简化设定行政许可,发挥市场在资源配置中的决定性作用,规范市场经济秩序,努力构建统一开放竞争有序的现代市场体系。其次,行政机关也要适当发挥宏观调控、监督市场的作用,简政放权不是放任不管,电梯安全与公共安全紧密相关,有关部门应该严守"第一道防线",做好行政审批工作。总之,制度的制定应当促进电梯行业与社会经济、市民生活的协调发展,要平衡不断发展的科技和安全需求,着眼于未来,保持电梯行业的可持续发展。制度的制定应当以维护公共利益为基本出发点,对直接关系市民生命财产安全的电梯相关设备,需要按照技术标准、技术规范,通过检验、检测等方式进行严格的审定。

目前与电梯制造单位、安装单位、维保单位有关的行政许可大致有如下方面:

特种设备制造许可。规定电梯制造单位,应当经许可方可从事相应活动,主要采取制造单位许可和产品型式试验备案,制造许可程序主要包括:申请、受理、典型样品的型式试验、制造条件评审(产品型式试验备案方式许可无此项)、审查发证和公告。

特种设备安装、改造、维修许可。规定电梯安装、改造、维修单位,应当经许可方可从事相应活动,许可程序主要包括:申请、受理、单位条件评审、审查发证和公告。

特种设备安装、改造和重大维修的监督检验许可。规定电梯安装、改造、重大维修过程的质量与最终交验设备的安全技术性能,必须经监督检验合格,方能投入使用。

在用特种设备的定期检验许可。规定在用电梯必须按照相应安全技术规范规定的周期(1年),定期进行检验合格后,方能继续使用。

特种设备作业人员资格许可。主要包括电梯安全管理人员、电梯司机和电梯安装维修人员,规定电梯的作业人员应当经特种设备安全管理部门考核合格,取得国家统一格式的特种设备作业人员资格证书后,方可从事相应的作业或者管理工作。

第二,制度执行原则。首先应当是依法实施,实施责任人必须严格依照法定的权限、范围、条件和程序进行。其次是许可公开,将电梯从制造、安装、维保到作业人员等一系列的许可主体、程序、依据、申请书等都放到管理部门网站上,接受公众监督。最后是提高许可的效率,减少审核部门、缩减批示时间,提供优质服务。

(二)有关执业资格考试的思考

执业资格考试是行政许可中的资格许可,是国家对从事特定行业的相对人实施管理的一种重要的事前控制手段。通过考试的相对人获得从事某种特定行业的资格,所以它也是选拔人才的一种有效手段。在我国,资格许可主要存在于专业性、技术性较强的行政领域,其目的有两个:一是保证从业人员的最低标准;二是保护公民的安全和利益。法律要求电梯制造单位、销售单位、安装单位、维保单位取得相应的许可,也就是相关单位需要获得相应的营业执照,相关从业人员需要取得相应的许可证。

电梯相关从业人员取得各项许可证前,需要参加一些执业资格考试。所有从事特种作业操作人员必须取得特种作业人员操作资格证书后方可上岗作业,否则将依照法规追究有关人员的法律责任。具体从事电梯相关工作证件主要有电梯机械安装维修证、电梯电器维修安装证、电梯自检资格证等。电梯作业人员的考试分为理论知识考试和实际操作技能考试两部分。现实生活中,执业资格考试本身重分数、轻能力现象比较严重。目前在我国绝大多数的执业资格证书的获得都存在几张考卷定"乾坤"的问题,这促使参加考试的相对人更加重视试题本身,在备考的过程中把主要的精力放在寻找解题规律上,而不是重视知识本身的实践应用,这就会导致持有执业资格考试证书的许多应聘者并不具备相关行业能力的现象。这种现象长期下去会带来严重的法律后果:行政许可制度失去应有的效用,电梯从业人员实际操作能力不足,实践经验缺乏,电梯事故发生率大大提高。①

---

① 贾若君:《我国执业资格考试制度的评价与完善——以行政许可为视角》,载《行政与法》2009 年第 5 期。

为了改变这一现状,应该从制度上出发,将电梯许可制度运用在电梯制造、销售、安装、维保等单位开展的整个过程。行政许可这一行政法律行为虽然在法律状态上是个时间点,但这也仅仅是各项电梯工作的开端,电梯工作单位及其从业人员应该严格要求自己,将许可准入与日常培训紧密结合起来,努力提高专业技术水平和实践工作能力,增强突发情况下的紧急反应能力,对自己和社会公众负责。

（三）相关案例

【案例4-1】2015年4月16日,上海长宁市监局发现华山丽都和神州数码电梯安装工程是黄某元以鹏阳电梯公司名义承接,而黄某元并非该公司员工,无电梯安装营业执照及相关资质。长宁市监局经调查后发现：黄某元分别于2013年3月1日、2014年3月1日与鹏阳电梯公司签订了《安装年度劳务承包协议》,明确双方为电梯施工劳务承包关系。鹏阳电梯公司将其与发包方通力电梯有限公司施工合同总价的85％作为黄某元的电梯安装费用,剩余15％作为鹏阳电梯公司的管理费用（包含税金）。黄某元独立经营,自负盈亏,对外以鹏阳电梯公司的名义从事电梯安装施工经营活动。经核算,黄某元2013年至2014年从鹏阳电梯公司共承包52个项目,合计获利57912.40元。

鉴于黄某元的上述行为危害人体健康、存在重大安全隐患,威胁公共安全,长宁区市监局于2015年9月29日作出行政处罚决定,认定黄某元在未取得营业执照及《中华人民共和国特种设备安装改造维修许可证》的情况下,从事电梯安装行为,构成了《无照经营查处取缔办法》第4条第1款第（一）项"应当取得而未依法取得许可或者其他批准文件和营业执照,擅自从事经营活动的无照经营行为"所指之行为,依据《无照经营查处取缔办法》第14条第1款的规定,对黄某元处以没收违法所得57912.40元、罚款20万元的行政处罚。长宁市监局于2015年11月11日向黄某元送达行政处罚决定书。

《特种设备安全法》建立了特种设备生产（安装改造维修）许可制度,任何单位未经许可不得从事,个人则更不具备从事电梯安装的资质。为了加强特种设备安全工作,防止和减少事故,保障人民群众生命和财产安全,对电梯等特种设备的生产、经营、使用等均作了严格的规定,要求从事电梯安装的单位,必须取得《特种设备安装改造维修许可证》。作为从事电梯安装的经营者,应当严格遵守上述规定从事相关经营活动,否则就必须承担相应的法律后果,接受违反法律规定所带来的严厉惩罚。

二、电梯责任保险制度

(一)电梯责任保险制度的概述

电梯作为特种设备之一,广泛适用于经济建设和社会生活的各个领域,已成为社会生产和人民生活中不可缺少的生产装置和生活设施。电梯安全问题直接关系到社会的稳定,影响经济建设发展的大局。分析导致电梯事故的原因,除了各种可控的人为因素,电梯设备本身也具有一定的偶然性因素,所以电梯风险很难完全消除,各种事故更是难以预料和控制。同时,我国现行电梯事故的救济制度也存在缺陷,受害人很难得到及时救治和实质赔偿。推行电梯安全责任保险,发挥保险的灾害预防、经济补偿和社会管理功能,有利于推进电梯安全监管和公共服务创新,有利于妥善处理电梯事故责任赔偿和化解相关矛盾纠纷,对维护社会和谐,促进经济、社会建设具有十分重要的意义和作用。

责任保险合同是指经保险人与投保人约定,以被保险人依法应当向第三人承担的民事赔偿责任作为保险标的,被保险人因承包范围内的致害行为而依法产生对第三人的民事赔偿责任时,由保险人负责赔偿的一种财产保险合同。我国《保险法》第65条第4款规定:"责任保险是指以被保险人对第三者依法应负的赔偿责任为保险标的的保险。"由此可见,责任保险合同是社会成员将其可能承担民事赔偿责任的风险转嫁给保险人的法律手段。但是,它仅适用于民事赔偿责任,而不适用于行政责任和刑事责任。[1] 责任保险的标的既可以是侵权责任,也可以是合同责任。[2] 责任保险的功能在于为被保险人因履行民事损害赔偿责任而导致的经济损失提供经济补偿。

电梯基本责任险的范围是因被保险人的过失发生安全事故造成他人财产损失或人身伤亡,依法或依照约定应赔偿的费用,以及被保险人因赔偿纠纷所产生的诉讼费、律师费等其他合理费用。保险人包括电梯的生产单位、销售单位和检验维修单位,受益人是因为电梯事故而受到人身损害或财产损害的第三人。[3] 这种由保险公司代为赔偿的风险管理制度,已经成为分散和预防电

---

① 贾林清:《保险法》,中国人民大学出版社 2015 年版,第 206 页。

② 石慧荣:《保险法学》,武汉大学出版社 2009 年版,第 163 页。

③ 戚晓辉:《试论推行特种设备事故责任强制保险的必要性》,载《专论与综述》2012 年第 10 期。

梯风险,应对电梯事故所采取的重要措施。[①]

(二)实施电梯责任保险的积极意义

首先,实施电梯责任保险可以提高企业的赔付能力,减轻政府财政的负担。电梯数量激增,电梯事故发生率也同比上升,电梯事故的风险因素难以消除,社会危害性大,事故的损失赔偿往往超出了企业的承受能力。[②] 电梯责任保险在一定程度上可以提前预防风险,并使相关主体的责任减轻,也有助于实现对受害者损失的及时补偿。在保险期间内,投保的电梯在保险单载明的区域范围内,因操作人员的过失行为、意外事故导致电梯关停、坠落或运行过程中的其他故障,造成第三者人身伤亡、财产损失,依法应由被保险人承担赔偿责任。保险公司负责在保额内进行赔偿,赔偿包括事先经保险公司书面同意的仲裁或诉讼费。这样,运用市场化的手段促进电梯安全管理,解决责任赔偿等方面的法律纠纷,是缓和和化解社会矛盾的有效方式和手段。同时,在电梯安全管理中引入责任保险机制,能够有效发挥保险辅助政府进行电梯安全管理的作用,通过市场化的运作将政府财政从电梯事故赔偿负担中解脱出来。[③]

其次,电梯责任保险制度还可以充分发挥保险的监督危险职能,防范和规避各类安全事故的发生。分散危险的经济性质表现为保险费的分担,而参加保险者必然谋求尽可能低的保费负担而获得同样的保险保障。因此,投保人与保险人之间必然要发生相互间的危险监督,以期尽量消除导致危险发生的不利因素,达到减少损失和减轻负担的目的。[④] 比如船舶保险,投保的船舶必须适航,不适航不保;已经投保了,但违反适航条件的不赔。保险的诚信原则也体现着保险监督。可见,电梯责任保险,一方面可以缓解企业的赔付压力,另一方面更有利于企业加强危险管理。保险补偿固然可以在短时间内迅速消除或减轻灾害事故的影响因素,但是,就物质净损失而言,仍旧是一种损失。因此,防患未然是电梯企业和保险公司利益一致的行为。保险公司常年与各种灾害事故打交道,积累了丰富的危险管理经验,保险公司不仅可以向企业提供各种危险管理经验,而且通过承包时的危险调查与分析、承包期内的危险核

---

① 伊成远、白宇:《特种设备责任保险初探》,载《设备管理与维修》2009 年第 7 期。

② 刘新少:《公法视域内行政监管范围研究》,中南大学 2012 年博士论文。

③ 初澈:《论我国特种设备责任保险制度的建立与完善》,载《中国保险报》2010 年第 8 期。

④ 魏华林、林宝清:《保险学》,高等教育出版社 1999 年版,第 31 页。

查与监督等活动,尽可能消除危险的潜在因素,达到防灾防损的目的。[①] 目前,我国存在的特种设备责任保险的责任免除包括以下情况:(1)特种设备未取得政府相关部门颁发的使用许可证;(2)被保险人未根据政府相关部门的规定定期申请对特种设备进行检验、操作人员无相应有效资格证或上岗证;(3)特种设备经相关部门检验已经确认报废,或发现有严重缺陷,限期整改但尚未改正等。这些免责条款在无形当中将对投保企业形成约束,迫使其提高对于电梯使用的谨慎程度,积极进行防灾防损,有效地主动规避电梯运行过程中可能产生的责任风险。这样一来,在客观上就可以通过保险的手段达到电梯安全使用的目的。电梯制造商调整企业生产经营以符合电梯责任保险的条款要求。企业使用符合规定的电梯产品,并办理使用登记手续,选用具有相应资格证、上岗证或经过培训合格的工作人员操作电梯。电梯维保单位根据政府相关部门的规定定期申请检验,做好电梯的维修保养,及时消除事故隐患,对已经发现的故障应予以立即修复,并采取预防措施以防止发生事故。

最后,电梯责任保险可以提高处理电梯责任事故的行政效率。在众多处理事故赔偿的方法中,保险是最为快速高效的赔偿方式之一。通过保险公司内部固定的理赔流程,能够大大提升电梯责任保险的赔偿效率。与此同时,电梯责任保险的保障范围不但包括电梯对第三方造成的依法应由被保险人承担的赔偿责任,而且包括事先经保险公司书面同意的仲裁或诉讼费,这样就能够为电梯的所有者和使用者提供更加全面的保障。因此,电梯责任保险对于维护社会稳定,建立安全生产长效机制,都具有十分积极的作用。

(三)相关案例

【案例4-2】2012年12月11日,川田公司向平安保险东莞分公司投保《平安特种设备责任保险》,保险单号为13×××900076625417,为川田公司负责提供维修保养服务的包括东莞协兴金属塑胶制品有限公司(以下简称为协兴公司)使用的载货电梯等164台电梯投保《平安特种设备责任保险》,保险期间共12个月,从2012年12月12日上午0时至2013年12月11日下午24时止,每人赔偿限额100万元。双方特别约定:雇员仅指被保险人的安装、操作、维护人员;雇员在非工作期间乘坐电梯,属于第三者;在保险期间内保单载明的电梯在使用的过程中发生意外事故时,被保险人的雇员在抢修的过程中导致的雇员的死亡伤残,依法应由被保险人承担的经济赔偿责任,保险人负责赔偿,每人赔偿限额100万。投保后,川田公司向平安保险东莞分公司支付了保

---

① 魏华林、林宝清:《保险学》,高等教育出版社1999年版,第32页。

险费 7380 元。2013 年 10 月 26 日,川田公司员工田某某在协兴公司进行电梯坑底作业时,被电梯砸到致伤,经抢救无效死亡。

2013 年 11 月 6 日,东莞市社会保障局认定田某某所受事故伤害为工伤,2013 年 12 月 2 日,东莞市社会保险基金管理中心作出职工因工伤亡补偿待遇支付决定,向田某某的亲属支付工伤保险待遇:丧葬补助金 12828 元、一次性工亡补助金 491300 元,田某乔及黄某珍则享有供养亲属抚恤金。2013 年 11 月 8 日,川田公司向田某某家属支付补偿款 80000 元。川田公司解释,向田某某家属支付的 80000 元,是因为办理社保的标准低于田某某的工资,差额每个月有 1700 多元,按照两个亲属的抚恤金计算。2013 年 12 月 26 日,平安保险东莞分公司向川田公司发出理赔通知书,称拒绝赔偿。川田公司就将平安保险东莞分公司诉至法院。

川田公司向原审法院诉称,川田公司员工田某某对该电梯进行抢修,抢修期间该电梯发生意外,造成川田公司员工田某某死亡的工伤事故。工伤事故发生后,川田公司要求平安保险东莞分公司赔付保险金,但平安保险东莞分公司拒绝赔付保险金。

平安保险东莞分公司向原审法院口头答辩称:1. 川田公司为死者田某某购买了社保,社保已经对田某某的相关损失作出赔偿。至于川田公司另行支付的 80000 元是人道主义的赔偿,不是法律规定的责任,川田公司并没有在法律上承担任何赔偿义务,川田公司向平安保险东莞分公司要求支付相关的保险赔偿金,没有法律和事实依据。本案承保的是责任保险,责任保险的标的是以承担责任为前提的,川田公司不需要承担赔偿责任,所以平安保险东莞分公司也不需要承担责任。2. 死者田某某在例行检查维修电梯时发生意外,而不是在使用和抢修过程中发生的意外,不属于保险条款中特别约定的事项,平安保险东莞分公司已经就免责条款及保险条款的内容向川田公司履行了如实告知义务,因此从这个角度讲,本案发生的事故不属于保险责任,平安保险东莞分公司不承担赔偿。

原审法院认为,根据《中华人民共和国保险法》第 65 条第 4 款的规定,责任保险是指以被保险人对第三者依法应负的赔偿责任为保险标的的保险。保险条款也明确规定,保险责任针对的是特种设备在使用过程中发生意外事故,造成第三者的人身和财产损失,依照法律应由被保险人承担的经济赔偿责任,而对被保险人的雇员的人身伤亡及其所有或管理的财产损失等保险人不负责赔偿。且在特别约定中,双方约定,保单载明的是电梯在使用的过程中发生意外事故或被保险人的雇员在抢修的过程中导致的雇员的死亡伤残,依法应由被保险人承担经济赔偿责任的,由保险人负责赔偿。可见,平安保险东莞分公司对川田公司的员工遭受事故伤害的赔偿责任有严格的限定,仅限于电梯在使用的过程中发生意外以及川田公司的雇员在抢修的过程中导致的死亡伤残。

综合双方提供的证据分析,原审法院判决驳回川田公司的诉讼请求。

上诉人川田公司不服原审判决,向本院提起上诉称:一审法院认定事实部分错误,判决错误,具体理由如下:1. 一审法院认定川田公司员工田某某在事故发生当天是前往协兴公司进行电梯保养是错误的,田某某在事故当天是前往协兴公司进行电梯抢修工作。首先,电梯保养是指定期对运行的电梯部件进行检查、加油、清除积尘、调试安全装置的工作。根据《东莞协兴金属塑胶制品有限公司"10·26"电梯事故调查报告》对事故原因分析:从现场留下的弹簧、缓冲器、手磨机及维修工具判断,田某某当天维修任务为更换对重缓冲器(底坑对重缓冲器缺失)及层门自闭力弹簧;层门外地面留有新、旧缓冲器和旧的层门自闭力弹簧,井道内尚有未钩挂完成的新弹簧,由此判断:田某某当时的维修安排是先更换层门自闭力弹簧,再更换对重缓冲器。由此可见,田某某在事发时正在更换涉案电梯的重要安全部件,电梯保养是不包含更换电梯零部件的行为,故该行为根本不属于电梯保养而是电梯抢修。2. 一审法院认定田某某在事发当天的行为属于一般维修,不属于抢修是错误的。首先,抢修是电梯行业的术语,是指电梯公司对电梯进行维修的行为,在电梯行业中,对电梯进行维修的行为均称为抢修,抢修与维修具有同等的含义,并无任何区别。其次,双方签订的保险合同中,没有对"抢修"的定义进行解释,根据有关法律规定,应当以有利于被保险人的角度出发,按照川田公司对"抢修"的解释来认定。

被上诉人平安保险东莞分公司向本院答辩称,平安保险东莞分公司已就免责条款向川田公司履行了如实告知义务,保险合同对双方均具有约束力。事故调查报告中也未陈述田某某的作业为抢修,且更换电梯零部件也属于例行检查维修的范畴。综上,请求二审法院驳回上诉,维持原判。

二审法院认为:本案为责任保险合同纠纷。归纳本案二审的争议焦点在于:平安保险东莞分公司是否应当对川田公司赔付保险金。

川田公司向平安保险东莞分公司投保特种设备责任保险,保险条款中明确约定保险人不负责赔偿被保险人雇员的人身伤亡,但在"特别约定"中约定,被保险人的雇员在抢修过程中导致的雇员的死亡伤残,依法应由被保险人承担的经济赔偿责任,保险人负责赔偿。首先,双方确认的现场查勘记录显示川田公司的虎门维保部负责人吴某平和事故现场的冯某保均陈述田某某是到协兴公司进行电梯保养,而川田公司提交的顾客来电来访纪录系其单方制作,在没有其他证据佐证的情况下不能单独作为认定案件事实的依据。其次,保险条款明确约定保险人的赔偿范围是依法应当由被保险人承担的经济赔偿责任,并且明确约定了确定被保险人的赔偿责任的方式。本案中,川田公司主张的保险金有两部分构成,其中丧葬补助基金12828元及一次性工亡补助金491300元已由社保基金支付,不属于川田公司实际支出的赔偿范围。此外,川田公司主张另行支付的补偿款8万元是购买社保标准低于田某某实际工资水平的差额赔偿,但并未提交反映田某某实际工资水平的相应证据,也不能提供具体的计算标准和计算依据,且亦未通过《平安特种设备责任保险条款》第24条约定的方式确定川田公司的赔偿责任,故不足以认定川田公司自愿给付的补偿款8万元属于法定或约定赔偿项目。综上,川田公司主张的保险金不符合保险条款的规定,对其上诉主张本院不予支持。综上所述,上诉人川田公司的上诉没有依据,本院不予支持。原审判决认定事实清楚,适用法律正确,本院予以维持。二审法院判决驳回上诉,维持原判。

上述案件属于责任保险合同纠纷案件,被告平安保险公司通过对责任保险成立的条件以及合同内容的特别约定进行完整把握,最终取得胜诉。首先,电梯责任保险的标的是以被保险人承担责任为前提的,保险人的赔偿范围是依法应当由被保险人承担的经济赔偿责任。如果被保险人要求赔付的保险金不属于上述范围,那么责任保险债权就不能成立,保险人就没有赔付义务。其次,责任保险合同双方在签订保险合同时,对于保险条款中的关键词或关键句,一定要结合现实情况下的自身利益规定得清楚、严谨,以免事故发生后引起诉讼纠纷、导致利益损失。

(四)电梯责任保险的发展构想——推行电梯责任强制保险

1.责任保险发展现状

近年来,相关部门也逐渐意识到保险制度对于影响电梯安全起着重要的作用。《特种设备安全监察条例》强调:“国家鼓励实行特种设备责任保险制度,以提高事故赔付能力。”最新《特种设备安全法》第17条规定:“国家鼓励投保特种设备安全责任保险。”从以上规定可以看出,我国对电梯责任保险制度采取的是非强制保险做法,以引导和鼓励推广为主。事实上,我国电梯责任保险市场也是刚刚起步,因而,电梯生产、销售、维保等单位的投保意识不强,地方基层特种设备监管部门对此没有足够重视,推广力度不够,效果欠佳。实践中,电梯安全事故可以通过电梯责任保险或者对公众安全责任险附加电梯责任条款来转移相关风险,但目前各类电梯投保责任险的比例并不高。上海地区的地铁、住宅、商场、剧院、场馆等公共场所,共有各类客货电梯、自动扶梯就超过 10 万台,但其中投保电梯责任险的电梯比例居然不足 5%。[①] 人保财险广州市分公司相关负责人表示公众责任任险的投保率估计约为 10%,尽管该险种的费率为 0.3%~0.5%,即 3000 元~5000 元的保费可以保 100 万元,但很多责任主体仍存在侥幸心理,不愿意购买,由于我国也没有实行公共责任强制保险制度,保险公司推行起来也不容易。[②]

2.强制责任保险的概念和依据

强制责任保险,又称法定责任保险,是指依照国家的法律规定,投保人必须向保险人投保而成立的责任保险。机动车第三者责任保险、雇主责任保险等是保险业务实践中比较常见的强制责任保险。[③]

(1)强制责任保险现实依据

2009 年以来,虽然已经推出一些与电梯相关的责任保险险种,如电梯责任险、特种设备责任险、公众责任险。但因手段非强制性,相关单位投保意识不强,消费者维权意识淡薄,导致投保率很低,责任保险作用未得到有效发挥。并且,我国现存关于电梯责任的商业保险是保险公司根据利益衡量,有取舍选择基本保险的一些对象所设置的保险类别。从本质上说,保险是缔约当事人基于自愿而达成保险契约的法律行为。但由于人类越来越多地从事高危活动以及出于对未来社会生存无法进行安全预期的担忧,强制责任保险逐渐从传统的责任保险中分离出来,演变成为一种在政府主导下由特定义务主体必须购买的保险品种。通过法律制度安排,规定特定的主体必须依法参加强制保险,使得一些高风险行业和领域有充足的保险保障,能够更好地发挥保险的经济补偿和社会管理功能,维护社会稳定。因此,为解决电梯安全的严峻现实与相关责任保险缓慢发展之间的矛盾,现阶段,我国应逐步采取电梯责任强制保险制度,即以强制性的手段实施电梯责任保险,并构建电梯事故责任强制保险法律制度。

在西方一些工业发达国家,为特种设备制定强制保险已经运行并且取得

---

① 解放日报:《上海电梯责任险投保率不足 5%》,http://finance.people.com.cn/GB/15310430.html,下载日期:2017 年 8 月 2 日。

② 中民保险网:《我国电梯公众责任险投保率不足一成》,http://www.zhongmin.cn/StudyNews/NewsInfor16143.html,下载日期:2017 年 4 月 3 日。

③ 石慧荣:《保险法学》,武汉大学出版社 2009 年版,第 165 页。

了不错的效果,比如,加拿大政府规定从事游乐设施的经营者必须上不少于100万加元的责任保险;美国许多州规定一旦特种设备停止保险,安全检察机关就收回许可;欧盟和英联邦的国家要求特种设备的检验机构必须按照各成员国的规定上责任险,赔偿因检验工作失误给顾客造成的损失。[①] 从以上各例来看,电梯市场引入强制责任保险具有实践价值和现实依据。

(2)强制责任保险的理论依据

在传统的民事责任理论框架下,责任并不能为规避风险提供足够的激励,[②]如果潜在加害人[③]的资产小于他们所引发的损失,出于对风险的厌恶,潜在的加害人会理性地排斥对保险的购买,这是责任保险产生强制性的原因之一。[④] 电梯制造、销售、维保等单位作为市场经济中的一员,是否为电梯投保最主要的考虑因素还是对利益的权衡,公共秩序的稳定、公共安全的保障更多的时候只会成为相关单位制定决策时的宣誓口号。为切实保障电梯公共安全,有效发挥责任保险的效用,一定程度上,迫切需要通过强制性的方式确立风险的规避机制,从而应对现代社会日益严重的危害事故。

---

① 刘承祖:《关于特种设备安全监察引入商业保险机制的思考和探索路径》,载《金融与经济》2008 年第 8 期。

② 哈佛大学法学院的 Steven Shavell 指出,在过失原则下,履行适当的看护义务,可以完全免除致害人的责任,而在严格责任条件下,仅降低责任承担的可能性。Steven Shavell:《判决无法执行的问题》,载[美]Georges Dionne,Scott E. Harrington:《保险经济学》,中国人民大学出版社 2002 年版,第 335～336 页。

③ 潜在加害人:本书作者理解为电梯责任保险的被保险人,即电梯制造单位、销售单位、维保单位等。

④ 例如,一个拥有 3 万美元资产的潜在加害人,他对待 10 万美元的事故与对待 3 万美元的事故所导致的赔偿责任是相同的。如果他购买了保险金额为 10 万美元的全额责任保险,那么他所支付保费中的 7/10 实际都是为了获得 7 万美元的责任保险额度,但在传统的民事责任框架下,上述 7 万美元损害赔偿责任原本是无须承担的。换言之,风险厌恶性加害人有 3 万美元资产,有 20% 的可能对 10 万美元的事故承担责任。如果他没有购买任何保险,他将有 80% 的可能性拥有现有的 3 万美元,反之,有 20% 的可能失去现有的 3 万美元。此时,如果加害人购买了保额为 10 万美元的全额责任保险,其支付的保费等于 10 万 * 20% = 2 万美元,其中的 1.4 万元保费实际上是为原本无须承担的 7 万美元损害赔偿责任支付对价。可以确定的是,在购买责任保险的情况下,他的资产实际仅等于 1 万美元,购买全部保险将比不购买任何保险使得他的状况变得更糟。参见[美]Steven Shavell:《事故法的经济分析》,北京大学出版社 2004 年版,第 278～279 页。

判决无法执行问题[①]。电梯事故发生后，受害人向法院提起电梯责任保险诉讼，但无财务能力或财务能力不足，即便法院判决赔偿但受害者仍可能会得不到足额的赔付。所谓判决无法执行问题，是指对他人造成损害的当事人无力承担法律责任上的足额赔偿[②]。强制责任保险则有望在此情形下保障对受害人的有效赔偿。通常，如果预期损害大大超出被保险人的经济能力，那么被保险人只会根据他自己的经济能力选择购买保险。显然，被保险人只需考虑一个风险，即他至多失去自己的财产，且据此为自己设定注意标准。这种状况导致在责任诉讼中，被保险人面临的风险仅限于他个人财产的损失。因此，在潜在的破产条件下，强制责任保险或许会提供较好的解决方法。

第二节　电梯行业相关商事主体的权利与义务

特种设备安全工作始终坚持安全第一、预防为主、节能环保、综合治理的原则。电梯安全涉及生产、经营、使用等各个环节，而生产环节是最重要的环节，是确保电梯本身的安全性能即本质安全的关键，也是保证电梯安全运行的基础。电梯生产单位应当具备下列条件，并经负责特种设备安全监督管理的部门许可，方可从事生产活动：(1)有与生产相适应的专业技术人员；(2)有与生产相适应的设备、设施和工作场所；(3)有健全的质量保证、安全管理和岗位责任等制度。

电梯生产包括电梯的设计、制造、改造、修理。电梯生产单位应当保证电梯生产符合安全技术规范及相关标准的要求，对其生产的电梯的安全性能负责。不得生产不符合安全性能要求和能效指标以及国家明令淘汰的电梯。

一、电梯制造单位

电梯制造单位应当保证出厂的电梯及其安全部件符合相关技术标准要求，提供国家规定的产品质量合格证，此外还应当向电梯使用单位提供专业的技术指导和服务，主要包括指导制定电梯救援应急预案，提供专业排险救援基

---

①　郭锋、胡晓珂：《强制责任保险研究》，载于《中国商法年刊》2007年。

②　王泽鉴：《侵权行为法之危机及其发展趋势》，在《民法学说与判例研究》(第2卷)，中国政法大学出版社1998年版。

础设备和技能培训等。电梯制造是电梯"诞生"的第一步,所以更要审慎严格地遵守法律、法规的每一个程序,程序健全是目前确保电梯安全运行最有效、最可控的手段。

（一）电梯制造单位义务

电梯制造单位对其所制造电梯的安全性能负责,并承担以下义务:

（1）制造的电梯符合国家标准,具备安全使用性能,明确质量保证期限。

（2）授权委托具有相应资质并依法取得许可的电梯安装单位对其制造的电梯进行安装施工,并在电梯使用期间确保为电梯使用管理单位提供电梯零部件、技术培训和其他技术支持。指导制定电梯排险救援应急处置预案。

（3）对具有相应资质的安装、改造、加装、修理单位对其所生产的电梯的安装、改造、加装、修理进行安全指导和监控。

（4）出厂的电梯应当提供安全技术规范要求的设计文件、产品质量合格证明、安装及使用维护保养说明等相关技术资料和文件。

比如,在电梯轿厢内显著位置设置标明电梯主要参数、安全警示标志及其说明。违章作业是造成事故的主要原因,但如果在电梯安装说明中就钢丝绳放置中将产生的重力有估算公式与方法介绍,安装人员就会根据要求选择合适工具与设备,就能配备相应的人员,避免类似事故发生。

（5）电梯销售后,每年对其制造的电梯的安全运行情况进行一次跟踪调查,协助使用管理单位和维护保养单位排除电梯故障。电梯投入使用后,电梯制造单位应当对其制造的电梯的安全运行情况进行跟踪调查和了解,对电梯的维护保养单位或者使用单位在维护保养和安全运行方面存在的问题,提出改进建议,并提供必要的技术帮助;电梯制造单位对调查和了解的情况,应当作出记录。[①]

（6）发现电梯存在事故隐患时,应当及时告知电梯使用管理单位,并向负责特种设备安全监督管理部门报告。

（7）因设计、制造原因造成电梯存在危及安全的同一性缺陷的,应当立即依法停止生产、主动召回,及时告知电梯使用管理单位,并向所在地特种设备

---

① 《特种设备安全法》第46条规定:"电梯投入使用后,电梯制造单位应当对其制造的电梯的安全运行情况进行跟踪调查和了解,对电梯的维护保养单位或者使用单位在维护保养和安全运行方面存在的问题,提出改进建议,并提供必要的技术帮助;发现电梯存在严重事故隐患时,应当及时告知电梯使用单位,并向负责特种设备安全监督管理的部门报告。电梯制造单位对调查和了解的情况,应当作出记录。"

管理部门报告。

(8)其他应当由电梯制造单位承担的安全责任。

(二)电梯召回制度

1.电梯召回的法律规定及概念

《特种设备安全法》第 26 条规定,"国家建立缺陷特种设备召回制度。因生产原因造成特种设备存在危及安全的同一性缺陷的,特种设备生产单位应当立即停止生产,主动召回。国务院负责特种设备安全监督管理的部门发现特种设备存在应当召回而未召回的情形时,应当责令特种设备生产单位召回",这一规定首次从立法上确立了电梯召回制度,企业承担的安全主体责任、政府的安全监管责任和社会的监督作用三位一体的新的特种设备安全工作模式,强调特种设备生产单位在电梯召回中的第一位责任。

我国由国家科技部立项的"缺陷产品行政管理研究"课题的报告中对召回的定义是:由生产者或销售者进行的,在确定产品存在缺陷之后,根据产品缺陷的严重程度、缺陷产品的数量和分布情况、纠正缺陷的地点和纠正方式的比较成本等因素,对缺陷产品采取诸如通知或通告、修理或者修复、退换或替换、退赔及处理等措施进行处理,以消除缺陷产品给消费者带来的不合理危险。[①]

2.电梯召回的国内外背景

1966 年起,美国逐渐在立法中引入召回制度,通过了多部相关法案,包括《国家交通和机动车安全法》《消费者产品法》《儿童安全保护法》《交通召回增加责任文件》等多项关于产品安全和公共健康的法案。作为世界上最先确定产品召回制度的国家,美国在产品召回的部门管理上,确定由多个行政机构对缺陷产品及其召回享有管理权,而且职能互不重叠。美国消费品安全委员会(Consumer Product Safety Committee 简称 CPSC),该委员会所管辖的产品领域最为广泛,主要负责一般消费品的认证、监控和召回,包括了除食品、化妆品、药品、医疗设备、机动车之外的 15000 种不同产品。

2015 年 3 月 19 日 CPSC 网站上刊登一则电梯召回信息:小孩严重脑损伤促使电梯销售商考斯特·卡尔利娜电梯公司主动召回缺陷电梯。考斯特·卡尔利娜电梯公司收到三起电梯事故的报告,其中包括一起严重伤害事故:巴尔的摩市的一位 10 岁男童受到电梯挤压造成严重脑损伤。事故发生后,电梯用户立即停止使用该类型电梯,并及时与考斯特·卡尔利娜电梯公司联系,电

---

① 聂玉同、张绪鹏:《关于电梯召回的浅见》,载《中国电梯》2014 年第 24 期。

梯公司进行了免费修理。①

召回制度在我国最早出现于 2004 年,由国家质检总局会同其他部委共同颁布了中国第一部缺陷汽车召回的管理规定,引起全国热议。《特种设备安全法》中的召回制度明确责任主体,适时召回,也是一枚重磅"炸弹",这一重大举措,为特种设备法制化轨道奠定了基础。电梯作为一种特殊的产品,从制造出厂合格,到现场安装完毕并经质量技术监督部门及厂家检验合格,才算生产出一个合格产品。在使用过程中,电梯的质量会受到使用环境和维保程度的制约。外部条件和内在质量都会影响到电梯的整体质量及安全。与其他产品相比,电梯的召回责任方的划分更为复杂。《特种设备安全法》将召回的主体明确为电梯的生产单位,进一步加强了生产者的责任。生产者是保障电梯质量安全的责任主体,对其生产的存在缺陷的电梯应当主动召回。国务院负责特种设备安全监督管理的部门发现或经调查认为产品存在缺陷的,应当责令生产者实施召回。

3.我国电梯召回的有关事例

2011 年 7 月 7 日中国新闻网曾刊登《奥的斯电梯今年事故频发,强调产品特殊不召回》一文,报道指出 2011 年 7 月 5 日上午 9 时 36 分,北京地铁四号线动物园站 A 出口处的奥的斯自动扶梯因上行电梯突然发生设备故障而逆行,正在搭乘电梯的部分乘客出现摔倒情况,造成一名 13 岁男孩子死亡,30 人受伤。北京市质监局公布了初步调查结果,事故的直接原因是"由于固定零件损坏,扶梯驱动主机发生位移,造成驱动链条脱落,扶梯下滑"。为保障安全,北京市暂停使用 257 部奥的斯自动扶梯,并停止采购该品牌,如有必要将启动召回。类似事件并非首例,2010 年 12 月 14 日,在深圳地铁 1 号线国贸站一台上行的奥的斯自动扶梯也发生逆行,造成 25 人受伤。后查明事故原因为扶梯驱动主机的固定支座螺栓松脱,1 根螺栓断裂,致使主机支座移位,造成驱动链条脱离链轮,上行扶梯下滑。2007 年 12 月 21 日,上海轨道交通 4 号线世纪大道一部上行奥的斯自动扶梯突然倒行,导致乘客往后跌倒,发生挤压,造成 5 人重伤。

作为世界上最大的电梯生产商之一,奥的斯目前在中国经营奥的斯、西子、大连星玛和江南快速四个电梯品牌,但是近年却频发事故,质量问题堪忧。据京港地铁公司通报,北京地铁 4 号线动物园站奥的斯扶梯事故的电梯仍在

①　电梯安全论坛:《美国销售商主动召回缺陷电梯》,http://sanwen.net/a/egfjgbo.html,下载日期:2017 年 6 月 14 日。

质保期,6 月 22 日才刚刚进行了例行检查及维护保养。事故发生当晚,奥的斯(中国)发表声明,对事件产生的影响表示深切歉意,并表示将配合相关部门做好事故调查和善后工作。但在接受京华时报采访时,该公司强调不考虑召回。奥的斯认为,北京事故和深圳事故没有任何关联。深圳事故发生后,奥的斯在全国范围内进行了排查,其中也包括北京地铁内同品牌同型号的电梯。至于是否召回,奥的斯解释称,"电梯产品有其特殊性,是建筑的一部分,如果要召回就必须全部拆掉,将影响建筑物构造,因此无法像汽车一样召回"。[①]

4.电梯召回存在的问题

(1)电梯召回的特殊性

电梯产品的特殊性决定了电梯召回制度规定必然存在特殊性。首先,电梯整体召回难度大,费用高,周期长。电梯作为建筑的一部分,涉及已经建好的其他设备与装修问题,如:扶梯拆卸涉及周边的装修、其他商业设施,需要足够的空间与运输场地,还将会破坏其他结构(吊装)等。缺陷电梯召回,意味着要对整部电梯进行拆卸,不但影响建筑物的整体构造,而且难度大,费用高,周期长,一般厂家难以承受。所以,一旦出现电梯故障,厂家通常只是将问题零部件进行更换,没有特殊需要,不会对电梯进行全面检测,更不用说将电梯批量召回了。其次,电梯事故涉及范围广泛、利益繁多。电梯安全不仅仅是电梯所有者、生产者等主体的事情,更关乎广大出行者的人身财产安全。所以电梯召回与汽车等其他产品的召回存在不同,电梯召回制度的具体实施,在生活中遇到理论与现实的挑战。

(2)电梯召回立法空缺

在立法上,我国缺乏具体可行的电梯召回制度的相关法律、法规,《特种设备安全法》第 81 条规定,"特种设备生产单位有下列行为之一的,责令限期改正;逾期未改正的,责令停止生产,处五万元以上五十万元以下罚款;情节严重的,吊销生产许可证:(一)不再具备生产条件、生产许可证已经过期或者超出许可范围生产的;(二)明知特种设备存在同一性缺陷,未立即停止生产并召回的"。《产品质量法》和《消费者权益保护法》也规定了生产者应承担的义务,但这些规定过于笼统,难于操作,没有具体可行的程序法规范,就难以直接要求生产者召回缺陷电梯产品。所以在具体的实施过程中,还需要不断地探索解

---

① 中国新闻网:《奥的斯电梯近年事故频发,强调产品特殊不召回》,http://www.chinanews.com/cj/2011/07-07/3164530.shtml,下载日期:2017 年 3 月 15 日。

决方式,特种设备召回制度的具体实施办法,更需要由有关行政法规、规章进一步落实。

5.美国有关召回程序的规定

美国 CPSC 产品召回有一般程序和简易程序之分。一般程序:(1)厂商报告。生产商、进口商、批发商和零售商在获知情况或掌握情况后 24 小时内向 CPSC 报告。报告后,CPSC 将与企业合作进行评估。此外,CPSC 亦负有保密义务,在依法应将企业报告披露前,CPSC 应提前通知企业。(2)评估报告。CPSC 在收悉企业提交的报告后,就要确定产品是否存在缺陷,如果缺陷得到确认,CPSC 会就公共面临的风险严重程度进行评估,对产品可能引发的危害进行评级。(3)制定召回计划。一旦职能部门最终认定产品存在引发严重危害的缺陷并应当召回,企业即应着手制定召回计划。(4)适时召回。企业实施召回分为三个阶段:首先,公布召回信息;其次,任命 1 名召回协调员;最后,企业在 CPSC 的监督和协助下,召回产品并对召回产品依法进行处理、销毁。(5)保存召回记录。企业与 CPSC 等政府职能部门均应妥善保存有关产品缺陷及召回过程的记录。产品召回简易程序(fast track program),该程序专为自愿并且有能力迅速召回其产品的企业所设计的。它简化了传统召回程序中的一些步骤。目前,大约一半的产品召回是按该简易程序进行的。按该程序规定,如果一家企业报告了其产品的潜在缺陷,并在报告后 20 个工作日内与 CPSC 合作开展面向消费者的自愿召回,并且召回工作十分有效,则 CPSC 多不再作出其产品可能引发严重危害的初步决定。产品召回简易程序意强调 CPSC 与企业密切合作,尽快实施召回,而不是花费人力、物力和时间去调查产品是否存在严重危害。[①]

二、电梯安装、改造、修理单位

电梯安装、改造、修理单位首先应取得安装许可资质证,安排持证的电梯机械安装和电器安装人员从事安装活动,在电梯的安装、改造、重大维修活动开始之前将拟进行的施工情况书面告知当地特种设备安全监督管理部门,并对安装、改造、重大维修的全过程实行质量自检,安装过程及质量经检验检测机构监督检验验收合格,并且在验收合格后 30 日内将电梯有关技术资料移交给使用单位。

---

① 聂玉同、张绪鹏:《关于电梯召回的浅见》,载《中国电梯》2014 年第 24 期。

（一）电梯安装、改造、加装、修理单位的职责

电梯的安装、改造、加装、修理必须由依法取得相应许可的单位进行，电梯的安装还应当取得电梯制造单位的授权委托，并承担下列义务：

（1）不得转委托或变相转委托电梯安装、改造、加装、修理业务；不得将电梯的安装、改造、加装、修理业务全部或部分承包或转包给其他单位；不得转让或转借许可证。

符合一定情形的，电梯的改造、修理可以委托其他依法取得相应许可的单位进行。①

（2）在施工前，应当将拟进行的电梯安装、改造、加装、修理情况按规定书面告知设区市的特种设备安全监督管理部门。

（3）安排专业技术人员对电梯的安装、改造、加装、修理活动的过程实行自行检测。经自行检测合格后，方可向特种设备检验检测机构申请监督检验；未经特种设备检验检测机构监督检验合格的，不得交付使用。

（4）在电梯的安装、改造、加装、修理施工过程中，编制并严格执行安全施工方案；建立并严格遵守施工现场的安全规范和安全要求，落实现场安全防护措施。

（5）应当在电梯安装、改造、加装、修理工程竣工并经监督检验合格后30日内，将包括质量证明文件和监督检验证明在内的所有安全技术资料移交住建单位或者电梯使用管理单位，办理相关移交手续。

（6）经改造的电梯交付使用前，电梯改造单位应当标明改造单位名称、许可证编号、产品名称、设备编号、改造日期、主要参数等信息。电梯改造单位不是原电梯制造单位的，应当更换电梯轿厢内的产品铭牌，并承担责任。

（7）经重大修理的电梯，电梯修理单位应当对修理时更换的电梯零部件、安全附件及安全保护装置明确质量保证期限，在此期限内出现质量问题的，应当予以免费修理或者更换相关零部件。

（8）为电梯使用管理单位办理电梯使用登记手续或变更电梯使用登记手续提供方便，予以配合。

（9）其他应当由电梯安装、改造、加装、修理单位承担的安全责任。

---

① 《宁波市电梯安全管理办法》第18条第2款规定："承担改造或修理的单位，对电梯质量安全负责，改造单位还应当更换该电梯产品铭牌：（一）原电梯制造单位已经注销；（二）原电梯制造单位已经不再具备相应许可资格；（三）原电梯制造单位难以取得联系。"

（二）相关案例

【案例 4-2】2013 年 8 月 2 日,长江公司(委托方、甲方)与朱某泉(受托方、乙方)签订《电(扶)梯设备安装协议》(合同编号:2011-a-0805),约定安装工地为湖州赛格数码城有限公司,并对该项目工地的安装费、支付方式、土建及安装要求、违约责任等进行了相应约定。协议约定安装中甲方负责对乙方的技术指导和安装完成后的快车调试;安装中甲方应对乙方的安装质量进行跟踪和指导,安装结束后,由当地技术监督局对产品安装质量进行验收,验收结果必须符合中华人民共和国规定的电梯验收标准;双方确认,在未安装验收结束之前不得使用;乙方自安装开工之日起直至工程全部竣工验收完毕发生的安全事故由乙方自己承担全部责任等。

2014 年 2 月 10 日,长江公司(发包单位、甲方)与朱某泉(承包单位、乙方)签订《电梯安装工程安全管理协议》,约定:甲方将一定的电梯安装项目(以电梯委托安装发包协议为准)发包给乙方安装;为明确双方的安全生产责任,确保施工安全,双方签订本安全协议。该安全协议对乙方的相关责任进行了明确约定,并约定该协议经甲、乙双方签字盖章后生效,有效期为协议签订之日起 24 个月。

2014 年 7 月 30 日,湖州赛格数码城项目工地发生电梯安装亡人事故,事故电梯制造单位为上海长江斯迈普电梯有限公司,安装单位为上海长江公司。事故调查报告认定事故发生过程为:长江公司在电梯安装调试过程中(未交付使用)发现事故电梯井道内积水泵电线排设不合理,要求赛格数码城通知土建方整修。2014 年 7 月 29 日下午,应土建方整修需要,长江公司现场负责人袁某志用专业工具,打开了电梯地下室厅门,挂上重锤,拍了急停开关,将电梯轿厢停置在第一层。2014 年 7 月 30 日上班后,土建方派电工徐某军(死者)进入地下室井道底坑整修电线。大约 10 点多钟,长江公司工作人员韦某标到徐某军整修的电梯地下室现场看电线是否已经整修好时,发现徐某军被处在地下室的电梯轿厢夹着,厅门底部只露出头发。韦某标见状,马上用电话向工头袁某克汇报。袁某克迅速赶到现场,叫韦某标从 1 楼顺着电梯绳爬到轿厢顶部,电梯检修开不动,然后一起到机房松闸。松开闸后,袁某克乘另一台电梯赶到地下室,将已经完全关闭的地下室厅门打开,看到电梯已经上去,发现徐某军躺在井道底坑。此时,袁某克马上向现场安装方负责人袁某志报告,袁某志拨打了 120 急救电话。后徐某军被送往医院急救无效后于 7 月 30 日 11 时 36 分被医院宣布死亡,并出具了死亡证明。事故造成一人死亡。死者为徐某军。事故直接经济损失人民币 120 万元。

事故调查报告认定事故原因为：第一，事故的直接原因是电梯下行至负1楼（地下室），在底坑内施工的徐某军被电梯轿厢挤压致死。第二，操作电梯的人员必须具有相关专业技术知识才能在开门的状态下强行启动电梯。第三，电梯未移交使用前，未经安装方许可，任何人不得操作电梯，且电梯安装单位以及施工方没有派相关人员对徐某军施工现场进行监护。

2015年7月，长江公司诉至法院称，安装协议约定自安装开工之日起直至工程全部竣工验收完毕发生的安全事故由朱某泉承担全部责任；管理协议约定安装人员在施工中因违章作业或其他原因造成人员伤亡或火灾事故，责任由朱某泉承担；2014年7月30日，在电梯处在安装调试阶段时发生电梯安装亡人事故，致使土建方电工徐某军死亡，为此，长江公司支付了补偿款人民币（以下币种同）120万元，湖州市质量技术监督局给予长江公司15万元的行政处罚。故长江公司诉至法院，请求判令：1.朱某泉支付长江公司补偿金120万元；2.朱某泉支付长江公司罚款15万元。

法院经审理后认为，本案系一起因电梯安装事故引发的纠纷。长江公司在取得涉案电梯工程的安装业务后，与朱某泉签订安装协议，将该电梯项目安装工程转包给朱某泉，由朱某泉组织人员进行安装。因在电梯安装过程中发生亡人事故，故长江公司在先行赔偿并受到行政处罚后，就其支付的赔偿款及所受行政处罚款向朱某泉进行追偿，遂引发本案争议。审理中，双方争议焦点有二：焦点一为长江公司与朱某泉间转包行为的效力；焦点二为长江公司与朱某泉就此次电梯事故各自应承担的责任。

关于焦点一：长江公司与朱某泉间转包行为的效力。法院认为，《特种设备安全法》第22条明确规定："电梯的安装、改造、修理，必须由电梯制造单位或者其委托的依照本法取得相应许可的单位进行。电梯制造单位委托其他单位进行电梯安装、改造、修理的，应当对其安装、改造、修理进行安全指导和监控，并按照安全技术规范的要求进行校验和调试。电梯制造单位对电梯安全性能负责。"《上海市电梯安全管理办法》第16条第1款也明确规定："电梯的安装、改造、修理，应当由制造单位或者其委托的取得相应资质的单位进行。受托单位不得转委托或者变相转委托电梯安装、改造、修理业务。"由此可见，电梯的安装工作必须由依法取得电梯安装资格的单位才能进行，并且必须取得原制造厂家的授权。之所以对电梯安装如此严格进行规制，是因为电梯作为一种特殊的机电产品，安装完成后才算形成完整的产品，安装实际上是电梯的总装配工序，电梯的安装环节对电梯质量和安全运行影响很大，安装单位对电梯的质量安全影响起决定作用。因此，相关法律法规对电梯安装单位的范围作了严格限定并提出极高要求,以进一步规范电梯安装市场,确保电梯质量,提升安全管理水平,保障公众人身和财产安全。任何单位不得违反相关规定,受托单位更不得转包、分包或者变相转包、分包电梯安装、改造、修理业务。

上述案件中,长江公司利用自身资质获得相关电梯工程的安装业务后,又将该项目转包给不具备特种作业资质的朱某泉进行安装,即使朱某泉相关安装人员持有特种设备作业人员证书,但朱某泉并无特种设备安全监督管理部门的许可资质,所以没有资格接受长江公司转委托承揽该电梯安装工程。双方间的转包行为显然违反了《特种设备安全法》的强制性规定,相关协议应归为无效。

关于焦点二:长江公司与朱某泉就该次电梯事故各自应承担的责任比例。从庭审查明情况来看,法院难以认定涉案电梯安装工程已经结束,对于在电梯安装过程中发生事故所产生的损失,应当按照长江公司与朱某泉双方在事故中的过错程度确定各自承担的责任比例。本案中,相关电梯事故发生的根本原因在于长江公司与朱某泉双方非法的转包行为,直接原因在于长江公司将电梯安装工程转包给朱某泉后,双方在施工过程中缺乏统筹协调,分工不清、权责不明、沟通不畅,以致在电线整修过程中管理混乱,无人对施工现场进行监护,无人即时跟进维修工作进展,最终导致电梯事故的发生。

整个过程中,长江公司作为一家专业的电梯安装单位,对电梯安装安全规程应有明确的认识与了解,对电梯安装安全应承担较大的注意义务。但是其不顾相关法律规定,非法向朱某泉转包涉案电梯安装工程,且在组织指挥作业过程中,与朱某泉现场人员沟通协调不力,未尽到有效的组织和安全管理职责,故法院酌定长江公司对本次事故的发生承担70%的赔偿责任。至于朱某泉,其在明知自身不具备电梯安装工程资格的情况下,同样置相关法律规定于不顾,与长江公司约定电梯安装转包事宜,并雇用相关人员非法从事涉案电梯安装作业,在电线整修施工过程中其工作人员责任心不强、安全意识不够,对事故的发生亦存在相应的过错,法院酌定朱某泉对该事故承担30%的赔偿责任。

法院据此作出判决:1.朱某泉应于判决生效之日起十日内给付上海长江斯迈普电梯工程有限公司价款人民币36万元;2.驳回上海长江斯迈普电梯工程有限公司的其余诉讼请求。如果未按判决指定的期间履行给付金钱义务,应当依照《中华人民共和国民事诉讼法》第229条之规定,加倍支付迟延履行期间的债务利息。本案受理费人民币16950元,减半收取计人民币8475元,由上海长江斯迈普电梯工程有限公司负担人民币6215元,朱某泉负担人民币

2260 元。

民商事活动中,民商事主体可以在平等自愿的原则下,依照双方合意,成立相应的合同关系,但各方主体理应遵守我国现有法律、行政法规的强制性规定,在法律法规允许的范围内,从事合乎规定的民商事法律行为。根据《中华人民共和国特种设备安全法》的相关规定,电梯的安装、改造、修理,必须由电梯制造单位或者其委托的依法取得相应资质的单位进行,否则不得进行前述行为。电梯制造单位或取得授权的安装单位肩负着不得转委托或变相转委托电梯安装、改造、加装、修理业务,不得将电梯的安装、改造、加装、修理业务全部或部分承包或转包给其他单位的法律义务。电梯作为对安全性能要求极高的特种设备,其生产、安装具有很强的专业性,一旦发生事故,就可能对公民的人身、财产安全造成极大影响。因此,电梯制造、安装等有关单位必须严格履行法定义务,自觉承担社会责任,如果心存侥幸,无视法律规定,必将受到法律严厉的惩戒。[①]

三、电梯销售单位

(一)电梯销售单位的具体规定

电梯销售单位销售的电梯,应当符合安全技术规范及相关标准的要求,其设计文件、产品质量合格证明、安装及使用维护保养说明、监督检验证明等相关技术资料和文件应当齐全。不得销售未取得制造许可资格的单位制造的电梯,未经检验或者检验不合格的电梯,或者国家明令淘汰和已经报废的电梯。电梯销售单位应当建立电梯检查验收和销售记录制度,验明安全技术规范要求的相关技术资料和文件。

进口电梯应当符合我国安全技术规范的要求,并经检验合格;需要取得我国特种设备生产许可的,应当取得许可。进口电梯出厂时,也应当随附安全技术规范要求的设计文件、产品质量合格证明、安装及使用维护保养说明、监督检验证明等相关技术资料和文件,并在特种设备显著位置设置产品铭牌、安全警示标志及其说明。其中安装及使用维护保养说明、产品铭牌、安全警示标志及其说明应当采用中文。

进口电梯的销售单位应当持制造单位委托代理销售电梯的证明材料和在

[①] 上海长江斯迈普电梯工程有限公司、朱汉泉承揽合同纠纷二审民事判决书,载北大法宝,www.pkulaw.cn。

中国境内注册的证明材料,向省人民政府特种设备安全监督管理部门备案,并与电梯制造单位对生产和销售的电梯的产品质量和安全性能承担连带责任。进口电梯应当向进口地负责特种设备安全监督管理的部门履行提前告知义务。电梯的进出口检验,应当遵守有关进出口商品检验的法律、行政法规。

（二）电梯销售单位的法律责任

《特种设备安全法》规定的电梯销售单位的法律责任:

违反法律规定,电梯销售单位有下列行为之一的,责令停止经营,没收违法经营的电梯设备,处 3 万元以上 30 万元以下罚款;有违法所得的,没收违法所得:

（1）销售、出租未取得许可生产,未经检验或者检验不合格的电梯的;

（2）销售、出租国家明令淘汰、已经报废的电梯,或者未按照安全技术规范的要求进行维护保养的电梯的。

违反法律规定,电梯销售单位未建立检查验收和销售记录制度,或者进口特种设备未履行提前告知义务的,责令改正,处 1 万元以上 10 万元以下罚款。

电梯生产单位销售、交付未经检验或者检验不合格的电梯的,责令停止经营,没收违法经营的电梯设备;情节严重的,吊销生产许可证。

四、电梯维保单位

（一）电梯维保单位的概述

电梯的维修与保养,就是对投入使用的电梯进行日常性、周期性的检查、润滑、调整、测试,对于已经出现或可能出现的症状和故障,进行维护与检修,可以及时修正电梯的不正常状态,有效预防不必要的危险情况的出现。[1]《电梯使用管理与维护保养规则》第 21 条第 2 款规定,"维保,是指对电梯进行的清洁、润滑、调整、更换易损件和检查等日常维护或者保养性工作。其中清洁、润滑不包括部件的解体,以及调整和更换易损件不会改变任何电梯性能参数"。注重电梯预防式的维护与保养有利于提前准备备件、工具和设备,有利于提前制定维修计划,做好人力安排进行集中检修,是维修工作的基础。[2] 积极做好日常维护和保养工作,可以显著地降低电梯事故率,延长电梯的使用寿

---

[1]　勾晓波:《电梯安全管理与维修保养探析》,载《沿海企业与科技》2011 年第 4 期。

[2]　李明阳:《关于电梯维护保养与安全运行的思考》,载《中国科技信息》2005 年第 17 期。

命,并且更能延长电梯大修的时间周期。

(二)维护保养单位的基本要求

从事电梯维护保养的单位,应当依法取得相应电梯维修项目许可,并依法进行工商登记,首次开展业务前还应当向设区的市的特种设备安全监督管理部门备案。电梯使用单位委托维保单位进行维保,与维保单位签订维保合同,约定维保的期限、要求和双方的权利义务等。维保合同至少包括以下内容:(1)维保的内容和要求;(2)维保的时间频次与期限;(3)维保单位和使用单位双方的权利、义务与责任。

电梯维护保养单位应当在维护保养中严格执行安全技术规范要求,保证施工安全,并对其维护保养的电梯的安全性能负责,对新承担维保的电梯是否符合安全技术规范要求应当进行确认,维保后的电梯应当符合相应的安全技术规范,并且处于正常的运行状态。电梯维护保养单位不得将电梯维护保养业务转包、分包或者变相转包、分包。不得转让或者出借许可证。

(三)电梯维保单位的职责

电梯维护保养单位应当履行下列职责:

(1)承接电梯维护保养业务前,对电梯状态进行检查,并将检查结果书面告知使用管理单位。

(2)按照电梯安全技术规范、相关标准和使用维护保养说明的要求,制定安全管理制度、维护保养计划和事故救援预案,每半年至少针对本单位维保的不同类别(类型)电梯进行一次应急演练。

(3)在电梯显著位置,标明本单位的名称、维护保养人员、维护保养作业内容和记录、应急救援和投诉电话号码。确保应急救援电话24小时有效应答,接到乘客被困报警后,确保持有特种设备作业证书的专业人员在30分钟内赶到现场实施救援解困。

《电梯使用管理与维护保养规则》关于时间的规定更加详细:"接到电梯困人故障报告后,维修人员及时抵达所维保电梯所在地实施现场救援,直辖市或者设区的市的抵达时间不超过30min,其他地区一般不超过1h。"

(4)定期对电梯进行清洁、润滑、调整和检查,并经使用管理单位安全管理人员签字确认;至少每6个月对电梯进行一次自行检查;公众聚集场所和使用年限超过15年的电梯,维护保养单位应当根据电梯的运行情况,增加维护保养频次和项目。

自行检查在特种设备检验检测机构进行定期检验之前进行,自行检查项目根据使用状况决定,但是不少于本规则年度维保和电梯定期检验规定的项目及其内容,并且向使用单位出具有自行检查和审核人员的签字、加盖维保单位公章或者其他专用章的自行检查记录或者报告。《电梯使用管理与维护保养规则》中规定电梯维保单位每年度至少进行1次自行检查,各地方可以本地域的情况作出较之严格的规定。

(5)对电梯进行维护保养期间,采取设置警示标志、公示牌等安全保护措施,并按国家规定配备必要数量的持有特种作业人员证书的技术人员;确保本单位持有特种设备作业人员证书的人员不从事兼职。

(6)发现故障或者接到故障通知后,应当及时排除故障;暂时无法排除的,应当将解决方案书面通知使用管理单位,并告知使用管理单位故障排除前暂停使用电梯;电梯需要更换零部件的,应当及时书面告知电梯使用管理单位。

在维保过程中,发现事故隐患的,及时通知电梯使用单位;发现严重事故隐患,及时向当地质量技术监督部门报告。

(7)配合电梯使用管理单位做好电梯的定期检验的申请工作;按一梯一档建立维护保养和故障处理记录档案,并至少保存4年。

(8)每季度向设区的市的特种设备安全监督管理部门报告电梯故障情况;发生困人事故的,在事故发生之日起3日内报告事故及救援情况;每年报告一次本单位维护保养电梯的完好率等相关信息。

(9)不得采用更改软件程序、变动硬件设施等技术手段设置技术障碍,影响电梯安全运行。

(10)定期对作业人员进行安全教育和技术培训,建立作业人员培训记录,并至少保存4年;负责培训电梯使用管理单位的电梯安全管理人员;每年义务进行一次电梯安全知识宣传活动。对承担维保的作业人员进行安全教育与培训,按照特种设备作业人员考核要求,组织取得具有电梯维修项目的《特种设备作业人员证》,培训和考核记录存档备查。

(四)电梯维护保养单位的安全监督责任

电梯维护保养单位发现电梯使用管理单位有下列情形之一的,应当在5个工作日内向设区的市的特种设备安全监督管理部门报告:

(1)使用未经定期检验或者检验不合格的电梯的。

(2)使用存在事故隐患、报停、报废电梯的。

(3)违规进行电梯改造、加装、修理或者其他危及电梯安全使用情形的。

(4)接到电梯需要更换零部件的书面告知后,拒不同意更换也不申请监督检验的。

(5)委托不具备本条例规定的合法资格的单位进行电梯维护保养的。

(6)其他电梯使用单位不依法履行安全使用管理责任的情形。

接到报告的特种设备安全监督管理部门应当按照有关规定及时予以处理。

(五)相关案例

【案例4-3】2010年1月1日,朝阳区安慧北里逸同29号楼北京聚湘楼阁美食有限公司(以下简称"聚湘楼阁公司")所在的一层配菜室北侧杂物电梯发生夹人致死事故,事故造成1人死亡。接事故报告后,北京市朝阳区质量技术监督局(以下简称"朝阳区质监局")会同朝阳区安全生产监督管理局等多部门组成事故调查组进行调查,同时委托北京市特种设备检测中心对事故电梯进行鉴定。2010年3月10日,北京市特种设备检测中心出具《技术鉴定报告书》,鉴定结论为:"由于该电梯层门变形卡阻,下扇门未打开,层门电气连锁装置未切断,当使用人员违规将身体进入轿厢内察看时,电梯开门运行。造成事故的发生"。

2010年1月至3月期间,朝阳区质监局工作人员分别对金星鸿业公司法定代表人及员工、聚湘楼阁公司法定代表人及员工进行调查,制作了调查笔录。在调查中,金星鸿业公司人员陈述了对事故电梯进行的维保情况,聚湘楼阁公司人员陈述了事故的发生及电梯维护的情况,并表示未接到电梯存在安全隐患不能运行的通知。其后,特种设备事故调查组出具《北京聚湘楼阁美食有限公司"1·11"一般特种设备事故调查报告》,认定该起事故为一般特种设备责任事故,分别认定了电梯的制造单位、维护保养单位、使用单位的责任。其中认定金星鸿业公司对已发现的安全隐患无有效处理措施,对事故的发生负有重要责任,建议处以罚款的行政处罚。2011年1月24日,朝阳区质监局作出京(朝)质监罚字〔2011〕第0004-1号《行政处罚决定书》,认定金星鸿业公司负责杂物电梯的维护保养工作但未尽到《特种设备安全监察条例》第32条规定的义务,对事故发生负有重要责任。依据《特种设备安全监察条例》第88条第1项的规定,对金星鸿业公司处以11.5万元的罚款。金星鸿业公司不服上述行政处罚决定向北京市质量技术监督局申请行政复议。2011年5月26日,北京市质量技术监督局作出京质技监复决字〔2011〕第002号《行政复议决定书》,维持前述行政处罚决定书。金星鸿业公司不服上述处罚诉至朝阳区人民法院。

法院审理认为,《特种设备安全监察条例》第31条、第32条规定,电梯的日常维护保养必须由依照本条例取得许可的安装、改造、维修单位或者电梯制造单位进行。电梯应当至少每15日进行一次清洁、润滑、调整和检查。电梯的日常维护保养单位应当在维护保养中严格执行国家安全技术规范的要求，保证其维护保养的电梯的安全技术性能，并负责落实现场安全防护措施，保证施工安全。电梯的日常维护保养单位，应当对其维护保养的电梯的安全性能负责。对于电梯的安全技术规范，中华人民共和国建筑工业行业标准 JG135-2000"杂物电梯"中规定：层门联锁装置在正常操作的情况下，如果有 1 个层门（或多扇层门中的任何 1 扇门）开着，则电梯不应启动或继续运行。每 1 个层门均应有 1 个符合规定的电气安全装置，以验证其关闭位置，从而满足上述要求。同时，国家质检总局发布了 TSG T5001-2009《电梯使用管理与维护保养规则》，规定在维保过程中，发现事故隐患及时告知电梯使用单位；发现严重事故隐患，及时向当地质量技术监督部门报告。上述规范均是电梯维护保养单位应当执行的依据。本案中，金星鸿业公司作为事故电梯的维护保养单位，在维保过程中发现电梯存在不符合上述安全技术要求的情况下，未落实安全防护措施，也未及时告知电梯的使用单位或向当地的质量技术监督部门报告，未尽到其对维护保养电梯安全性能负责的相应义务。金星鸿业公司对涉案电梯事故的发生负有责任。根据《特种设备安全监察条例》的规定，特种设备事故造成 3 人以下死亡的，为一般事故。发生一般事故的，对事故发生负有责任的单位，处 10 万元以上 20 万元以下的罚款。本案事故电梯造成 1 人死亡，为一般事故。金星鸿业公司对事故发生负有责任，被告对其作出罚款11.5 万元的处罚，符合上述规定，且处罚幅度适当，法院予以支持。关于金星鸿业公司所持的诉讼理由，法院认为，电梯的使用单位是否使用，以及电梯是否进行年检，并非电梯维保单位是否免除维保义务的条件，金星鸿业公司的主张并没有事实与法律依据，法院不予支持。故法院判决驳回金星鸿业公司的诉讼请求。

关于电梯生产单位的义务，《特种设备安全法》规定，电梯投入使用后，电梯制造单位应当对其制造的电梯的安全运行情况进行跟踪调查和了解，对电梯的维护保养单位或者使用单位在维护保养和安全运行方面存在的问题，提出改进建议，并提供必要的技术帮助；电梯制造单位对调查和了解的情况，应当作出记录。

关于电梯维护保养单位的法定义务，《特种设备安全监察条例》中规定，电梯的日常维护保养必须有依照本条例取得许可的安装、改造、维修单位或者电梯制造单位进行。电梯应当至少每 15 日进行一次清洁、润滑、调整和检查；电梯的日常维护单位应当在维护保养中严格执行国家安全技术规范的要求，保证其维护保养的电梯的安全技术性能，并负责落实现场安全防护措施，保证施工安全;电梯的日常维护保养单位,应当对其维护保养的电梯的安全性能负责。关于电梯维护保养的国家安全技术规范——《电梯使用管理与维护保养规则》中规定,在维保过程中,发现事故隐患及时告知电梯使用单位;发现严重事故隐患,及时向当地质量技术监督部门报告。对于技术规范是否属于规范性文件,学术界存在争议,但司法实践已经认可了药品标准、环境标准等对法院的约束作用。如果涉及专业判断和评价决定,法院可以依据技术规范标准进行审查。

（六）我国电梯维保的现状和问题

我国电梯数量每年以 20% 的速度增长。电梯数量的增多,使得维保企业数量也在不断增加。据统计,北京现有电梯维保企业 306 家,上海电梯维保企业也达到 240 多家。由于维保企业准入门槛低,除了奥的斯、三菱、日立等数量不多的生产厂商的维保企业外,一般维保企业规模都不大,因而技术力量薄弱;电梯维保市场不规范,企业之间低价竞争,维保费用由每台 1100 元降至如今的最低 200 元;维保费用降低、经营成本走高、企业利润减少,造成维修人员福利待遇不佳,人员流动频繁,技术工人严重不足。[1] 此外,很多电梯用户在对电梯维护保养的认识上还存在误区:一是认为电梯交付使用后有保修期,无须设专人日常维护保养,电梯坏了会有人来修;二是忽视对人员的专业培训,虽然人员编制上也设置电梯维修工,但对人员的培训、专业水平、维保质量从不过问。[2]

【案例 4-4】2015 年 7 月 26 日,荆州市安良百货商场内自动扶梯发生事故,31 岁的向某娟带着一儿童乘坐该扶梯从 6 楼上升至 7 楼的驱动站时,脚踏上紧靠前缘板的盖板上,踏翻盖板,向女士掉进梯级与防护板之间,被卷入运动的梯级中死亡,小孩被向女士举起后获救。经调查,该商场未定期排查电梯安全隐患,未对工作人员进行安全相关培训指导,相关人员缺乏安全意识,导致工作人员发现故障后应急处置措施不当。工作人员在发现盖板有松动翘起现象,报告后未得到有效指令,未采取停梯等有效应急处置措施。

（七）针对电梯维保的措施

1.建立完善的电梯管理制度

制定合理、健全的电梯管理制度,有利于提高电梯正常运行的质量,减少电梯故障发生的概率。电梯维修保养相关部门制定完善的电梯安全管理制

---

① 吴鸿根:《构建电梯安全保障机制的若干思考》,载《中国物业管理》2012 年第 11 期。

② 甘学康:《重视对用户的技术培训》,载《中国电梯》1999 年第 5 期。

度,要明确提出电梯安装、保养、维修、制造等各方面的内容。(1)明确维保主体责任。电梯的安全运行包括制造、安装、维护、保养等诸多方面,在电梯正式投入使用后,则主要依靠电梯的维护、保养来保障,现实生活下,维护保养工作并没有得到相关主体足够的重视,因此,更加需要明确电梯安全管理和维修保养的责任主体。(2)制定电梯维修保养的规章制度。建立切实可行的规章制度,把电梯的正常使用、维护和保养纳入规范,使管理和维护工作责任明确、有规可循;保障制度落实,使电梯管理规范化、标准化、制度化,是预防故障发生和确保长期安全运行的基础。建立健全诸如《电梯安全操作规程》《电梯维修人员安全操作规程》等必要的规章制度,建立健全的技术档案制度,以便日后的管理、检验、维修和保养工作。[①] (3)运用现代化技术,建立长效监管机制。电梯制造单位和使用单位对投入使用的乘客电梯,通过加装远程监测系统、开放电梯运行故障监测信号接口等形式,利用物联网等先进科技手段建立和完善电梯远程监测功能。维护保养和使用管理单位要对已装设远程监测系统并联网的电梯实施远程动态监测,对新装电梯、公众聚集场所的在用电梯的运行和维护保养情况实施远程监测,建立先进的信息管理系统,完善电梯运行监管系统,详细了解设备运行状况、维修保养情况、维修保养质量等情况,提高电梯安全性能和管理水平,增强事故防范和应急救援能力。电梯物联网技术[②]可以实现最大限度的故障响应,降低故障发生概率,保障使用者安全。

2.加强电梯相关从业人员的专业培训

在激烈的市场竞争中,为了占领市场,争得用户,电梯质量无疑是最重要的,而解决电梯维护保养不良这个薄弱环节,是提高电梯运行质量的着重点。如何使用户认识到维护保养的重要性,提高维保人员业务水平则是解决薄弱环节的重要途径之一。电梯的安全可靠运行,不仅取决于电梯的制造和安装

---

① 韩永彩、张红艳:《西南民族地区产业结构调整中广西主导产业选择》,载《科技创业月刊》2009 年第 1 期。

② 电梯物联网系统是通过一定的协议,经过技术载体实现数据的传输,并经过智能化的总额和处理,实现电梯的实施运行状态监控,满足个性化服务,提供综合性的电梯管理平台。物联网电梯技术的运用可以对电梯的运行状态进行监控,通过传感器端的数据收集,当电梯发生异常时,迅速地感知识别,并将信息传达到电梯的维护部门,维护单位则根据后台监控,实施查询分析,定位故障原因和部位,并且物联网将给出维护建议,及时进行施救。同时,乘客在电梯中也可以进行查询,实现人梯的交互处理,提供一些个性化的服务,例如进行人脸识别、自动选层、小区的相关信息通知等。

质量,还取决于电梯维修保养人员的素质与能力。①

　　一个合格的电梯维修保养人员,首先,必须要具备的是专业的工作态度以及高度的责任心。态度决定高度,电梯维护与保养本身就是一项长期性的繁杂工作,工作人员没有对自己职业的热爱,缺乏对工作的责任心,就极易因为自身疏忽引发电梯安全事故,进而损害公众的人身、财产权益。其次,电梯维护工作要求维护人员必须经过专门的机构培训。通过专业理论和业务技能的教育培训,具备应有的业务水平,通过相关技能考试,最终持证上岗。既能熟练掌握电梯的机械构造及电气工作原理、电气调整和修理等技能,又能掌握电梯安装工艺及要求,熟悉电梯维护规程的各项技术数据和使用安全操作规程。② 最后,维保人员一方面要熟知电梯有关的法律规范,认真遵守并贯彻执行,另一方面也要加强自身心理素质的培养。电梯的维护保养工作,关乎社会公共利益与安全,具有一定程度的危险性。提升维护人员的心理素质,锻炼其快速反应能力与随机应变能力,以便突遇紧急情况时,维保人员可以及时对电梯故障作出准确判断,有助于尽快脱离危险。

　　把电梯维保人员的技术培训与在用电梯的运行与维修保养工作质量跟踪调查活动结合起来,促进电梯管理工作水平不断提高。目前,多数电梯制造企业只限于新装电梯交付使用前对用户维修与操作人员进行培训教育工作,一旦电梯投入使用,培训教育工作便终止。制造企业也不对在用电梯运行质量进行跟踪,这与企业现代化设备综合管理要求极不相符,不利于电梯产品质量改进和用户维修管理工作水平的提高。③

　　3.加强电梯安全知识的宣传

　　除了监管、使用、维护之外,电梯安全知识的普及也是减少电梯安全事故中的重要因素。根据相关部门的调查,我国每年发生的电梯事故中,有相当一部分是由于电梯安全知识普及不到位造成的。电梯安全关系广大公民的人身财产安全,影响整个社会的和谐稳定。按照国家质检总局《特种设备安全"三进"宣传活动工作方案》各地主管部门可以结合实际,积极做好"进企业、进社区、进校园"的宣传工作。重点对广大乘梯群众、电梯使用管理单位、维保单位开展宣传教育工作,营造群众的安全法治意识,进一步普及电梯安全知识,促

　　①　吴栋梁:《电梯日常维修与保养要则》,载《装备制造》2009 年第 5 期。

　　②　李明阳:《关于电梯维护保养与安全运行的思考》,载《中国科技信息》2005 年第
17 期。

　　③　沈燕:《影响电梯安全运行的主要因素及对策分析》,载《财经研究》2008 年第 6 期。

进多元共治格局的形成。

首先,相关部门、组织进行引导和监管,增强相关单位安全责任意识。通过宣传法律法规、电梯相关知识以及正反面典型案例借鉴和警示,让使用、管理和维修的相关单位对电梯安全工作有足够的重视,剔除各种侥幸心理,切实落实安全责任主体,严格按照规程标准开展工作、落实安全管理措施,保证电梯维保质量。

其次,做好电梯工作人员的知识培训及乘客乘梯知识宣传等工作。根据电梯的使用特点,结合《中华人民共和国特种设备安全法》《电梯使用管理与维护保养规则》等法律法规中关于电梯使用管理和日常维护保养的要求,一方面,加强对电梯工作人员的知识培训,邀请相关专家及技术人员,结合具体事故案例在电梯制造单位、电梯维保单位和电梯使用单位开展技术交流、经验分享座谈会。另一方面,电梯维保单位和有关单位要做好电梯安全知识宣传义务活动,履行自己的职责,倡导文明乘梯,增强社会公众的安全意识和自我保护能力,帮助公众学习掌握安全乘坐电梯知识,正确使用电梯,提高乘梯人员的安全防范意识和自我保护能力。

第五章　开发商在电梯安全使用中的法律问题探究

第一节　开发商法律责任概述

一、开发商法律责任相关概念

开发商是指建筑工程的投资方,也称为业主单位或项目业主,是建设工程项目的投资主体或投资者,对该工程拥有产权,它也是建设项目管理的主体。主要履行:提出建设规划、提供建设用地和建设资金的责任。

电梯安全使用中开发商法律责任是指开发商在建筑开发及销售、保养期间对于电梯安全使用所应承担的法律责任。开发商作为电梯安全运行法律责任的主体之一,对于电梯的安全使用负有谨慎选用、有效监督、及时维修保养等职责,需要从法律层面明确开发商的法律责任,以督促开发商安全使用电梯,并进一步为相关法律纠纷的解决提供法律依据。

二、开发商相关单位电梯安全责任

电梯属于特种设备,能够承担电梯安全责任的主体主要有以下几类:生产单位(含设计、制造、安装、改造、修理单位)、建设单位、业主、管理服务单位(含物业服务企业、其他管理人)、电梯日常维护保养单位。根据《侵权责任法》、《特种设备安全监察条例》、国家质量监督检验检疫总局《电梯使用管理与维护保养规则》和2013年6月29日颁布的《中华人民共和国特种设备安全法》(以下简称《特种设备安全法》)及其他有关法律法规,生产单位应对由于电梯质量缺陷等问题导致的安全事故承担责任,电梯维护保养单位应对电梯的安全性能承担责任,而电梯使用单位应对电梯的使用安全承担责任。

《侵权责任法》第 85 条规定:"建筑物、构筑物或者其他设施及其搁置物、悬挂物发生脱落、坠落造成他人损害,所有人、管理人或者使用人不能证明自己没有过错的,应当承担侵权责任。所有人、管理人或者使用人赔偿后,有其他责任人的,有权向其他责任人追偿。"依据该条规定,当电梯安全事故发生时,电梯的所有人、管理人或者使用人如果不能证明自己没有过错的,应当首先承担赔偿责任,然后可以向其他有责任的责任人(如生产单位、日常维护保养单位等)追偿。这样的规定,以举证责任倒置和先行承担赔偿责任的方式,方便了第一责任人的确定,便于受害人维护自己的合法权益,避免由于受害人无法掌握电梯安全故障发生的具体责任人和相关证据而维权无门。

《侵权责任法》第 41 条规定:"因产品存在缺陷造成他人损害的,生产者应当承担侵权责任。"根据新颁布的《特种设备安全法》第 2 条①以及《特种设备安全监察条例》第 3 条的规定②,特种设备的生产包含设计、制造、安装、改造、修理。因此,如果出现电梯安全事故后,经鉴定,确实属于电梯本身的缺陷问题造成的事故,第一责任人即使承担责任后仍然可以向需要承担责任的生产单位追偿。

三、电梯使用单位的界定

由于开发商作为建设单位的特殊性,开发商并未保持对电梯的所有权和使用权,因此,应严格区分开发商在将包括电梯在内的所开发建筑交付物业前和交付物业后电梯的使用单位,从而能够进一步明确电梯安全责任。在开发商没有将电梯移交给所有权人之前,开发商自身是电梯使用单位;在开发商将电梯移交给所有权人之后,业主就是电梯使用单位;如果开发商或业主委托了物业服务企业、其他管理人或承租方对电梯进行管理维护,则物业服务企业、其他管理人或承租方是电梯使用单位;在业主通过建立以全体业主为股东的公司或建立法人业主团体对小区进行直接管理时,公司或法人业主团体是电

---

① 《特种设备安全法》第 2 条规定:"特种设备的生产(包括设计、制造、安装、改造、修理)、经营、使用、检验、检测和特种设备安全的监督管理,适用本法。"

② 《特种设备安全监察条例》第 3 条规定:"特种设备的生产(含设计、制造、安装、改造、维修,下同)、使用、检验检测及其监督检查,应当遵守本条例,但本条例另有规定的除外。"

梯的使用单位;在业主委员会直接对小区进行管理时,业主委员会是电梯的使用单位。[1]

在开发商尚未移交电梯给业主团体(使用单位)之前,谁来承担电梯所有人的责任? 比如对物业服务企业管理服务行为的监督检查责任,以及为防止出现安全问题或已经出现安全问题而电梯所需要的中修、大修、更新和改造的责任或者有可能被电梯使用单位追偿的赔偿责任。一种观点认为应由业主来承担,因为业主是电梯的共有权人,并且每天都在用电梯。问题在于,开发商并未将电梯移交给使用单位,使用单位尚未真正成为电梯的所有权人,也不是物业服务合同的甲方,无法行使所有权人的权利,使用单位对电梯管理情况进行监督检查也往往遭到物业服务企业的拒绝,即便业主委员会成立了之后也往往被拒绝监督检查,业主如何来承担电梯所有人的责任? 就电梯的使用来说,也并不仅仅是业主在使用电梯,居住人、物业服务企业员工包括访客等也都在用电梯,他们不可能来承担电梯所有人的责任,所以是否用电梯来界定电梯所有人的责任显然是不合理的。另一种观点认为,开发商作为建设单位将电梯移交给了前期物业服务企业,就等于完成了向业主团体移交。这个看法貌似有理,实际是没有依据的。因为在共有部分移交业主团体之前,开发商作为卖方具有管理维护共有部分保证其完好性和具备正常使用功能的职责,前期物业服务企业只是开发商聘请来完成本该由开发商承担的管理维护责任的,其与开发商之间不是房屋买卖合同关系,开发商向前期物业服务企业的移交只是管理服务工作的移交,不属于开发商与业主之间的房屋买卖合同标的的移交。在前期物业服务合同终止后,前期物业服务企业向业主委员会的移交也仅仅是管理服务的移交,而不是共有部分产权的移交。实践中,开发商所聘请的前期物业服务企业在承接查验时往往掩盖共有部分的质量问题,留下物业纠纷的隐患,也给小区的长治久安埋下定时炸弹。

因此,在开发商将电梯作为共有部分移交业主团体并获得中立的第三方鉴定合格之前,电梯所有人责任仍然应当由开发商来承担。不然,由于所有权人缺位,就有可能出现电梯的质量问题被掩盖或电梯由于缺乏维护保养而被破坏性地使用,直到问题累积到需要中修、大修、更新时就要求动用业主专项维修资金的局面,这种情况已经逐渐在很多城市出现。

在开发商将电梯作为共有部分移交给业主团体之后,情况就会出现一些

---

[1] 任晨光:《电梯安全事故的责任承担问题探讨》,载《城市开发:物业管理》2013 年第 11 辑。

不同的变化。根据《物权法》第 81 条的规定，"业主可以自行管理建筑物及其附属设施，也可以委托物业服务企业或者其他管理人管理"，也就是说此时业主有可能不委托物业服务企业提供管理服务，而采用自行管理或委托其他管理人管理的方式。在业主委托物业服务企业提供管理服务的情况下，无非是全体业主取代了开发商的地位，承担电梯所有人的责任，物业服务企业仍然是电梯使用单位。如果业主委托其他管理人来提供管理服务，此时其他管理人替代了物业服务企业的位置，成为电梯使用单位，而全体业主则承担电梯所有人的责任。

第二节　当前开发商法律责任归属中的问题与原因分析

一、问题总结

我国经济发展的同时，城市建设也在如火如荼地进行，各地都在大规模开发建筑，电梯的使用高度普及，因此电梯安全事故也呈现频发的态势。电梯安全事故的发生必然伴随着法律责任的追究，但在实际操作中，对于开发商在电梯安全事故中的法律责任归属存在很多问题。

（一）安全意识的匮乏

开发商在电梯开发环节的安全责任落实上存在不足，在电梯开发管理中不重视安全的现象普遍存在，具体外在表现为未落实管理机构，未落实责任人员，未落实各项规章制度，设备未登记注册，管理人员和操作人员无证上岗，未按要求建立应急救援预案和紧急救援措施，不按时申报年检等问题。

（二）责任承担问题

由于电梯作为特种设备的特殊性，要求电梯的制造、安装、维修和保养等过程都需要有相应资质的单位进行，而开发商只是选用电梯和相关单位，并与电梯的制造商、安装单位、维修和保养单位签订相应的外包协议或合同。因此，当涉及电梯安全责任时，很多开发商都借口已将相关业务外包给其他协议公司并未进行实际操作而将相关安全责任推脱给已与开发商签订合同的电梯制造商或安装单位、维修和保养单位。不仅如此，很多开发商甚至认为电梯的安全运行是电梯维保单位和检验检测机构负责，即使出了安全事故也与自身无关。开发商在电梯安全使用上的这种推诿扯皮现象普遍,并且这种现象在电梯的制造商、安装单位、维修保养单位也普遍存在,这使得电梯安全事故发生后安全责任无法有效落实。

(三)市场环境规制不足

从电梯的生产和销售方面来说,首先,可以肯定的是,一些开发商为了私利而不顾相关规定采购选用低价劣质的电梯。然后,从另一个角度来看,是市场上这种低价劣质的电梯产品大量存在而难以消除。供给和需求的相互满足,导致电梯的质量难以得到保证。从电梯的维修保养方面来说,不按时、不按规程保养,维保人员无证、无资质保养的问题广泛存在。可以说,正是这种不规范的市场环境直接或间接性地促使了更多电梯安全事故的发生。因此,市场环境需要改善,包括电梯的生产和销售市场、电梯维护保养市场都需要进一步规范。

(四)使用者安全知识匮乏

由于我国城市的快速发展,城市人口的受教育水平参差不齐,再加上电梯的使用人群对电梯的安全使用不够重视,没有形成安全使用电梯的观念,总体来说,电梯乘客的使用安全知识相对缺乏。同时,电梯使用者相对缺乏电梯安全使用教育,部分用户不爱惜电梯,人为损坏电梯的现象屡见不鲜,住宅电梯的外召唤装置、轿厢内操纵装置、厅门、轿门损坏较多。这些行为客观上加快了电梯的磨损,加大了后期维修资金需求,也经常造成电梯故障、困人、损坏电梯部件等问题。

二、原因分析

(一)利益的驱使

部分开发商作为电梯使用单位的安全主体责任意识不强,安全观念淡薄,为了片面追求经济效益,一味强调低成本投入,违反特种设备法律法规,选购使用劣质电梯设备;在电梯使用中未按规定设立安全管理机构和安全管理人员,或安全管理人员素质较低,不考虑相关规定和人员的技能等现实情况而随意指定。

(二)知识的缺乏

一些开发商并未了解电梯作为特种设备的相关规定和要求等知识,从而作出违规行为,影响了电梯的安全使用和运行。如在电梯安装、维修和改造时不向质监部门告知,未经检验检测机构安全检验合格即投入使用;认为电梯操作比较直观,简单易学,从而出现电梯操作人员未经培训上岗,违规操作电梯的现象。

（三）监督的局限

开发商无论在电梯的选用和使用中都存在动机，选用低价劣质电梯或是缩减必要人员配置等来降低成本，从而给电梯的运行和使用埋下安全隐患，因此需要相关部门从外部加以监管和督促。但目前相关部门对开发商在电梯的选用和使用过程中的监管还很有限。一方面，少数特种设备安全监察机构和检验检测工作不到位，没有尽到应尽的责任。安全监察机构有的没有严格监管，有的对违法违规行为查处不力，有的由于安全监察经费没有来源，存在以罚代管。检验检测机构，有的没有按照区域覆盖的原则落实设备定期检验，"抓大放小"，定检率达不到要求；有的发现违规行为和安全隐患未及时向安全监察机构报告；有的设备未按规程、质保体系要求严格检验，检验检测质量不高。另一方面，部分监管人员业务不精。机构改革后，特种设备监管机构、监管人员迅速增加，虽然已经在全市范围内开展了特种设备监察员基础知识培训，但特种设备专业性较强，新扩充的来自原工商部门的人员对质监业务尤其是特种设备比较陌生，离熟练开展安全监察工作仍有一段距离。

（四）责任归属混乱

开发商作为电梯使用的主体，与电梯的制造商、销售商、安装单位和维修保养单位之间存在责任不清的问题，导致一些电梯安全事故发生后无法清晰确定事故的责任归属以及各单位在事故中的应负责任，导致事故的赔偿等善后工作无法顺利开展，也无法有效减少之后类似事故的发生。因此，要明确落实电梯相关单位主体责任。

电梯制造单位是电梯的生产商，是电梯质量的决定者，应对所生产电梯的质量安全负首要责任，并有义务在电梯的后续安装、使用和维修保养环节中提供相应技术支持和协助，以保证电梯的安全合理使用。国家质检总局特种设备安全监察局下发指导意见，提出推行由电梯制造单位对电梯的质量和安全性能负责的制度更是明确了电梯制造单位在电梯质量安全方面的法律责任要求。

电梯销售单位应当建立电梯进货查验制度和销售台账，并对其销售的电梯质量、来源合法性负责。

电梯安装、维保单位对电梯安装、维保环节的安全全面负责。安装、维保单位应严格按照法律、法规、安全技术规范要求进行安装、维保作业；充分落实安全管理责任制，不断提高电梯维保人员的安全意识、责任意识以及业务能力水平；建立完善的安全管理与应急救援体系，确保及时参与应急救援。电梯签约维保单位是电梯发生困人故障参与救援的第一责任对象。

电梯使用单位是电梯使用环节的第一责任人,对电梯安全使用全面负责。电梯使用单位要切实做好电梯安全管理工作,委托有资质的单位开展电梯维保工作,定期进行检验,确保投运电梯安全可靠;充分落实安全管理责任制,建立隐患排查、应急救援等安全管理措施;配备专、兼职安全管理人员和操作人员;对电梯乘客进行必要的安全使用教育,不断提高乘客乘坐电梯的安全意识。

第三节　交付物业前开发商的法律责任

一、开发商在电梯的选用和安装中的相关规定

开发商对于电梯的选用是电梯安全使用的首要前提,电梯选用的合理与否直接决定了电梯能否安全使用。而电梯的安全安装是电梯安全运行和使用的基础。

（一）合理选用

开发商要根据所开发建筑的具体情况,结合使用人数、频率等因素综合决定选用电梯的品牌、型号和种类。

《福建省电梯安全管理办法》第二章第 9 条规定:"建设工程的开发商需要安装电梯的,应当选购取得制造许可资格的单位制造的电梯,且选型、配置应当与建筑物或者构筑物的结构、使用需求相适应。"《宁波市电梯安全管理办法》第 10 条规定:"建设单位设置电梯应当综合考虑急救、消防、无障碍通行、底坑防漏防潮、机房降温等要求,充分评估拟安装电梯的使用频率、使用场所等因素,选择依法取得相应许可的单位生产的电梯。用于车站、机场、客运码头等公共交通场所的自动扶梯、自动人行道,应当选择公共交通型。电梯设置不符合有关强制性规范和标准的,施工图审查机构不得出具审查合格书。"《武汉市电梯安全管理办法》第 12 条规定:"需要安装电梯的建设项目,建设单位应当按照有关规定和标准设置电梯,保证电梯规格、数量配置与建筑物的结构、使用需求相适应;电梯机房应当设置通风、降温设施,满足机房环境要求;应当设置电梯监控用房,并保证监控用房到电梯轿厢的通讯报警、监控线路通畅;鼓励电梯使用双回路供电、配置备用电源或者电梯断电应急平层装置。对

电梯配置不符合要求的建设项目,规划行政管理部门不予发放建设工程规划许可证,建设行政管理部门不予发放施工图审查备案证明。机场、码头、车站、轨道交通站点、人行天桥和人行地下通道等公共交通场所的自动扶梯、自动人行道,应当选用符合国家标准的公共交通型电梯。"《贵州省电梯安全管理办法》第 11 条规定:"建设单位或者产权单位应当按相关安全技术规范、标准及电梯工程设计文件和合同约定的要求选型配置和购置电梯。"《石家庄市电梯安全监督管理办法》第 13 条规定:"建设、设计、审图等单位应履行下列职责:(一)电梯井道的建筑结构设计,应满足电梯维保、远程监控及应急救援等要求;新建住宅小区及商务楼还应使用双路供电或配置备用电源,同时安装具有语音、视频功能的电梯运行状态远程监控系统,并与电梯维保单位和市电梯应急处置服务平台联网;(二)建设单位在电梯交付使用单位时,一并移交完整的安全技术档案及《电梯使用标志》等安全警示标志、标识。"《河南省电梯安全监督管理办法》第 14 条规定:"建设工程需要安装电梯的,建设单位应当选购依法取得制造许可的单位制造的电梯,且选型、配置及备用电源应当与建筑物的结构、使用需求相适应。建设单位应当优先选购具有节能措施的电梯,并由制造单位或者其委托的取得安装许可的单位进行安装。"《陕西省电梯安全监督管理办法》第 39 条规定:"新装乘客电梯应当具有设置远程监控系统要求的端口及其设备。在用乘客电梯应当加装电梯远程监控系统终端设备。"

(二)委托安装

开发商在采购电梯后,要委托具有电梯安装等相关资质的单位进行安装,并与其签订电梯安装合同,明确规定电梯安装单位在电梯安全使用中的责任归属,以及在电梯安装过程中和安装完成后接受开发商及第三方检测机构检测的义务。

《福建省电梯安全管理办法》第二章第 9 条规定,建设工程的开发商需要安装电梯的,应委托取得安装许可资格的单位进行安装。《成都市电梯安全监督管理办法》第 11 条有关"建设单位职责"的规定:"建设工程的建设单位应当对电梯的安全管理履行下列职责:(一)委托具有相应资质的单位进行与电梯相关的建筑结构设施、选型配置等施工图设计,确保建筑结构符合电梯安装使用的特殊要求,确保电梯与建筑物的使用需求相适应,确保设计文件依法通过建设行政主管部门的审查;(二)确保采购的电梯符合设计文件和合同要求,承担其采购电梯的连带质量保证责任,并督促协调电梯制造、安装单位按照有关法律、法规和合同约定履行电梯保修责任和义务;(三)电梯投入使用时,建设单位与使用单位不一致的,建设单位应当确保向使用单位移交的电梯符合安全技术规范的要求,并同时移交完整的安全技术档案、警示标志以及《电梯使用标志》。"

二、法律责任归属

开发商应当对所开发建筑的电梯安全承担下列责任:

1.委托具有相应资质的单位进行与电梯相关的建筑结构设施、选型配置等施工图设计,确保电梯与建筑物的使用需求相适应,设计文件应当依法审查通过。

2.电梯井道的建筑结构设计,应当满足电梯安全运营、维护保养、运行参数采集、远程监控和应急救援的要求;新建住宅及公众聚集场所建筑的电梯应当采用双路供电或者配置备用电源。

3.应当选购依法取得制造许可的单位制造的并有合格证的电梯,且选型、配置及备用电源应当与建筑物的结构、使用需求相适应。应当优先选用具有节能措施的电梯。

4.选择由电梯制造单位或者其授权委托并取得安装许可的单位进行安装,并保证安装的电梯经特种设备检验检测机构检验合格。

5.在向电梯使用管理单位移交电梯时,同时移交完整的电梯安全技术资料、安全使用的警示说明或者警示标志及有关证书。

开发商在电梯选用后以及电梯安装过程中,应与电梯制造商和安装单位分别签订采购合同和安装合同或协议,具体规定电梯制造商对电梯质量的所属责任、电梯安装单位对电梯的安装安全问题的责任归属,并在电梯安装完成后的使用中对电梯的安全运行进行监管控制,及时发现问题,以确保电梯的安全运行。

第四节　交付物业后开发商的法律责任

一、开发商在电梯维修保养中的相关规定

（一）委托维修保养

开发商在将所开发建筑交付物业进行管理后,仍要对电梯的维修保养负责,保证电梯的安全运行。因此,开发商要与电梯维保商签订电梯维修保养合

同,委托有相关资质的电梯维修保养单位进行维修保养。

（二）定期评估检测

开发商在将所开发建筑交付物业后,仍需对所开发建筑的电梯进行定期检测和评估,尤其是电梯使用年限超过其设计使用年限的。

根据《中华人民共和国特种设备安全法》第48条的规定:"特种设备存在严重事故隐患,无改造、修理价值,或者达到安全技术规范规定的其他报废条件的,特种设备使用单位应当依法履行报废义务,采取必要措施消除该特种设备的使用功能,并向原登记的负责特种设备安全监督管理的部门办理使用登记证书注销手续。前款规定报废条件以外的特种设备,达到设计使用年限可以继续使用的,应当按照安全技术规范的要求通过检验或者安全评估,并办理使用登记证书变更,方可继续使用。允许继续使用的,应当采取加强检验、检测和维护保养等措施,确保使用安全。"电梯使用年限达到15年或者超过设计运行次数的,电梯使用管理单位应当委托特种设备检验检测机构进行安全性能技术评估,特种设备检验检测机构应当提出继续使用、改造、加装、修理或者报废的评估报告,并抄送所在地特种设备安全监督管理部门。电梯使用管理单位根据评估报告对电梯进行更新、改造、加装、修理;经评估可以继续使用的,每5年至少应当进行一次安全性能技术评估。

《武汉市电梯安全管理办法》第33条规定:"电梯有下列情形之一的,电梯使用管理单位可以委托特种设备行业协会或者特种设备检验机构按照有关技术标准规范进行安全评价,并根据安全评价结果,提出继续使用或者修理、改造、更新的建议:1.故障频率高影响正常使用的;2.需要改变主要参数的;3.其他需要进行安全评价的。电梯使用管理单位应当将安全评价的结果张贴在电梯轿厢内或者出入口的显著位置。"

《武汉市电梯安全管理办法》第34条规定:"对使用年限超过15年的电梯,使用管理单位应当进行安全评价,确定继续使用的,使用管理单位和维护保养单位应当根据电梯运行的实际状况,增加维护保养频次和维护保养项目。"

《上海市电梯安全管理办法》第37条有关"安全评估"的规定:"有下列情形之一的,使用管理单位可以委托检验、检测机构开展电梯安全评估,根据评估结论确定继续使用电梯的条件或者对电梯进行修理、改造、更新:1.电梯故障频率较高、影响正常使用的;2.电梯曾遭遇水浸、火灾、雷击、地震等灾害影响的;3.其他需要进行安全评估的。电梯达到设计使用年限或者次数,需要继续使用的,应当按照安全技术规范的要求,委托检验、检测机构进行安全评估,确定继续使用电梯的条件或者对电梯进行修理、改造、更新,并办理使用登记证书变更。住宅小区电梯经安全评估后,使用管理单位应当将评估结论张贴在电梯轿厢内或者出入口处的显著位置。电梯安全评估规范由市特种设备安全监督管理部门制定。"

《福建省电梯安全管理办法》第 25 条规定:"电梯使用年限达到 15 年时,电梯使用单位应当委托特种设备检验检测机构进行安全性能技术评估,特种设备检验检测机构应当提出继续使用、维修、改造或者报废的意见。"

《厦门市电梯安全管理办法》第 19 条规定:"电梯使用年限超过 15 年或者超过设计运行次数的,电梯使用单位应当委托具有资质的特种设备检验、检测机构进行安全性能技术评估,并根据评估报告对电梯进行更新、改造、修理;经评估可以继续使用的,每 5 年至少应当进行一次安全性能技术评估。"

《成都市电梯安全监督管理办法》第 27 条关于"隐患告知和报告"的规定:"电梯检验检测机构及其检验检测人员在检验检测中发现电梯存在安全隐患或者事故隐患的,应当书面告知电梯使用单位及时采取相应措施。电梯检验检测机构及其检验检测人员在检验检测中发现电梯存在严重事故隐患时,应当通知电梯使用单位立即停止使用电梯,并立即向电梯所在地的质量技术监督部门报告。"

《石家庄市电梯安全监督管理办法》第 25 条规定:"电梯超出设计年限或使用期限超过 15 年的,电梯使用单位应向检验机构申请安全性能技术鉴定,鉴定结论作为电梯更新、改造、重大修理的依据。"

《河南省电梯安全监督管理办法》第 21 条规定:"电梯有下列情形之一的,电梯使用单位应当按照安全技术规范的要求通过检验或者安全评估:1. 使用期限超过 15 年的;2. 故障频发影响正常使用的;3. 达到设计使用年限可以继续使用的。电梯检验机构经检验或者安全评估后应当提出继续使用、维修或者报废的意见。电梯通过检验或者安全评估可以继续使用的,电梯使用单位应当在办理使用登记证书变更后方可继续使用,并采取加强检验、检测和维护保养等措施,确保使用安全。"

《陕西省电梯安全监督管理办法》第 27 条规定:"电梯使用年限达到 15 年时,电梯使用单位应当委托电梯检验检测机构进行安全性能技术评估。电梯检验检测机构应当提出继续使用、维修、改造或者报废的意见。"

二、法律责任归属

《中华人民共和国建筑法》第 65 条规定:"发包单位将工程发包给不具有

相应资质条件的承包单位的,或者违反本法规定将建筑工程肢解发包的,责令改正,处以罚款。超越本单位资质等级承揽工程的,责令停止违法行为,处以罚款,可以责令停业整顿,降低资质等级;情节严重的,吊销资质证书;有违法所得的,予以没收。未取得资质证书承揽工程的,予以取缔,并处罚款;有违法所得的,予以没收。以欺骗手段取得资质证书的,吊销资质证书,处以罚款;构成犯罪的,依法追究刑事责任。"

《中华人民共和国建筑法》第72条规定:"建设单位违反本法规定,要求建筑设计单位或者建筑施工企业违反建筑工程质量、安全标准,降低工程质量的,责令改正,可以处以罚款;构成犯罪的,依法追究刑事责任。"

《中华人民共和国特种设备安全法》第78条规定:"违反本法规定,特种设备安装、改造、修理的施工单位在施工前未书面告知负责特种设备安全监督管理的部门即行施工的,或者在验收后三十日内未将相关技术资料和文件移交特种设备使用单位的,责令限期改正;逾期未改正的,处一万元以上十万元以下罚款。"

《宁波市电梯安全管理办法》第45条规定:"建设单位有下列行为之一的,由住房和城乡建设行政主管部门责令限期改正;逾期未改正的,处一万元以上三万元以下罚款:(一)违反本办法第九条第一款规定,电梯井道工程设计不符合法律法规、安全技术规范以及标准规定的;(二)违反本办法第九条第三款规定,电梯井道内无通信信号的。"

《石家庄市电梯安全监督管理办法》第38条规定:"违反本办法第十三条第二款规定,建设单位未向使用单位移交完整的安全技术档案、《电梯使用标志》等安全警示标志、标识的,由质量技术监督部门责令限期移交,逾期未移交的,处五千元以上一万元以下罚款。"

《成都市电梯安全监督管理办法》第34条(建设单位的责任)规定:"违反本办法规定,建设单位未向使用单位移交完整的安全技术档案、警示标志和《电梯使用标志》的,由质量技术监督部门责令限期改正,逾期未改正的,处二千元以上一万元以下罚款"。

根据上述条文规定,可知开发商在向物业交付所开发建筑后未及时向使用单位移交完整的安全技术档案、《电梯使用标志》等安全警示标志、标识的,由县以上住房与建设管理部门责令改正,并处1万元以上3万元以下罚款;开发商将电梯维修保养工作发包给不具有相应资质条件的承包单位进行电梯的维修保养工作的,由县以上特种设备安全监督管理部门责令限期改正;逾期未改正的,处1万元以上10万元以下罚款。

三、典型案例点评

【案例 5-1】永泰县万冠置业有限公司与福州南方电梯有限公司签订了《电梯设备定作合同》，合同约定福州南方公司为永泰县万冠置业有限公司所开发的"永泰双子星"工程提供电梯。但在使用中，5 台电梯陆续出现故障，如电梯门反复开关、滑梯、溜梯现象、运行晃动、电梯发生摩擦异响等。问题出现后，永泰县万冠置业有限公司多次与电梯制造商福州南方电梯有限公司沟通。福州南方电梯有限公司派人上门对永泰双子星的故障电梯进行维修，但维修后仍多次出现故障。根据双方签订的合作合同，福州南方电梯有限公司在所定作电梯的保质期内对电梯负有维修和免费更换零部件的义务，否则永泰县万冠置业有限公司有权要求福州南方电梯有限公司承担合同规定的违约责任。为此，永泰县万冠置业有限公司通过代表律师向福州南方电梯有限公司递送律师函，要求福州南方电梯有限公司根据双方所签订的合同对订购电梯履行质量保证，对故障电梯进行维修。

此次事件就是开发商与电梯制造商之间的责任纠纷。电梯作为特种设备，对性能和安全性都有很高的要求，安装和维修技术也较为复杂，使得电梯的安装和维修需要有一定资质的单位才能进行，这决定了电梯安装和维修的专营性。因此，永泰县万冠置业有限公司所开发的"永泰双子星"的电梯在出现故障而寻求约定维修商福州南方电梯有限公司维修服务无果后寻求其他维修商的成本较为昂贵，导致纠纷进一步凸显。

永泰县万冠置业有限公司与福州南方电梯有限公司签订了《电梯设备定作合同》，使得双方都应遵守合同规定的内容，《电梯设备定作合同》也就可以作为双方对于电梯安全使用的相关责任依据。双方签订的合同不能与现有的法律法规相违背，但可以对当前法律法规尚未明确规定的事项进行进一步的补充，以更好地明确双方的责任归属。在案例中，永泰县万冠置业有限公司与福州南方电梯有限公司签订的《电梯设备定作合同》明确规定，福州南方电梯有限公司在所定作电梯的保质期内对电梯负有维修和免费更换零部件的义务。因此，福州南方电梯有限公司在得到永泰县万冠置业有限公司关于电梯故障的报告后应主动对故障电梯进行检测维修，并消除故障，保障电梯的安全运行。但实际上福州南方电梯有限公司在维修后再次出现故障的情况下并未及时履行维修义务，已经在一定程度上违反了合同的规定，应负有违约责任。永泰县万冠置业有限公司有权要求福州南方电梯有限公司对故障电梯进行检测维修直至故障消除，也有权追溯福州南方电梯有限公司的违约责任。

　　除了向福州南方电梯有限公司递送律帅函,永泰县力冠置业有限公司还可以通过向有关监管机构举报等方式保护自身权益。因为电梯作为特种设备,安全性至关重要,电梯安全离不开制造商的高质量生产和开发商的合理选用和维护,也离不开相关监管部门的监管。只有各方责任能够有效落实,才能保证电梯的合理使用和安全运行。

第六章

物业服务企业在电梯安全使用中的法律问题研究

  改革开放以来,随着我国社会经济快速发展、商品房全面取代福利房以及私有化的商业中心的兴起,打破了原有的计划经济分配,为了更好地管理居民住宅、商业中心等各项事务,物业服务企业兴起并蓬勃发展,如今物业服务企业的存在范围早已超出传统的住宅区和商业区,甚至政府机关、事业单位、学校等都引进了物业服务企业。

  物业服务企业是保障电梯安全、防范电梯安全风险的重要主体。各类带有电梯的建筑竣工后交付使用前,首先接触电梯的是物业服务企业;在电梯投入运行后,对电梯进行日常管理、选用维保公司的是物业服务企业;电梯一旦发生事故,第一时间了解情况并加以紧急处理,甚至救援的还是物业服务企业。物业服务企业的好坏以及其本身风险的防范规避情况如何,直接影响到电梯安全、风险排查以及应急救援的质量。只要电梯出厂时没有安全隐患,其余的电梯安全风险便大部分被认为是在物业管理过程中产生的,多数电梯安全事故也是因为物业管理不善、监督不到位等原因造成。对于电梯生产厂商的监管而言,只要其电梯符合相关技术指标,就可以认定电梯是合格的,因此其监管相对简单和固定。但对于物业服务企业而言,由于经济社会的复杂多变和物业服务企业本身的复杂性,其监督管理乃至救济方式,都存在许多问题亟待解决。纵观我国现有法律体系,几乎没有任何有关的法律法规、规章甚至规范性文件、政策对此有具体规定,一旦出现纠纷,法院只能按照《民法总则》《侵权责任法》等基本法的一般性条款处理,并不能准确认定各方权利义务和担责比例,也就不能得出公平公正的处理结果。因此,在研究如何通过法律方法防范电梯安全风险的过程中,科学的物业管理立法无疑非常关键。

  本书根据使用功能不同,着重研究与普通居民生活联系最为紧密的两类物业:一类是与居民小区相似的,包括学校、机关等在内的住宅物业;另一类是包含商业街、超市、购物中心等纯粹提供商品销售、有偿服务的场所的商业物业。这两类物业服务企业由于自身特征不同，因此在保证电梯安全与防范电梯风险的过程中，需要做不同的探讨。

第一节　物业服务行业立法概述

一、物业服务行业立法现状

从我国用商品房取代福利房，实行房地产市场化改革以来，国内房地产及其上下游产业可以说是以"坐火箭"的速度发展，城镇居民甚至大量已经拥有宅基地的农村居民的住房刚性需求被完全释放。根据中国物业管理协会2013年10月底公布的《2013年物业管理行业发展报告》提供的数据，截至2012年年底，我国城镇人均住房建筑面积达到32.9平方米，较1994年的人均7.8平方米增长了4倍。[①] 与此同时物业服务行业也得到了爆炸式发展。物业服务企业从只提供安保、卫生、绿化、基础设施等较为基础和简单的公共性服务，逐渐增加了经纪代理、商业服务、金融服务、文化体育服务、车辆管理等服务项目，物业服务企业的服务有着全方位发展的趋势。也正是由于物业服务内容的扩展和深化，使得城镇居民的生活质量不断提高，同时也方便了政府公共管理，甚至承担了一些社会公共管理和公共服务的职责，对我国经济社会的全面、健康、和谐发展发挥了巨大的作用。

随着我国物业服务行业的迅猛发展，我国物业服务行业的立法也进一步得到丰富。我国现有的物业服务法律规范体系主要由以下三个层次构成：第一个层次是宪法有关条款，如《宪法》第13条规定，"国家保护公民的合法收入、储蓄、房屋和其他合法财产的所有权"、第39条规定，"中华人民共和国公民的住宅不受侵犯。禁止非法搜查或者非法侵入公民的住宅"，这些原则性条款构成了物业服务行业的基础性法律。第二个层次是全国人大及其常委会制定的各部门法中的相关法律规定，如《物权法》第六章对于建筑物区分所有权

---

① 《最高人民法院关于审理建筑物区分所有权纠纷案件具体应用法律若干问题的解释》（2009年3月23日最高人民法院审判委员会第1464次会议通过）法释〔2009〕7号以及《最高人民法院关于审理物业服务纠纷案件具体应用法律若干问题的解释》（2009年4月20日最高人民法院审判委员会第1466次会议通过）法释〔2009〕8号。

的规定、最高人民法院发布的两部司法解释,以及国务院颁布的各行政法律、法规、规章,如《中华人民共和国城市房地产管理法》《物业管理条例》《城市私有房屋管理条例》《城市住宅小区物业管理服务收费暂行办法》《城市新建住宅小区管理办法》等。第三个层次是全国 31 个省级行政区域中有 20 个省级行政区域颁布了条例,4 个省级行政区域颁布了管理办法和规定,在 27 个省会城市中有 16 个城市颁布了条例,4 个城市制定了办法,3 个城市制定了规定。[①]

二、物业服务行业立法述评

我国物业服务行业的法律体系已经初步建立,但仍有很大的改进之处。主要不足如下:

(一)立法层次较低

尽管我国物业行业迅速发展并在国民经济中占有越来越重要的地位,《物权法》第六章对"业主的建筑物区分所有权"中规定了业主的相关权利、明确了业主大会和业主委员会的制度。但是专门规范物业管理的法律是国务院 2003 年制定、2007 年修订的《物业管理条例》。该条例适用范围有限、立法层次较低。

(二)现行物业服务行业管理规范体系混乱

国家层面的物业立法相对滞后,全国性的专门物业管理立法仅有《物业管理条例》,而很多地方都对物业服务规范进行了地方立法,导致立法进程快于国家层面,这可能导致国家与地方,地方与地方之间的立法产生冲突。

(三)对物业服务企业的民事责任及性质界定不明

《物权法》《物业管理条例》等法律法规对物业服务合同的性质、物业服务企业与业主之间的关联程度和权利义务关系性质缺乏清晰的规定,导致无论是学术界还是实务界都对此争论不一。此外,现有法律法规对物业责任认定、过错承担规则、责任构成要件和归责原则等方面也缺乏具体规定,各地法院在司法实践中对同类案件认定标准不一。

(四)各地立法口径不一,存在冲突

由于全国各地物业服务行业发展水平不一,立法部门对物业服务行业立

---

① 丁兆增等:《物业服务企业主要法律风险与防范》,厦门大学出版社 2015 年版,第 8 页。

法的理解也不尽相同,各地方出台的物业管理法规也各种各样甚至存在相互矛盾之处。

以上问题只是物业服务行业所面临的法律问题的一部分,本书认为由于物业服务行业和电梯安全具有不可分割的联系,要建立电梯安全规范法律法规体系,必须要有健全的物业服务行业法律法规作为配套措施,才能符合实际情况且行之有效。

第二节　经济学视角下的物业管理与电梯安全风险分析

一、以经济学为视角进行分析的原因和意义

传统的法治,包括立法、执法、司法多个方面,都因为经济社会的全面、快速发展,新事物、新情况的层出不穷而面临巨大挑战。对此,诺贝尔经济学奖获得者、制度经济学派、经济分析法学派创始人罗纳德·哈里·科斯(Ronald H. Coase)及他的追随者们提出了一系列伟大的构想:经济的发展需要法律制度保驾护航,法律因社会经济的发展而变化、进步;推动法律发展变化的因素有很多,其中最重要的推动力是经济。至此,法学和经济学融为一体,经济学家用法学的思维考虑经济的发展,法学家用经济学的思维思考法律制度的前进方向。近年来,多位经济分析法学派、制度经济学派的大家荣获诺贝尔经济学奖证明了经济分析法是当下最前沿、最兴盛也是最符合时代潮流的学派。其中,经济分析法学派的核心思想——在不违反公平正义的前提下,存在多种解决问题途径时,应选择成本最低、效益最高的方法——在电梯安全立法这种新兴事物的立法进程中,也应被遵循、使用。且作为新时代的法律人,眼光应该长远而广阔,经济学家对问题的剖析视角能对设计法律制度、提出法律建议给予巨大的帮助。

二、公共物品、准公共物品理论及其物业管理与电梯安全困局

(一)公共物品及其供给主体的发展

古谚云"一个和尚挑水吃,两个和尚抬水吃,三个和尚没水吃",我国古代先人就对公共物品的概念有了一个经典但又较为模糊的感觉,即"出于自我利

益的考量和理性经济人本质,个体是没有办法进行公共物品的供给的"。① 萨缪尔森在其发表的《公共支出的纯理论》中对公共物品的概念做了较为准确的定义:"我们所说的纯公共物品,指个体对某一物品的消耗不因为另外的个体同时消耗这样的物品而减少。"②正是由于公共物品的非排他性、非竞争性③的特征,导致私人提供公共物品必将大量产生严重"搭便车"现象,使私人失去提供的经济动力,因此诸如国防、灯塔等公共物品通常由政府提供。然而,"二战"后,由于经济的发展、政府提供公共物品效率低下和对产权保护的各项制度发展,使得私人在满足特定情况下也可以提供公共物品。此外,一些通过自愿、自觉机制形成的组织也在提供公共物品和服务,如一些志愿者组织、非营利性机构、行业协会、慈善基金会等,这类组织形式灵活多变,其产生消灭与时代完全同步,贴近公民需求又富有效率,是现代社会公共物品供给的重要补充形式。

(二)俱乐部物品(准公共物品)

俱乐部物品具有优先的非竞争性和局部的排他性,即在准公共物品的消费中,存在一个临界点,当消费者数量增加到该临界点之前,每增加一个消费者的边际成本是零;而超过该临界点后,每增加一个消费者的边际成本就会开始上升;当容量达到最大值后,增加额外的消费者的边际成本趋于无穷大,非竞争性和非排他性就会消失,拥挤就会出现。俱乐部物品分为三类,一类是近似于公共物品的俱乐部物品,如义务教育;二是一般俱乐部物品,如桥梁、道路;三是近似于私人物品的俱乐部物品,如健身房、游泳池等。

(三)电梯与物业的属性分析

1.电梯的属性分析

电梯常见分类有载人电梯、载货电梯、自动扶梯、自动人行通道等。④ 其中,载人电梯运行范围较广,住宅小区、商场、酒店和各类非营利性场合(公立医院、公立学校、政府机构);自动扶梯、自动人行通道多运用于营利性公共场

---

① [英]大卫·休谟:《人性论(下卷)》,商务印书馆1983年版,第578~879页。

② P. A. Samuelson, The Pure Theory of Pubilic Expenditure, *Review of Economics and Statistics*, Vol. 36, No. 4(1954), pp. 387-389.

③ 非排他性:集体进行,共同消费,不可能将不付费的个人或厂家排除在公共产品和服务受益范围外;非竞争性:消费过程中不会因一些人对某一产品的消费影响另一些人对这些产品的消费,增加消费者的边际成本为零。

④ 国家质检总局:《特种设备目录》,代码:3000,2014年第114号。

合。由于本书研究方向有限,因此只分析住宅小区中和商场中的电梯属性。其中,住宅小区中的电梯一般是供本栋居民楼业主使用,具备排他性;而由于电梯设计安装时电梯的承载能力通常会满足本栋居民的正常使用,不具备竞争性。因此,住宅小区中的电梯是俱乐部物品。商场中的电梯虽然面向所有公众开放,但是一般而言,由于商场本身对利益的追求,商场电梯的服务对象为消费者而非所有公众,从这个角度看商场的电梯具有排他性,仅供消费者使用。同时商场为了满足人流量的需求,必然对其内部的自动扶梯、载人电梯承载能力设计有所考虑,因此商场中的电梯不具有竞争性。综上,住宅小区和商场中的电梯均是俱乐部物品。

2.物业服务行业的属性分析

无论是住宅物业还是商业物业提供的物业服务均主要包括两个方面:一是提供公用的设施设备及其维护管理以保证这些设备的正常运行。二是向业主(商户)提供综合性服务。在一定物业服务区域范围内,通常只有一家物业服务企业,在该范围内客观上形成了物业管理服务的垄断性。该区域内,物业服务企业的服务对象是全体业主(商户),即使个别业主(商户)没有缴纳物业费,也能享受到同等的物业服务。由此可见,对特定物业服务范围的业主(商户)而言,物业服务具有非排他性、非竞争性。

但是,两种类型的物业服务的非竞争性和非排他性又是不完全的。一方面,业主(商户)应当按照约定交纳物业费,否则物业服务公司可以采取起诉后强制执行、降低服务标准等救济方法。另一方面,物业服务企业只对物业服务区域内的业主(商户)提供相关设备设施和服务,对物业服务区域外的其他业主(商户)而言,是排他的。因此,住宅物业和商业物业都同时具有公共物品的属性和私人物品的特征,是典型的俱乐部物品。

综上所述,电梯和物业服务都属于俱乐部物品。

(四)物业服务与电梯安全困局的原因

1.搭便车

"搭便车"理论起源于美国经济学家曼柯·奥尔逊于1965年发表的《集体行动的逻辑,公共利益和团体理论》(*The Logic of Collective Action Public Goods and the Theory of Groups*)。所谓"搭便车"就是不付成本而坐享他人之利,过多的搭便车行为导致公共物品供应不足。这一现象主要表现在住宅物业中,因为无论是物业服务还是电梯都不可能排除不缴费的业主对其正常使用。许多业主既希望享受高质量的物业服务,又只愿承担较低的物业费甚至不缴物业费。这会产生两种主要的风险:一是物业服务企业为了竞标而恶性压价,导致亏损严重。二是物业服务企业运行过程中缺少资金流,抗风险能力弱。这两种风险的最终结果就是物业服务企业服务人员素质低、质量差,也没有多余资金对电梯等设施设备安全进行较好的维护保养。

2.公地悲剧

1996 年英国加勒特·哈丁教授在 *The tragedy of the commons* 一文中首先提出"公地悲剧"理论,所谓"公地悲剧",就是有限资源为公众所有时,每个人都有权使用资源,但没有阻止他人使用的权力,由此每个人为了自己的最大利益而不顾公共资源的承受能力,且每个人对阻止事态恶化都无能为力,最终导致公共资源过度使用。如有的业主在装修过程中在电梯厢装载河沙、大型家具等不宜电梯装载的物品,破坏电梯的行为,其他业主只能从道德上谴责,却无法采取有效措施阻止这些行为。

3.超过拥挤点

拥挤点是俱乐部物品的一个临界点,超过该临界点后,边际成本就会上升;达到最大值后,每增加一个成员的边际成本区域无穷大,如在教室坐满同学后不可能再为其他同学提供座位,此时就只能再新设一个班级。无论是住宅物业还是商业物业,如果举行大型活动,大部分业主同时参加或吸引众多顾客,那么各项公共设备设施、场所就会供不应求,管理难度增大。尤其是商业物业中,因为商场常进行促销活动,超过拥挤点的情形经常发生,自动扶梯、载人电梯即使本身没有问题,但因为过于拥挤,致使顾客身体部位被电梯卡住、挤开电梯门坠入通道等事故时有发生。

第三节　物业管理过程中的电梯安全风险

电梯在各类建筑、场合中广泛使用,近年来,电梯安全事故频发:2016 年,北京西城区金融区百盛购物一女童掉入自动扶梯内被割伤;2016 年 5 月 2 日,深圳宝安区新一佳超市自动扶梯发生故障,一老人左腿被卡住;2016 年 1 月 30 日,西安明光路阳光小区发生电梯坠亡事故,一对母女死亡。事后在对这些事故进行分析调查时发现,仅有少数电梯事故是由于电梯生产商在设计、生产时就存在缺陷引起的,大部分电梯安全事故都是在实际使用过程中由于乘客不正当使用、工作人员操作失误、维修人员不认真履行维修保养职责等原因造成的。电梯作为《特种设备安全法》规定的特种设备之一,其使用、维护等行为应该严格按照相关标准进行。物业服务企业作为电梯安全的直接管理者,对电梯是否能够安全运行具有重要影响,分析物业管理、服务过程中的各种现象、行为对电梯安全产生的影响及其大小就显得非常必要。

一、物业管理过程中的电梯安全风险

(一)前期物业管理阶段

前期物业管理(preceding stage of property management)是指房屋出售之日起自业主委员会与物业管理企业签订《物业管理合同》生效时止的物业管理。根据原建设部颁布的《前期物业管理招投标管理暂行办法》第 2 条的规定,"前期物业管理,是指在业主、业主大会选聘物业管理企业之前,由建设单位选聘物业管理企业实施的物业管理"。由此可见,前期物业是开发商直接选定前期物业管理企业,而前期物业管理时期是对电梯损耗最大,最易产生电梯安全事故的时间段。

前期物业管理时期的电梯安全风险主要来源于以下几个方面:

1. 开发商产生的电梯安全风险

部分开发商在建设过程中,为了节约成本,赚取更多利润,选用价格低廉的电梯。电梯制造商为了迎合开发商需求,压缩成本,仅按照国家强制的最低标准生产电梯,因此住宅小区电梯故障多发,发生坠落、困人等电梯安全事故的概率也就更大。

2. 电梯安装过程中的安全风险

电梯安装是一项专业的、复杂的工作,电梯安装过程需要高度注意和认真负责的工作态度,才能保证电梯的正常运行和使用。近年来随着电梯数量的爆炸式增长,电梯安装队伍数量也不断增长,安装队伍的素质却得不到保障,导致低水平的安装队伍也很有市场,这些队伍安装的电梯运行状况不佳,为电梯安全事故埋下隐患。

3. 业主装修过程中的电梯安全风险

电梯属于全体业主共有,每个业主都有使用权,许多业主在使用过程中会追求自己利益最大化而不顾公共利益。前期物业时期住宅小区内的业主主要活动就是装修房屋准备入住,装修所用的各类材料,都是通过电梯运输至屋内。诸如已搅拌好的水泥、河沙、石块、大型家具建材等属于为了电梯运行安全明文规定禁止用电梯装载的物品,但是仍有不少业主为了出于经济学中的"公地悲剧"理论违规将上述建材用电梯运输,这种情况相当普遍,其他业主和物业服务企业都无力阻止,很多物业服务企业采取在电梯内部包裹上一层隔板保护电梯,但是这些违规使用电梯的行为仍给电梯性能造成极大的损害。

(二)业主大会或业主委员会成立之后物业管理阶段

1.物业管理制度本身的问题

根据《物权法》相关规定,电梯是属于全体业主共有的,全体业主可自行管理或委托物业服务企业管理。物业服务企业作为管理人只是全体业主委托的对象,本身只有管理服务的义务而无产权。这种所有权人、使用人与管理人相分离的状况决定了物业服务企业本身很难对违规使用电梯的行为进行有效的控制、管理,更不能对违规使用电梯的行为罚款,只能通过引导、劝阻的方式,最终只能靠业主自觉自律来实现,对业主不良行为的规范效果极为有限。

物业服务企业对业主违规使用电梯的行为缺乏管理能力,对电梯的日常维护也缺乏管理意愿,其原因是多方面的。在成本上,物业服务企业多是属于劳动密集型的小公司,在我国逐渐丧失人口红利,劳动力成本大幅上升的背景下,物业服务企业为了节约成本,通常会缩减员工数量,导致没有足够的人力对电梯进行日常巡视、管理。在意愿上,大部分物业服务企业都认为既然已经把电梯维护工作委托给了更为专业的电梯维保单位,那么对电梯的安全检查和维护工作理所应当属于维保单位,属于自己的那部分日常维护工作对电梯的安全而言无足轻重,于是缺乏履行职责的积极性,对物业应该履行的电梯检验、日常巡查、应急救援工作敷衍了事。在监督上,业主没有相关体制机制,也没有能力对物业服务企业的这些专业程度较高的工作进行监督,物业服务企业对电梯安全的维护工作是否履行完成,并不会对物业服务企业的收入和续约等利益造成不良影响,导致物业服务企业很容易作出经济学中的“逆向选择”(adverse selection)行为。①

2.物业服务企业专业能力问题

物业服务企业是社会大分工更加深入的产物,我国的物业服务企业是在国家实行商品房改革后,由于住宅小区及其附属设施设备、场所等需要管理服务而产生并不断发展的行业。物业服务企业作为提供专业服务的企业,应当按照合同约定和行业规范对住宅小区的电梯、安全、绿化、卫生等方面提供专业的、有效的服务,但是由于物业服务行业本身属于劳动密集型的第三产业,

---

① 逆向选择:在市场经济中存在这样一种情况,市场交易的一方如果能够利用多于另一方的信息使自己受益而对方受损时,信息劣势的一方便难以顺利作出买卖决策,于是价格随之扭曲,供求失衡,进而导致市场效率降低。

而小区内很多物业服务需要具备很强的专业性知识,这是物业服务企业无法具备的。对于电梯维保、电梯安全风险防范这一工作而言,根据相关法律规定,物业服务企业应当与电梯制造商或者取得许可的安装、改造、修理单位签订维保合同,并设置专职或兼职的安全管理人员。[①] 但是在现实生活中,物业服务企业或者电梯维保单位为了节约成本,通常并没有配备安全管理人员或者安全管理人员数量根本不可能完成安全管理工作,如一个安全管理人员管理一个住宅小区数十部甚至上百部电梯。小区业主在电梯发生故障后向物业公司反映时,物业公司由于自身不具备相应的专业技能,并不能及时对电梯故障进行有效的处理解决。且物业服务企业在与电梯维保单位签订合同时通常只考虑了价格因素而忽视了维保单位的整体技术力量水平,导致电梯维修质量不佳,出过故障的电梯反复出现故障又反复修理,既提高了物业服务成本,又降低了物业服务质量,造成业主对物业服务企业的不满意度增加,成为如今业主与物业服务企业矛盾尖锐的一个因素。

3.无物业服务企业小区的电梯安全问题

虽然新兴住宅小区的商品房市场为国民经济的增长做出很大的贡献,但是城市的老式住宅小区仍有很多,这类老式小区通常没有物业公司进驻,但是其中一些无物业服务企业进驻的老式小区又基于种种原因安装了电梯。除此之外,部分本应有物业服务企业的小区因为业主欠缴费率高、物业企业收支不平衡等原因,旧的物业服务企业撤出后,新的物业服务企业尚未入驻,也处于无物业状态。这种无物业小区的电梯安全最容易出现问题,而且一旦出现问题,很难得到妥善解决,值得关注。

根据《物权法》《特种设备安全法》的规定,住宅小区的业主可以不委托物业服务企业而自行管理小区事务,但此时如果出现事故产生损害,由共有人、

[①] 《特种设备安全法》第 36 条规定:"电梯、客运索道、大型游乐设施等为公众提供服务的特种设备的运营使用单位,应当对特种设备的使用安全负责,设置特种设备安全管理机构或者配备专职的特种设备安全管理人员;其他特种设备使用单位,应当根据情况设置特种设备安全管理机构或者配备专职、兼职的特种设备安全管理人员。"第 45 条第 1 款规定:"电梯的维护保养应当有电梯制造单位或者依本法取得许可的安装、改造、修理单位进行。"

使用人承担责任。[1] 这样的规定当然符合法理,但是在实际操作过程中,部分老旧小区甚至连业主委员会都没有,即使有业主委员会成立业主自治组织的小区,业主自治组织维持小区基本的绿化、卫生、安全等工作都很困难,更何况专业性较高的电梯巡查、安全检查、维护保养等工作。如果电梯发生故障,因无人报修,电梯安全监察部门也无从得知电梯运行具体情况决定是否对电梯封停。此外,如果发生安全事故造成人身财产损失,让作为共有人、且未履行管理义务的全体业主承担责任也是不切实际的。

福州市鼓楼区治理无物业服务企业小区成果突出,被称之为"鼓楼经验"[2],其通过"财政下拨一点、街道配套一点、社区自筹一点"解决无物业小区资金来源,社区管理工作由"社区代管、业主自治、单位内管",电梯等特种设备安全由业主自治组织或街道委托相关公司或者由相关政府部门(街道办等)直管,这样的解决模式为解决无物业小区的电梯安全提供新的方向和实践经验。

二、业主及业主自治组织对电梯安全影响

无论是小区的物业服务、管理工作还是电梯安全的维护工作,都不是仅仅由物业服务企业、电梯维保单位、政府来维持,还需要业主的配合与协助。住宅小区的电梯管理模式通常如下:先由业主(电梯所有权人)召开业主大会产生业主自治的非营利性组织——业主委员会,然后由业主委员会与物业服务企业签订物业服务合同,负责小区绿化、卫生、安保、电梯安全等工作;物业服务企业又将其中专业化程度较高的电梯安全维护工作外包给电梯维保单位。以上法律关系中,由于业主的目标是支出最少的物业费获得最好的物业服务,而物业服务企业和电梯维保单位的目标是降低成本,增加利润。因此,合同各方当事人目标不一致,在合同履行过程中必然会发生冲突。

首先,对于业主来说,都希望少交物业费而享受优质物业服务,甚至大量出现不交物业费的情形。这将导致物业公司收入减少或者亏损,所能提供的物业服务质量也会降低,对电梯安全的管理维护工作也会浮于形式。另外,通

---

① 《特种设备安全法》第 38 条规定:"特种设备属于共有的,共有人可以委托物业服务单位或者其他管理人管理特种设备,受托人履行本法规定的特种设备使用单位的义务,承担相应责任。共有人未委托的,由共有人或者实际管理人履行管理义务,承担相应责任。"

② 搜狐新闻:《无物业小区,也能管得好——福州尝试无物业小区管理新模式》,2014 年 4 月 25 日,http://roll.sohu.com/20140425/n398801088.shtml,下载日期:2017 年 4 月 15 日。

过对近年来发生的电梯安全事故分析,本书作者发现部分安全事故是由于业主粗暴地、不文明地使用电梯甚至破坏电梯造成的,如 2016 年 2 月贵州一男子醉酒后猛踹电梯门致使电梯门打开,随后又栽入电梯天井,造成大腿骨折。这样的行为既给电梯安全带来了很大的风险,又是对自己的生命安全极端不负责。大家应文明使用、爱护电梯,才能维护电梯安全,避免一些不必要的电梯安全事故。对此,物业服务企业、街道委员会、小区业主委员会等主体应加强宣传教育,引导大家文明使用电梯。

其次,对业主委员会来说,业主委员会是一个松散的、专业化程度较低的群众自治组织,这会对电梯安全产生两种不利影响:一是由于二者之间的信息不对称,业主委员会很难就物业服务企业对电梯安全的日常管理维护工作作出有效监督,如物业服务企业是否按照要求对电梯进行定时的维护检验、是否对机房的运行情况进行检查等。二是业主委员会由于缺乏专业性知识,难以对物业服务企业的电梯安全维护工作作出准确的评价,有的不良物业服务企业甚至为了从高额维修费中牟取不正当收入,做出暗中故意损坏电梯、反复维修的行为。

三、物业服务企业本身的风险及其对电梯安全的连带影响

本书作者通过对物业服务企业的日常服务管理范围的研究,发现本来应该属于政府管理的住宅小区内的安保、卫生、秩序、交通、消防等职责均由物业服务企业提供,这是典型的公共物品供给市场化。但是物业服务企业的本质是市场主体,并没有因为其供给部分公共物品而从政府处得到一些政策优惠。作为电梯安全最重要的管理者之一,物业服务企业所面临的市场风险会对物业企业本身的正常经营产生影响,从而也会间接影响其对电梯安全管理的质量,极端情况下如果发生物业服务企业破产或撤出住宅小区,那么小区内的电梯将在相当一段时间内无人管理,因此需要特别注意物业服务企业本身的风险及其对电梯安全的连带影响。

(一)物业服务企业的市场风险

物业服务企业所面临的市场风险主要有:1. 现代物业服务企业不仅仅管理住宅小区卫生、安全、绿化以及维护小区各类设施,其管理服务内容范围有不断扩大、加深的趋势,部分物业服务企业甚至有商业代理、金融服务等业务。但很多在未经过科学评估时盲目扩展业务,导致新业务的收入不能弥补支出,企业财政入不敷出。2. 恶性低价竞争现象严重,物业服务企业普遍亏损。其中,恶性低价竞争给物业服务企业带来的风险最为严重,也是对住宅电梯安全

影响最大的风险。

我国物业服务企业众多,市场竞争激烈,却缺少大品牌、服务质量突出的物业服务企业,大部分物业服务企业都是中小型企业。为了能够中标,很多物业服务企业采用先压低投标价格中标后,再考虑通过减少成本开支、涨物业费等方式创造盈利空间。于是在实际操作中遇到了很多难以解决的问题:一是随着业主们的权利意识的发展和相关法律法规的不断完善,以前的停车费、小区内广告费等收入归业主共同所有而非物业服务企业,切断了物业服务企业的额外创收渠道。二是物业费定价并非由市场主导,很大程度上受到政府和业主的干预。物业服务企业如果需要上调物业费,必须经过业主大会表决、第三方会计师事务所进行财务审计,花费的金钱成本和时间成本太高,业主大会又很难通过,使得上调物业费困难重重。三是近年来我国劳动力成本不断上扬,物业服务企业主要是劳动密集型企业,其主要成本上升,物业费又很难随着成本上升而提高,容易出现亏损。

物业服务企业为了减少开支、控制成本,通常会采用一些引起物业服务质量下降,甚至有损业主利益的手段。如精简工作人员、减少工资较高的技术性较强的维修人员数量,将大量小区设施设备的维修保养工作外包。有的小区的维修人员数量不足物业人员的1/10,连照明、供水等设施设备维修都忙不过来,更何况电梯日常维护管理,使得《特种设备安全法》中的安全管理员制度成为一纸空文。而物业服务企业将本应属于其管理的维修工作外包的其他维修公司质量更是良莠不齐,导致包括电梯在内的多种小区设施设备故障频发、反复维修,物业服务质量也不高,既浪费了专项维修资金,又让业主人身财产安全不能得到保证。在此情况下,业主就会提出拒缴物业费或要求下调物业费甚至更换物业服务企业,业主和物业服务企业之间矛盾尖锐。据相关数据显示,全国物业服务企业有四成左右处于亏损状态,即使在经济最为发达的沿海地区,也有三成的物业服务企业亏损,近年来新增的物业服务企业数量也逐年下降。① 不得不说,我国物业服务市场陷入了一个恶性循环。

(二)物业服务企业滥用权力的风险

从制度设计层面,物业服务企业受到政府工商管理部门、业主委员会及街道社区的监督,其中业主委员会的监督最为直接、全面、及时。但是在实际操

① 《全国物业管理行业生存状况调查报告》,2012 年,http://www.docin.com/p-1693919030.html,下载日期:2017 年 7 月 20 日。

作层面,业主委员会是一个较为松散的群众自治组织,其成员虽然德高望重但是通常不具备专业知识,有时并不能对物业服务企业作出有效的监督。物业服务企业在实际管理服务住宅小区各项事务的时候又有很大的操作空间,于是产生了物业服务企业权力滥用的风险。

其中,对电梯安全影响严重的风险有以下表现:首先,物业服务企业在与电梯维保单位签订维保合同时,会选择价格最低的维保单位,无法保障电梯维保质量。其次,电梯在经过保修期后发生故障时,维修资金来自于住宅专项维修资金账户而非物业费,因此少数物业服务企业伙同维保单位故意破坏电梯、维修不符合技术标准导致多次维修,从中赚取不正当收入,同时对属于业主共有的专项维修资金造成严重浪费。最后,极少数物业服务企业在收取物业费或代管相关资金后连夜"跑路",导致业主财产权益受到严重损失,电梯安全更无从保证。

（三）业主对物业服务企业性质的认识误区

近年来业主与物业服务企业矛盾尖锐,诉至法院的案件纠纷数量急速增加。除了物业服务企业侵害业主权益、业主拖欠物业费等责任界定明确的纠纷外,还有很多纠纷是由于业主对物业服务企业性质认识错误和对物业服务行业理解发生偏差引发的。业主和物业服务企业愈发尖锐的矛盾不但影响住宅小区物业服务质量,使得电梯得不到日常维护保养,而且有可能演变为群体性事件,影响社会和谐稳定,需要引起足够的重视。

业主对物业服务企业的性质认识错误主要有两种,这种认识错误的产生并非空穴来风,而是有着特定的社会历史背景。首先,很多业主认为物业服务企业是政府职能部门,与街道办、社区性质类似。我国物业服务企业产生于20世纪80年代,彼时市场经济和计划经济双轨并行,且以计划经济为主导。住宅小区或没有物业服务企业,其卫生、安全等事务由政府直管,或物业服务企业受政府强有力的行政指导,并非现代意义上的市场主体。因此部分业主仍未转变思路,认为"物业是个框,什么都得管",而且要是管不好还得承担相应的责任。其次,由于现在很多有实力的开发商都会成立一家全资子公司的物业服务企业,在前期物业管理中,该家物业服务企业会中标;在业主委员会成立之后,一般情况下也是与该物业服务企业签订物业服务合同,因此很多业主将物业服务企业与开发商混为一谈。如由开发商造成的房屋质量缺陷、配套设施不完善、承诺不兑现等问题,都遗留给接管的物业服务企业,引起业主与物业服务企业之间的矛盾。当出现由于开发商在建筑房屋过程中偷工减料或未按照图纸施工,导致房屋出现不易察觉的质量问题,需要经过一定时间才会慢慢显现，此时开发商可能已经不存在，于是业主顺理成章地将责任推给物业服务企业。实际上，无论何种形式的物业服务企业在责任承担上都是完全独立于政府、独立于开发商，仅对自己的行为和决定、以自己全部资产负责的有限责任公司，不应当为政府、开发商原因承担任何兜底责任。然而在实际操作中，如果业主因物业服务企业以外的原因来要求物业服务企业承担责任，且纷纷向政府部门求助，那么政府部门通常会强行用行政命令强令物业服务企业解决问题，致使物业服务企业亏损运作。物业服务企业本身就以中小型企业为主，本身抗风险能力较弱，如果物业服务企业承担了太多额外的负担，那么必然导致其财力物力人力不足，而本应是其分内的管理维护电梯安全的职责反而不能按照约定完成，对电梯安全产生了连带影响。

物业服务企业作为市场主体，受价值规律的调控。但是实际生活中业主对物业服务企业的期望偏离了市场经济规律，造成了一系列不良后果。

第一，业主普遍存在"重权利、轻义务"的观念。等价交换是市场经济的基础，但业主既希望少交物业费，又希望享受到高质量的物业服务。于是业主大会召开后在对物业服务企业招标时，价格成为最主要的因素。业主这样的观念对自身和物业服务企业都是有害的。正是由于业主对价格有着不合理的要求，因此物业服务行业普遍陷入恶性低价竞争中，各物业服务企业主要考虑降低成本减低价格来中标而不是提高服务质量营造品牌优势。即使在物业费已经过分低廉的情况下，在经营较好的住宅小区中，也会有业主拖欠物业费。在劳动力成本普遍上涨的情况下，如果物业服务企业想提高物业费，需要第三方会计师事务所提供审计报告，再由业主大会表决通过，程序烦琐复杂，导致实际物业服务过程中必然因为经费不足存在各项纰漏，带给业主不好的物业服务体验，这反过来加剧了业主和物业服务企业之间的矛盾。同时，电梯维护工作也可能因为缺少资金而得不到具体落实，给电梯安全带来风险。现阶段的物业收费模式存在很大的问题，对业主和物业服务企业都是"双输"局面。

第二，业主对物业服务企业要求过高。根据市场经济最重要的契约精神，业主和物业服务企业签订合同后，物业服务企业只需按照合同约定，完成至一般意义上的程度即可。但是很多业主对物业服务企业要求过高，甚至到了苛刻的程度，如小区安保人员多为中年以上年龄人员，于是业主对物业的安保工作非常不满，且如果发生财物失窃案件，又责难于物业的安保工作失职。这样的要求是很不合理也不可能达到的。除此之外，业主和物业服务企业本应是地位平等的合同双方，但部分业主对物业从业人员极不尊重，对其颐指气使，要求其承担很多超出物业合同之外的工作。业主的高要求给物业服务企业带来了很大的压力,也增加了一些其本来无须面临的风险。

(四)商业物业的特殊情况分析

商业物业以服务顾客,为商场创造更好的硬件环境为目的,且商场中人流量较大、人群密集度高,因此较之于住宅物业,商业物业服务企业不仅要提供更好的、更人性化的物业管理服务,还有更高的安全注意义务。商场中的电梯使用以自动扶梯、自动人行道为主,载人电梯为辅。虽然商场的开发商经济实力雄厚,在建筑施工过程中大多选购质量较好的电梯,但电梯安全事故仍时有发生。且商场电梯一旦发生事故,就可能是造成多人受伤甚至死亡的特大安全事故,且很容易迅速在社会上广泛传播,对商场形象乃至公众对社会公共安全的信心,都会产生极为恶劣的影响。

【案例6-1】2015年7月26日,湖北省荆州市安良百货公司自动扶梯发生事故,一女子向某和孩子在自动扶梯升至顶部后踏向迎宾踏板,突然间踏板松动发生翻转,向某及孩子均掉入电梯内,此时电梯仍在运行。向某奋力举出孩子,电梯口有两位商场工作人员接过孩子后试图奋力将向某拉起,然而短短8秒后,向某就被卷入电梯,数小时后向某被找到时已经失去生命体征。这就是当时震惊全国的"7·26荆州电梯事故"。

【案例6-2】2013年11月2日,江苏省南京市五洲装饰城电器楼二楼一位4岁女童脚部被电梯卡住,经检查孩子右脚骨折。

在上述电梯事故发生后,质监部门、安监部门都迅速启动调查,发现设施电梯质量方面均不存在问题。实际上,只有小部分电梯安全事故是由于电梯本身质量、设计缺陷,属于产品质量问题,其余大部分电梯事故的发生是由于使用过程中出现各种疏漏,又缺乏相关制度减少损失,导致事故发生。具体原因如下:

首先,电梯维保单位良莠不齐,维保人员专业素质低下。在案例1中,商场人员接受采访时表示向某之所以落入电梯中是维保人员在维修后忘记给电梯踏板上螺丝钉,而向某丈夫则说当时商场没有任何标志显示该部电梯处于维修状态,电梯也正常运行。由此可见,此次事故主要原因是电梯维保单位的工作失误。电梯维保单位是取得相应资质的专业电梯维护保养单位,为何会出现如此低级的错误?在这背后的深层次原因将在下一节详细阐述,在此不作赘述。电梯维保的素质低下导致商业物业服务企业即使有意愿也有经济能力维护电梯安全,但也可能因专业性较强的维保工作不到位出现电梯事故。

其次,商业物业服务企业对电梯安全重视度不高,从业人员缺乏电梯安全知识。在案例1中,商业物业服务企业(非商铺员工)的工作人员第一时间发现向某掉入电梯,于是惊慌失措,只能本能地拉扯向某,当然无济于事。如果工作人员具备基本的电梯安全常识,就会花几秒钟按下非常显眼的紧急停止按钮,就会及时关掉电梯,向某也不至于失去性命。此外,商场中发生的部分电梯安全事故是由于商场中的人员(多为商业物业服务企业人员)操作不当引起的。由此可见,商业物业服务企业对电梯安全重视程度不高,相关人员也缺乏电梯安全培训,平时对电梯的日常管理维护没能起到实质性作用,一旦发生事故,不能正确、有效地紧急处理以减少损害。

最后,商场中人员拥挤、构成复杂,物业管理难度大。商场中人流量大,密集度高,现实生活中一旦商场进行促销活动,商场内人山人海,而且不同年龄、不同文化水平的人都有。此时,商业物业服务企业要维持商场正常秩序和提供正常物业服务已显得困难,再抽调人力保证电梯安全运行就更加不易。这种情况容易发生两种电梯事故:一是如案例 2,因为自动扶梯载重过度,导致电梯突然逆行,造成乘运人受伤;二是由于人多拥挤,衣裙、鞋带卷入自动扶梯或者因大人无暇照看小孩,导致乘运人手、脚等身体部位被卷入自动扶梯,造成电梯卡人事故。

在这类电梯安全事故中,乘运人只是在正常使用自动扶梯,并未有违反电梯使用规则之处,或者仅有一些轻微的、不可避免的不适当行为,事故发生主要是由于电梯设计和生产本身未能满足商场电梯使用的客观情况,电梯制造商也应当负有责任。但是,只要商业物业服务企业稍加注意并采取一定措施,这类事故也是可以避免的。

四、对商业物业服务企业维护商场电梯安全的建议

商场的客观情况对商业物业服务企业的电梯安全维护工作提出了比住宅物业更高的要求,商场电梯安全也面临严峻的考验。但是本书作者认为商业物业服务企业完全有能力在最大程度上保证电梯安全,最根本的原因就是商业物业服务企业的经济实力雄厚,有能力采取一系列措施防范电梯安全事故。首先,商业物业服务企业应选择专业素质较高的电梯维保单位订立电梯维保合同,并且对电梯的检验、维保频率应高于国家最低规定的每月一次,维保工作应严格按照相关规定进行,且商业物业服务企业人员在维保结束后应进行必要的安全性测试。其次,商业物业服务企业应当更加注重电梯安全风险防范,对其员工进行电梯安全培训,包括如何正确使用电梯和一旦发生电梯安全事故的应急处理方法,最大程度上减少电梯事故造成的损失。最后,应切实贯彻落实电梯安全管理员制度,增加电梯安全管理员数量。增加电梯安全管理

员数量并不会大幅增加人工成本,因为根据《特种设备安全法》的规定,电梯安全管理员可以兼职,商业物业服务企业可以让部分安保人员兼职电梯安全管理员,其仅需做引导顾客文明、安全乘坐电梯、制止危险乘坐电梯行为以及在商场拥挤时对电梯乘运人进行流量限制,防止电梯,尤其是自动扶梯超载运行等简单工作,就可以很大层面上防止电梯安全事故发生。

第四节 住宅专项维修资金制度对电梯安全的影响

一、住宅专项维修资金概述

根据原建设部和财政部共同颁布的《住宅专项维修资金管理办法》的规定,住宅专项维修资金是指专项用于住宅共用部位、共用设施设备保修期满后的维修和更新、改造的资金。[①] 其中住宅共有设施设备是指住宅业主或者住宅业主及有关非住宅业主共有的附属设施设备,一般包括电梯、天线、照明、消防设施、绿地、道路、路灯、沟渠、池、井、非经营性车场车库、公益性文体设施和共用设施设备使用的房屋等。[②] 电梯的维护、改造、更新等项目花费较大,其资金来源大都出自住宅专项维修资金,可以毫不夸张地说,住宅专项维修资金是维系电梯安全的生命线。我国住宅专项维修资金设立于 20 世纪 90 年代,从 1989 年《城市异产毗邻房屋管理规定》、1998 年《住宅共用部位共用设施设备维修基金管理办法》的出台,到 2008 年《住宅专项维修资金管理办法》的颁布,住宅专项维修资金制度逐渐确立完善,我国住宅专项维修资金实行"专户存储、专款专用、所有人决策、政府监督"的管理原则。

二、住宅专项维修资金的立法沿革

1989 年原建设部颁布的《城市异产毗邻房屋管理规定》首次提出了建筑物区分所有权的雏形——"异产毗邻权"这一概念,指结构相连或具有共有、共

---

① 《住宅专项维修资金管理办法》第 2 条第 2 款。
② 《住宅专项维修资金管理办法》第 3 条第 2 款。

用设备和附属建筑,而为不同所有人所有的房屋,[①]同时规定了各所有权人对共有财产负有维护、修缮的义务。1998 年原建设部与财政部共同颁布的《住宅共用部位公用设施设备维修资金管理办法》中明确了维修资金交纳主体、交纳标准和使用范围,且规定了维修资金"随房过户",但不足之处在于由开发商收取首期维修资金,由物业服务企业管理维修资金的制度非常不合理,常常发生开发商或物业服务企业侵占甚至卷走维修资金的现象。[②]《物业管理条例》第 54 条规定,"住宅物业、住宅小区内的非住宅物业的业主,或者与单幢住宅楼结构相连的非住宅物业的业主,应当按照国家有关规定缴纳专项维修资金",至此,明确了住宅专项维修资金的缴纳主体是业主,结束了实践过程中多个缴纳主体相互推诿、比例责任不明的情况。2007 年《物权法》首次以法律形式确立了住宅专项维修资金制度,其中第 79 条规定:"建筑物及其附属设施的维修资金属于业主共有。仅业主共同决定,可以用于电梯、水箱等公用部分的维修,维修资金的筹集,使用情况应当公布",该条款明确了住宅专项维修资金的所有权人、使用范围和使用程序,至此住宅专项维修资金制度正式确立。2009 年原建设部和财政部颁布的《住宅专项维修资金管理办法》进一步细化了住宅专项维修资金的交存、使用、管理和监督等实施细则,住宅专项维修资金制度得到了长足的进步。

三、住宅专项维修资金制度本身风险及其对电梯安全的连带影响

电梯属于技术含量较高的设备,更换零件或者大型维修都需要大笔资金,只有住宅专项维修资金的资金池才能最大限度地满足电梯大修的资金需求。若住宅专项维修资金收入筹集不力,会导致维修资金池资金不足,电梯的日常维护保养缺少资金支持;即使住宅专项维修资金在总量上足够,但是使用支取制度僵化,使电梯不能得到及时高效的维护。以上种种问题使该项制度在实际运行过程中存在一些风险和不足,影响了电梯的正常维护修缮工作的开展。

(一)住宅专项维修资金交存的风险

我国归集的住宅专项维修资金总额巨大且存余比例极高,但是由于实行全国住宅小区众多且经济情况不一,各小区又分幢分账管理,每个小区的交纳及续交情况不一致,且每个小区的电梯运行状况不同,对维修资金的需求量也

---

① 建设部:《城市异产毗连房屋管理规定》第 2 条第 2 款,2001 年 8 月 15 日。

② 颜永宇:《物业专项维修资金若干法律问题研究》,载西南政法大学 2014 年硕士学位论文。

不同,因此仍然有很多小区的电梯等共用设施设备需要维修时因为本小区住宅维修资金交存不符合规定而无钱可用。具体原因如下:

1.首期住宅专项维修资金代收主体不明确

我国法律规定了业主有交纳住宅专项维修资金的义务,却没有具体规定由何种主体进行代收。《住宅专项维修基金管理办法》第 9 条规定"住宅维修资金由专户管理银行管理",第 14 条规定"专户管理银行、代收住宅专项维修资金的售房单位应当出具由财政部或者省、自治区、直辖市人民政府财政部门统一监制的住宅专项维修资金专用票据",由此可见,开发商有权代收维修资金。在实际操作过程中,代收主体有开发商、物业服务企业、政府主管部门三类。然而,经验表明由开发商或者物业服务企业代收是不科学的,据《羊城晚报》调查,截至 2005 年,广州市疑有 5 亿元维修资金被开发商卷走;2006 年广东省 50 多个业主委员会直指维修资金存在被挪用的黑洞,共同发起维权,在社会上引起强烈反响。[①] 而政府主管部门代收维修资金虽然合情合理,但是既没有法律上的依据,有政府行为"越位"的可能,又增加政府的负担,效率不高。

2.对续交方式的规定过于简略且存在救济风险

在维修资金续交阶段,存在两个必须面对的问题:一是如何续交(具体而言,谁来决定、交多少、怎么交);二是如果业主拒绝续交,应该如何救济?

在续交方式上,《住宅专项维修基金管理办法》第 17 条规定,"业主分户账面住宅专项维修资金余额不足首期交存额 30％的,应当及时续交。成立业主大会的,续交方案由业主大会决定。未成立业主大会的,由建设主管部门会同同级财政部门制定",由于该规定过于简略,缺乏具体操作标准,各地纷纷出台政策文件加以补充,导致各地续交方式不一。如《重庆市物业专项维修资金管理办法》规定,政府代管的维修资金按照首期交纳标准续交;业主大会代管的则有业主大会在管理规约中明确。而重庆市大部分住宅小区的住宅专项维修资金都是由政府代管,因此业主需要按建筑面积比例一次性续交。[②]《深圳市物业专项维修资金管理规定》中规定由物业服务企业再收取物业服务费时一并向业主代收日常专项维修资金,并定期存入专门管理账户。[③]

---

① 《广州 20 家业委会联合向开发商讨维修金》,http://news. sohu. com/20061025/ n245982430. shtml. 下载日期:2017 年 6 月 7 日。

② 《重庆市物业专项维修资金管理办法》第 19 条,2011 年 3 月 1 日实施。

③ 《深圳市物业专项维修资金管理办法》第 10 条,2010 年 9 月 10 日实施。

在救济途径上,《住宅专项维修基金管理办法》虽然规定了业主有续交专项维修资金的义务,却没有规定当业主拒绝续交时的救济途径。有学者认为应由最了解住宅小区实际情况的业主委员会或者物业服务企业催收,如深圳市规定业主拒绝续交时由业主委员会催收或由业主委员会委托物业服务企业代为催交①。也有学者认为应当由政府代为催收,但是上述主体在催收时都具有法理上或者操作上的缺陷。业主委员会代为催收合理合法,应是最合适的主体,但是我国《民法总则》《物权法》《民事诉讼法》等法律都没有直接明确业主委员会是否具有诉讼主体资格。物业服务企业既不是专项维修资金的管理者,又不是其所有者,况且很多物业服务企业催收物业费都非常困难,因此委托物业服务企业催收有强人所难之嫌;至于由政府代表的公权力介入,更是既不合法理,也不合实际。住宅专项维修资金由业主共同所有、业主共同管理,属于私权领域,政府不应随意踏入。同时,政府承担代为催收维修资金这种无比琐碎的事务,必将耗费大量精力和财政资源,得不偿失,是非常不经济的做法。

(二)住宅专项维修资金使用的风险

即使在住宅专项维修资金账户内资金充裕的住宅小区,居民也常有一些不良的居住体验,如电梯之类的共用设施设备常常出现故障,需要采取维修、改造或者更新等措施,但由于难以支取住宅专项维修资金导致维修工作一拖再拖,不但有损电梯等设施设备的使用寿命和运行状况,还影响到了业主的生活质量甚至业主的人身财产安全,具体原因如下:

1. 各地政府对"维修"理解不同

在实际操作过程中,各地对"维修"一词的理解不同,有的地方理解为"修而不维",即只有中修和大修才属于《住宅专项维修基金管理办法》规定的维修范围,能够支出专项维修资金,而"维护""小修"则不在其中。如《南京市房产管理局关于贯彻落实〈南京市物业维修基金管理办法〉的实施意见》中明确规定,维修基金只能用于房屋共有部位、共用设施设备保修期满后的中修、大修、更新、改造项目,而小修和日常维护则不在其内。② 根据立法目的解释和平义解释,南京市政府《住宅专项维修基金管理办法》中关于"维修"的理解有失偏

---

① 《深圳市物业专项维修资金管理办法》第 19 条,2010 年 9 月 10 日实施。

② 《关于贯彻落实〈南京市物业维修基金管理办法〉的实施意见》第 5 条,http://www.nanjing.gov.cn/xxgk/bm/zjw/200801/t20080118_1213242.html,下载日期:2017 年 2 月 9 日。

颇,维修除了大修、改造之外,理所当然包括小修和维护,因此无论大修小修,都应从住宅专项维修资金中支取,这样一方面可以减轻业主和物业服务企业的电梯维护负担,另一方面可以保证电梯得到及时、有效的维护,从而保证电梯安全。

2. 住宅专项维修资金支取程序不科学

住宅专项维修资金主要用于修缮共有部分的设施设备,除了支取使用合理、不得被贪污挪用等基本要求外,最应该做到的就是支取使用方便快捷,以便尽早修缮。但是,立法者似乎忽略了这一点,根据《住宅专项维修基金管理办法》规定,支取专项维修资金需要经过"双三分之二"同意才能向有关部门提出申请,再经历审核批准后才通知银行划拨。这样的规定过于严苛复杂,一是对于业主而言,业主大会本身就很难召集,即使召集业主人数达标,因为维修事宜对各业主利益关联程度不同,有的业主会因事不关己而投反对票,很难满足双三分之二的条件。二是对于政府而言,政府主管部门因为审批流程复杂,且本身其他工作任务就很繁重,导致审批效率低下。由于根据现有制度设计,在实际操作中从住宅专项维修资金中支取费用异常困难。据相关数据统计:全国交存的住宅维修资金已经超过 1 万亿元,但是使用率不足 1%。截至2013 年 7 月,北京交存资金 348.1 亿元,使用 5.38 亿元,使用率仅为 1.55%。截至 2012 年 10 月,广州市交存资金约 81 亿元,使用 8000 万元,使用率仅为0.99%。截至 2012 年 1 月,天津市交存资金为 145.4 亿元,使用 7753.5 万元,使用率仅为 0.53%。[①]

(三)住宅维修资金监管风险

1. 住宅专项维修资金各管理主体本身的不足

根据《住宅专项维修基金管理办法》及其他法律的规定,住宅专项维修资金一般由业主委员会或政府主管部门负责管理,然而二者都因为其本身的原因不能发挥住宅专项维修资金应有的作用。

业主委员会在管理上存在以下风险:首先,由于业主们法律意识不强、住宅小区"炒房团"太多、开发商刻意阻挠等原因,很多小区业主大会很难召开,业主委员会也难以成立。其次,即使成立了业主委员会,业主委员会也很难有效运行。业主委员会成员均由小区业主组成,虽然德高望重或者在某一领域

---

① 丁兆增等:《物业服务企业主要法律风险与防范》,厦门大学出版社 2015 年版,第191 页。

成绩突出，但往往缺乏专业管理能力，面对高达数百万的专项维修资金，业主委员会是否能进行有效的管理存在疑问。且业主委员会制度设计本身就赋予其很大的权力又缺乏相应的监督，对住宅专项维修资金的安全风险很大。而由政府代管专项维修资金时，存在下列三种风险：一是政府和业主利益追求不同，政府代管最主要是保证维修资金的安全而不是收益，因此小区申请支取维修资金难，专项维修资金保值升值更难；二是随着修建的住宅小区越来越多，需要政府代管的维修资金账户和数额都会越来越多，难免心有余而力不足，行政效率低下；三是如果政府相关监督审计机制存在漏洞，政府代管的专项维修资金就有被贪污挪用的风险。如 2007 年上海房屋维修资金管理中心涉嫌违规挪用 8 亿元进行炒股，被媒体报道后在社会产生了很大的不良影响。[①]

2. 住宅专项维修资金贬值风险

我国住宅专项维修资金的总额巨大，在交存后到实际使用往往间隔时间较长，因此需要通过较为有效的投资实现保值增值。虽然《住宅专项维修基金管理办法》第 26 条规定，维修资金在闲置期间，可以根据有关规定用于购买国债或用于定期存款，但是在实际操作中，因为购买国债要经过烦琐的程序，即经住宅小区业主"双三分之二"同意通过、有关部门审核批准后才能购买，且国债资金流转周期过长，不方便随时支取以维修共用设施设备，因此购买国债的情况较少，大部分维修资金都存入银行而且是利率仅 0.72% 的活期存款。在通货膨胀形式日益严峻的今天，专项维修资金无法抵御资金贬值的压力。据国家统计局早前资料显示，1999 年至 2006 年，我国住宅专项维修资金总归集数额 200 多亿元，而该笔资金主要是以活期存款储存的形式存入银行，按照不到 1% 的活期利率计算，或取的利息收益只有数百万元，而近年来的通货膨胀率高达 4%，这样算来这 200 多亿元维修资金每年贬值达 7 亿元，可谓损失惨重。[②]

针对此种情况，各地政府尝试做了一些改革措施。如重庆市规定在房地产行政主管部门代管专项维修资金期间，当年交存或者使用的部分按照同期银行活期存款利率计息，其余部分按照一年期同期定期存款利率计息。[③] 此举虽然一定程度上缓解了维修资金贬值的压力，但考虑到各大银行的一年期

① 《上海市房屋维修资金管理中心涉嫌违规炒股？》，http://business. sohu. com/20070518/n250101701. shtml，下载日期：2017 年 2 月 10 日。

② 方涛：《密切关注住宅专项维修资金的保值问题》，载《现代物业》2008 年第 3 期。

③ 《重庆市物业专项维修资金管理办法》第 34 条第 1 款。

定期存款利率不过 3% 左右,低于通货膨胀率,并没有扭转住宅专项维修资金持续贬值的不利局面。

第五节　明确物业服务企业在电梯安全使用中的权利与责任

一、关于物业服务企业首负责任的争议

(一)物业服务企业首负责任概述

在本章第三节的阐述中,住宅小区发生电梯安全责任的根本原因在于所有权人、使用者、管理者分离且缺乏配合,于是近年来有学者提出了"物业服务企业首负责任"这一概念,且在上海等城市进行了初步的探索。[①] 所谓电梯管理人首负责任,又称电梯使用管理人第一赔付责任,是指电梯发生事故造成人身财产损失时,当受害人向电梯管理人提出索赔诉求时,由电梯管理人向受害人先行赔付,在电梯管理人承担责任后,若认定事故责任归结于其他单位或个人,再由电梯管理人向其追偿。

首负责任制度的设计目的是解决电梯事故或者故障后造成人身伤亡或财产损失时,及时救治、安置伤亡人员的问题,先由使用管理人进行赔偿后,经事故认定属于其他单位或人员责任的,使用管理人有权向其他单位或人员追偿。使用管理人并非承担最终责任,而只是垫付相关费用。通过凸显使用管理人责任,防止出现责任不明情况下多个主体之间互相推诿而导致受害人无法得到及时赔偿,从而最大限度维护受害人权益。

根据《侵权责任法》的相关规定,作为物件致人损害的一种,电梯事故致人损害时,电梯所有人是当然责任人,使用管理人在有过错的情况下也应承担相应的过错责任。同时,电梯作为一种产品,当电梯事故是由于电梯本身缺陷造成时,电梯生产者和销售者也是当然责任人,这种责任是一种不真正连带责任,受害人有权任选主体进行求偿。而电梯使用人首负责任打破了原先电梯所有者、使用管理人、生产者、销售者之间原有的利益结构,凸显使用管理人在

---

① 《上海市电梯安全管理办法(修订草案)》。

电梯安全事故责任中的核心地位,只要出现电梯安全事故致人损害,无须考虑何种责任事故、谁是最终责任人,也不用考虑使用管理人是否存在过错,只要受害人向使用管理人提出索赔诉求,使用管理人都要先行承担赔偿责任。

(二)物业服务企业首负责任的争议述评

"首负责任"一经提出,就引发了广泛而激烈的争论。赞同者认为首负可以防止责任人互相推诿,最大限度地保护受害人利益;反对者认为首负责任没有法律上的依据,且对使用管理人不公平。

赞成者的理由有如下:

首先,物业服务企业对电梯乘用人具有安全保障义务。《侵权责任法》第37条规定,"宾馆、商场、银行、车站、娱乐场所等公共场所的管理人或者群众性活动的组织者,未尽到安全保障义务,造成他人损害的,应承担侵权责任"。物业服务企业作为电梯所在场所(住宅小区)的经营者,相对于乘用人,"具有更加强大的力量和相关方面更加专业的知识和专业能力,更能遇见可能发生的危险和损害,更有可能采取必要的措施防止损害的发生或减轻损害"[1],因此,物业服务企业作为电梯使用管理人对电梯乘用人的人身财产安全负有安全保障义务。

其次,物业服务企业首负责任有利于维护受害人权益。在现有责任框架下,受害人看似可以在生产者、销售者、使用管理人等诸多主体之间选择索赔,然而均需按照过错责任这一基本原则。因此司法实践中诸多主体之间相互推诿,反而不利于受害人索赔。如业主作为电梯所有人将电梯日常维护工作委托给物业服务企业,而物业服务企业又将大部分电梯维保工作委托给专业的维保公司。根据合同相对性原理,当业主因电梯事故受损时,不能直接向维保公司索赔,只能向物业服务企业主张违约或侵权责任。因此物业服务企业应是电梯事故第一责任人,将其确定为首负责任主体有利于受害人索赔。

再次,在法律上,类似于此的使用管理人承担责任已有先例,如我国《民法通则》第122条、《侵权责任法》第44条规定的产品制造者、销售者责任[2],《侵

---

[1] 张新宝、唐青林:《经营者对服务场所的安全保障义务》,载《法学研究》2003年第3期。

[2] 《民法通则》第122条规定:"因产品质量不合格造成他人财产、人身损害的,产品制造者、销售者应当依法承担民事责任。运输者、仓储者对此负有责任的,产品制造者、销售者有权要求赔偿损失。"《侵权责任法》第44条规定:"因运输者,仓储者等第三人的过失使产品存在缺陷,造成他人损害的,产品生产者、销售者赔偿后,有权向第三人追偿。"

权责任法》第 85 条规定的物件所有人、管理人责任[①],第 86 条规定的建设单位、施工单位责任[②]。民航事故中,航空公司既不是飞机生产者,也不是销售者,甚至不是所有者(飞机租赁),但一旦发生事故,航空公司必须承担责任。

最后,由物业服务企业承担首负责任,不存在不公平问题。首负责任只是为了解决受害人求偿难的一种垫付责任,若是由其他责任主体造成电梯安全事故,物业服务企业可以向其他责任人追偿,不存在对使用管理人不公平的问题。

而反对物业服务企业首负责任的观点如下:

首先,首负责任对物业服务企业不公平。物业服务企业受业主委托对住宅小区物业进行管理服务,既不是电梯选用者,不能阻止开发商选用低廉劣质的电梯,又不是真正意义上的电梯维护者(电梯由维保公司维护),没有能力对电梯进行专业维护。因此将物业服务企业责任顺序排在制造商、开发商甚至维保公司之前,让其承担首负责任,显失公平。

其次,首负责任没有法律依据。我国所有法律都从未出现首负责任这一概念,尽管有类似责任形式,但是其本质是一种承担过错推定的不真正连带责任,并没有使用首负责任这样的用语。因此首负责任是一种全新的责任形态,缺乏上位法依据,地方立法过程中采用首负责任这一制度超出了上位法范围。

最后,首负责任不具有可操作性。物业服务企业是典型的劳动密集型中小型企业,经济能力有限,若不问原因就让物业服务企业承担电梯安全事故造成的数十万上百万的损害赔偿,会使物业服务企业不堪重负。即使物业服务企业有能力赔付,但往往再向真正责任人实现追偿也是非常困难。最终可能导致物业服务企业在投标时就将电梯维护排除在服务清单之外,实际上更不利于电梯安全。

本书认为,物业服务企业首负责任缺乏操作空间,在各地方政府立法实践中,也鲜有地方采用这一制度,如广东省政府在电梯立法过程中就没有将之前呼声很高的首负责任纳入其中。首先,首负责任是一种创新责任,我国法律体

---

① 《侵权责任法》第 85 条规定:"建筑物、构筑物或者其他设施及其搁置物、悬挂物脱落、坠落造成他人损害。所有人、管理人或者使用人不能证明自己没有过错的,应承担侵权责任。所有人、管理人或者使用人赔偿后,有其他责任人的,有权向其他责任人追偿。"

② 《侵权责任法》第 86 条第 1 款规定:"建筑物、构筑物或者其他设施倒塌造成他人损害的,由建设单位与施工单位承担连带责任。建设单位、施工单位赔偿后,有其他责任人的,有权向其他责任人追偿。"

系中从未出现过首负责任这一法律术语,其并没有遵循侵权责任法中的过错责任原则,因此其本质与之相似的不真正连带责任是完全不同的。其次,首负责任所希望解决的受害人索赔难问题是不存在的,虽然我国电梯安全事故时有发生,但是受害人索赔无门的新闻从未进入过公众的视野,司法实践中法官也会判决有赔偿能力的主体承担赔偿责任,因此该制度的前提是一个伪命题。最后,首负责任虽然高效便捷,但是违背了公平公正原则,无视过错责任和法律上的因果关系,强行将物业服务企业置于第一赔偿顺位,推卸了其他责任主体的责任,过于粗暴粗糙,反而不利于电梯安全。

二、物业服务企业在维护电梯安全中的法定责任

(一)依法登记

物业服务企业应当依法向特种设备安全监督管理部门办理电梯使用登记手续,取得登记证书,并将登记证书置于电梯显著位置。登记事项发生变更的,自变更之日起 30 日内办理变更登记手续。电梯报废的,应当在报废 30 日内向原登记部门办理注销。

(二)建立维护电梯安全的相关制度,尤其应建立应急预案

物业服务企业应建立健全电梯安全使用、日常安全管理和事故风险防范等安全管理规章制度,尤其要构建电梯安全应急反应制度、制定电梯安全应急救援工作计划、编制电梯安全事故应急预案,甚至定期进行事故应急演习,以提升应对突发电梯安全事故的能力。同时应保持电梯内紧急报警装置的正常使用,保证能随时与物业服务企业值班人员实现有效联系;确保值班人员随时在岗;发生乘客被困电梯时,立刻通知维保单位或有关部门,安抚被困人员,配合救援工作,并向特种设备安全监督管理部门报告。

(三)对电梯乘用人告知义务

物业服务企业应在电梯轿厢内或者出入口明显位置张贴有效的电梯使用登记标志、安全使用说明、安全注意事项、警示标志、有效的安全检验合格标志、服务投诉和救援电话号码、电梯安全责任保险的投保信息等内容,为乘用人安全乘坐电梯提供足够的信息。

(四)落实电梯日常检查工作

物业服务企业应对电梯使用情况进行日常检查,及时制止危害电梯运行的行为;保持电梯轿厢内监控设施的正常运行,随时监控轿厢内情况,对监控资料的保存期限不得少于 2 个月;在电梯显著位置设置日常检查情况表格,对检查常规事项情况进行描述,并由检查人员签字。电梯出现故障或者异常情

况,可能危及乘用人安全的,立刻停止电梯运行,及时通知电梯维保单位进行维修,在显著位置设置停用标志,并对处理现场拍照。

（五）监督电梯维保单位的工作

物业服务企业应对其委托的电梯维护保养单位的维保工作予以监督检查。发现维保单位不履行或者不认真履行其法定或约定的维保义务时,应予以记录,及时督促其改正,并向特种设备安全监督管理部门报告。

（六）定期公开电梯相关信息

物业服务企业作为业主委托的电梯使用管理人,应当定期公布电梯安全运行的收支情况,不得挪用、节流、侵占电梯安全运行经费,确保电梯安全经费足额用于电梯维护、保养、改造、装修、更新。

（七）设置专门的电梯安全管理员

物业服务企业应当配备专职的安全管理人员,并应当履行下列职责:(1)妥善保管和使用电梯钥匙、机房钥匙和提示牌。(2)按照规定事项对电梯进行日常巡检,并记录和保存电梯日常使用状况。(3)配合维护保养单位开展工作并对其工作情况进行监督记录。(4)发现电梯故障时立刻停用电梯、张贴停用告示,向电梯使用管理单位负责人报告。(5)配合施工单位对电梯的安装、改造、加装、修理、检验、检测工作。(6)电梯发生故障时,第一时间到场并协助救援。(7)劝阻乘用人违规使用电梯的行为。

三、物业服务企业在电梯安全中的注意事项

（一）尝试改变委托模式,在委托维保单位时尽到足够的注意义务

为了降低物业服务企业的成本,又提升电梯维保的质量,物业服务企业可以尝试改变传统的先收取物业费,再从物业费中支出资金委托电梯维保单位的委托模式。应直接由业主委员会从住宅专项维修资金中支出资金,物业服务企业再凭借自己的经验,在尽到足够的注意义务的前提下,协助业主委员会通过招投标委托依法取得电梯维护保养许可资质的、有实力的电梯维保单位对电梯进行维护保养,并参照有关示范文本签订电梯维护保养合同。

（二）充分利用大数据优势,建立电梯安全技术档案

在大数据时代,物业服务企业应充分利用数据信息优势,配合有关部门做好第一手数据采集工作。应建立电梯安全技术档案并长期保存,安全技术档案包括电梯出厂文件、安装文件、改造大修、日常检验、使用登记、日常停用、过户、迁移和报废以及定期检验报告、安全评估报告等,使电梯安全责任量化分配到各个主体,在证明物业服务企业是否为电梯安全尽到足够义务时一目了

然,即使发生电梯安全事故,该档案可以成为物业服务企业免于承担或减轻赔偿责任的重要证据。

(三)在订立物业服务合同时细化电梯安全方面的约定

物业服务企业应当在与业主委员会订立物业服务合同时注意细化电梯安全方面的约定,以求尽可能规避法律风险,具体包括:约定电梯日常管理、维护保养、改造、维修、检验检测、安全性能评估、更新费用筹集、保管和使用规则;明确物业服务企业、业主大会、业主委员会各自在电梯安全使用管理方面的权利义务以及纠纷解决途径;在小区显著位置公开电梯安全管理相关记录和电梯安全费用的收支情况;及时向业主委员会书面报告电梯故障或电梯安全隐患,请求业主委员会按照管理规定及时处理。

四、物业服务企业的配合义务

物业服务企业应当配合街道办或其他政府部门,积极开展电梯安全知识宣传工作,为小区居民树立电梯安全意识;并配合相关部门定期开展电梯安全事故应急救援演习,提升自身应急事故救援能力,以便在发生电梯安全事故时挽回和减少损失。

第六节　发挥物业行业协会的作用

一、行业协会及其作用概述

综合世界各国经验可以看出,对企业的控制主要是通过三种方式完成的:一是通过企业的道德自律行为;二是政府的引导和强制行为;三是通过介于国家和市场之间的、以行会为代表的第三部门为力量的自律和协调行为。在我国传统的市场经济治理模式中,最显著的特征就是过分依赖具有强权作为后盾的国家行政机关对社会经济主体的引导和强制,而忽视了企业自律和第三部门力量的发挥,"重国家、轻社会"的治理观念不可避免地产生对经济主体营利性的漠视和对市场经济的过度干预。当前我国国民经济改革的重要目标之一就是减少行政机关对市场的不正当干预,但去行政化的过程中又产生无序化的新问题。此时,就必须强化企业的道德自律和行业自律来弥补管控的真空。我国学术界认为行业协会主要有三大功能:一是经济功能。

行业协会可以为其成员提供经营相关的信息,可以协调行业内部矛盾、组织成员进行集体行动以产生规模效应,可以通过自律维护市场秩序。二是民主功能。行业协会可以集中本行业成员力量,对政治决策的制定和方向产生一定影响,可以促进政府公开民主决策,同时行业协会内部的民主机制对于民主制度的普及有强有力的推动作用。三是创制规则,补充法律规定的不足。因此要落实物业服务企业对电梯安全的保障,必须充分发挥物业行业协会的作用。

二、物业行业协会对电梯安全的工作

1. 发挥物业行业协会信息库功能

物业行业协会应开展会员单位信息收集、分析工作,制定统一的电梯安全规章制度和相关合同示范文本,供会员单位参考;定期发布有关电梯维护保养的工时、价格等相关标准以供会员单位参考;当会员单位咨询时提供有针对性的技术指导和咨询服务;为会员编写电梯安全的行业手册,专业资料和会刊,促进行业信息交流,提供技术指导和法律政策的普及。

2. 协调集体行动,发挥集体力量

单个物业服务企业对于市场来说是微不足道的,物业行业协会应集中整个地区会员单位的力量,代表物业行业利益,参与和影响政府政策法规制定,如广东的《电梯安全条例》很大程度上因为物业协会的强烈反对未采用首负责任;协调成本和价格,在订立合同时能够争取到足够的费用进行电梯安全的日常维护管理;制定统一的收费标准,参与商定保险费率,推广电梯安全责任保险。

3. 组织培训交流

物业行业协会应积极组织会员单位宣传咨询、教育培训,提高会员单位服务水平和安全水平。

4. 加强行业自律,建设诚信体系

物业行业协会应对会员单位的违法违规现象提出警示,督促其进行整改;收集并定期发布会员单位安全生产和履行法定义务的信息,推进诚信体系建设,开展会员单位信用评级和服务质量评级工作。

第七节 具体案例及评述

一、物业服务企业工作人员执行职务时因电梯安全事故受伤

【案例 6-3】四川聚华物业服务有限公司与符某、达州市圆明工程有限责任公司、刘某提供劳务者受害责任纠纷案①

符某系被告聚华物业公司的水电维修工,每月固定工资 2000 元,每日上班时间为 8:30 至 18:00。2013 年 12 月 5 日约 18 时 40 分,聚华物业公司管理的宣汉县东乡镇金鼎园小区 C 幢楼两台电梯出现故障停止运行。当日在聚华物业公司值班的保安领班李某伟通知符某,让符某告知被告圆明公司负责维修电梯的员工刘某来维修电梯。符某电话通知刘某后,遂独自一人从该楼人行楼梯下行前往电梯底坑查看情况,在前往电梯坑道时,因前往电梯坑道的悬梯上有机油,符某不慎从悬梯上摔下。李某伟听见响声后便喊叫符某,无回应。之后刘某到场维修好电梯后,与符某的妻子一同将符某送往宣汉县人民医院检查治疗。门诊 DR 显示:符某右肋第 8、9、10、11 肋骨骨折。处理意见:1. 活血止痛消炎;2. 静卧休息一月;3. 定期复查。符某用去治疗费 4287.38 元。

原审法院认为,2013 年 12 月 5 日,因宣汉县东乡镇金鼎园小区 C 幢楼电梯发生故障,符某前往电梯底坑查看,因底坑悬梯上有机油,导致符某不慎滑倒受伤。按照聚华物业公司与圆明公司签订的《电梯日常维护保养合同》约定,聚华物业公司应当保证机房、井道、底坑无漏水、渗水现象,通往机房、底坑、滑轮间、井道安全门的通道畅通、照明充分。符某在从事雇佣劳动过程中受伤,根据《最高人民法院关于审理人身损害赔偿案件适用法律若干问题的解释》第 11 条"雇员在从事雇佣活动中遭受人身损害,雇主应当承担赔偿责任……"的规定,聚华物业公司应当承担赔偿责任。根据《中华人民共和国侵权责任法》第 16 条的规定,侵害他人造成人身损害的,应当赔偿医疗费、护

---

① 四川聚华物业服务有限公司与符鹏、达州市圆明工程有限责任公司、刘斌提供劳务者受害责任纠纷案二审民事判决书,(2015)达中民终字第 490 号,载中国裁判文书网。

理费、交通费等为治疗和康复支出的合理费用,以及因误工减少的收入;造成残疾的,还应当赔偿残疾生活辅助器具费和残疾赔偿金;造成死亡的,还应当赔偿丧葬费和死亡赔偿金。符某要求赔偿医疗费4287.38元的诉讼请求,予以支持。

原审判决:1.被告四川聚华物业服务有限公司赔偿原告符某医疗费4287.38元、残疾赔偿金89472元、精神损害抚慰金10000元、交通费222元、鉴定费800元。共计104781.38元。2.驳回原告符某其他诉讼请求。案件受理费1040元,由被告四川聚华物业有限公司承担。

宣判后,被告聚华物业公司不服,提起上诉。

二审法院认为,被上诉人符某系上诉人聚华物业公司的水电工。2013年12月5日,聚华物业公司管理的宣汉县东乡镇金鼎园小区的电梯出现故障,当日值班的保安通知已下班回到家中的符某到场。符某到场后,电话通知负责该小区电梯维修保养业务的圆明公司职工刘某前来维修故障。刘某遂在电话中吩咐符某前往电梯底坑查看故障,符某在前往电梯底坑查看故障时不慎摔倒受伤。聚华物业公司与圆明公司签订的《电梯日常维护保养合同》中约定,电梯使用中发生故障,聚华物业公司应立即通知圆明公司派员到场处理,且现场作业人员应当取得《特种设备作业人员证》,聚华物业公司应当保证机房、井道、底坑无漏水、渗水现象,通往机房、底坑、滑轮间、井道安全门的通道畅通、照明充分。从该合同的约定可以看出,聚华物业公司与圆明公司也存在相互配合的关系。金鼎园小区电梯发生故障后,前期查看电梯故障状态是聚华物业公司的职责之一,符某系聚华物业公司职工,其查看电梯故障亦系履行职务的行为,但刘某吩咐符某查看电梯故障,符某的行为客观上也为圆明公司后期维修起到帮工作用。故本院确定由聚华物业公司与圆明公司对符某在查看电梯故障中所受到的伤害后果各承担50%的赔偿责任。符某的医疗费4287.38元、残疾赔偿金89472元、精神损害抚慰金10000元、交通费222元、鉴定费800元,共计104781.38元,由聚华物业公司与圆明公司各赔偿52390.69元。综上,上诉人聚华物业公司的上诉理由部分成立,本院予以支持。原判认定事实清楚,但适用法律不当,本院予以纠正。据此,依照《中华人民共和国民事诉讼法》第170条第1款第(二)项的规定,判决如下:1.维持四川省宣汉县人民法院(2014)宣汉民初字第1712号民事判决第2条,撤销第1条。2.由上诉人四川聚华物业服务有限公司赔偿被上诉人符某52390.69元;由被上诉人达州市圆明工程有限责任公司赔偿被上诉人符某52390.69元。

笔者评析认为:物业服务企业负责电梯安全的员工必须具备专业电梯安

全知识,取得国家特种设备执照,若不具备相应资格,则禁止直接参与电梯故障维修工作,否则由于电梯施工的危险系数高,非专业人员极易发生安全事故,产生巨额赔偿责任。本案中聚华物业的员工符某本身就是水电工,对相关电力设施有一定了解,但是仅仅是去做查看电梯通道这样简单的工作就意外坠入通道受了重伤,产生高达 10 余万的赔偿责任。物业服务企业一定要严禁非专业员工参与电梯进行维修工作,只能对维保公司工作予以配合并做好安全警示工作。在本案中,聚华物业抓住维修故障电梯是维保单位的职责,而维保单位圆明公司员工刘某承认了其吩咐过符某去查看故障电梯,让中级人民法院在二审过程中认定符某和圆明公司形成帮工关系,判决圆明公司与聚华物业共同承担赔偿责任,减轻了聚华公司一半的费用。因此,如果物业公司员工在维修电梯时受伤,赔偿时物业公司对其员工的抗辩一般不会被法院采纳,应想方设法找出事故与维保单位的因果关系,将赔偿责任转移至维保单位,至少与维保单位承担连带责任或按份责任。

二、乘用人违规乘坐电梯致害

【案例 6-4】①肖××系死者肖×的儿子,肖××、张××系死者肖×的父母亲,且肖××、张××生育肖×等子女二人。2014 年 11 月 28 日晚,肖×和张××在定西市安定区煌家盛宴给朋友过生日,喝了两瓶白酒。晚 11 时许,肖×和被告张××一起去了刘××家做客。当晚,王×、纪××、刘××、陈××等人也到刘××家做客、饮酒。当晚 21 时 53 分 35 秒时,肖×酒后主动和刘××电话联系来到刘××家,肖×也参与饮酒,张××未参与饮酒。后纪××、刘××、陈××等人先后离开刘××家,王×、张××也随后离开刘××家。2014 年 11 月 29 日凌晨,肖×离开刘××家时,在刘××家楼道内不听劝阻、胡乱打砸,故意破坏电梯门,导致其坠入电梯井。刘××与邻居王××找到当晚值班保安马××要求救人,值班保安马××、电梯工维修张××、王××以及刘××同学马××等四人参与了救人。2014 年 11 月 29 日 1 时许,电梯维修工张××拨打了"120"急救电话及"110"报警电话。在"120"的急救人员救人的过程中,电梯维修工张××实际勘验了现场,认为电梯停在 7 楼,

---

① 肖彦德、张桂芳、肖晨晖与定西市城投物业管理有限责任公司、江苏西德电梯有限公司、刘永明、张丽娟、王斌、纪学珍、刘玉琴、陈国明生命权纠纷二审民事判决书(2015)定中民一终字第 352 号。

肖×在 12 楼破坏了电梯外门,导致其坠入电梯井。经过"120"急救人员的全力抢救,肖×依然身亡。后肖×的家属不同意对肖×的尸体进行解剖检验,并办理了肖×的丧葬事宜。刘××于 2014 年 11 月 30 日自愿给付肖×的家属 20000 元。2014 年 11 月 28 日 21 时 34 分 20 秒,刘××用其使用的号为 1870932×××的手机向肖×身前使用的电话主叫 1 分 6 秒,但未接通。2014 年 11 月 28 日 21 时 53 分 35 秒,肖×用其身前使用的手机向刘××使用的号为 1870932×××的手机主叫,通话 28 秒。江苏西德电梯有限公司对位于定西市安定区怡馨苑小区 8 号楼的电梯有产品合格证明书。定西市城投物业管理有限责任公司在电梯内张贴了安全警示标志和乘客须知。

原审认为:肖×生前作为完全民事行为能力人,酒后在刘××家饮酒时,应该预见过量饮酒的危害及后果,但因其并未注意和预防,且在酒后不听劝阻,故意损坏电梯门,导致其坠入电梯井,经抢救无效而死亡,应由其承担主要的民事责任。刘××明知肖×饮酒后,存在危险隐患,但未采取相应保护措施,故应承担相应的民事赔偿责任。张××自始至终与肖×在一起,张××虽未参与饮酒,但在明知肖×酒醉的情况下,未将其安全送回家,亦应承担相应的民事赔偿责任。对定西市城投物业管理有限责任公司、江苏西德电梯有限公司、王×、纪××、刘××、陈××等被告不承担责任的辩解理由成立,本院予以支持……综上,据《中华人民共和国侵权责任法》第 10 条、第 16 条、第 26 条,最高人民法院《关于审理人身损害赔偿案件适用法律若干问题的解释》及《关于确定民事侵权精神损害赔偿责任若干问题的解释》相关之规定,判决:1. 死者肖×的死亡赔偿金 102160 元、肖××的抚养费 37587.50 元、丧葬费 21721.50 元、处理肖×丧葬事宜人员的误工费 1743 元,交通费 2873 元,等共计 166085 元。由被告刘××于本判决生效后 30 日内向原告肖××、张××、肖××赔偿 20000 元(已给付);由被告张××于本判决生效后 30 日内向原告肖××、张××、肖××赔偿 4912.75 元;余 141172.25 元由原告肖××、张××、肖××自行负担。2. 驳回原告肖××、张××、肖××的其他诉讼请求。案件受理费 1618 元,由原告肖××、张××、肖××共同负担 1376 元(免交),由被告刘××负担 200 元,由被告张××负担 42 元。

宣判后,上诉人肖××、张××、肖××不服,提起上诉。

二审法院认为,饮酒后的人身安全是以自我保护为主,以其他人的安全保障义务为补充。本案中,肖×的过量饮酒是导致其死亡最直接、最主要的因素,其作为完全民事行为能力人,应当认知和预见到自己过量饮酒的潜在危险和严重后果,明知醉酒的危险性而不控制酒量,且在酒后不听劝阻,故意损坏电梯门,导致其坠入电梯井,经抢救无效而死亡,因此,其自身具有重大过失,应对死亡的后果负主要责任,由其承担主要的民事责任,故其要求各被上诉人共同承担 80% 赔偿责任的上诉请求不能成立,本院不予支持。被上诉人刘××明知肖×饮酒后,存在危险隐患,但未采取相应保护措施,故应承担相应的民事赔偿责任,被上诉人张××自始至终与肖×在一起,其虽未参与饮酒,但在明知肖×酒醉的情况下,未将其安全送回家,亦应承担相应的民事赔偿责任。被上诉人定西市城投物业管理有限责任公司和江苏西德电梯有限公司作为电梯的管理者和生产者,对肖×并没有法律上的安全保障义务,且经审理查明电梯并不存在质量问题和管理不当导致的安全隐患问题,故该二被上诉人认为其不存在任何过错,不应承担赔偿责任的辩解成立,本院予以采纳……综上,原审认定事实清楚,适用法律正确,实体处理恰当,依据《中华人民共和国民事诉讼法》第 169 条、第 170 条第 1 款(一)项之规定,判决如下:驳回上诉,维持原判。

笔者评析认为:乘用人违规乘用电梯致其自身生命健康权受到损害在电梯安全事故中占较大比例,这类案件发生后物业服务企业往往会作为共同被告之一被起诉。虽然是受害人自己过错导致电梯安全事故发生,但是一旦发生这类事故,物业服务企业也必须以受害人生命安全为重,立刻报警、通知有关单位救援,并予以帮助配合,且物业服务企业需将从知道电梯事故发生到最后处理完毕的全部过程妥善记录,尤其是电梯日常检查工作记录、值班人员的通话记录、报警记录和配合救援工作记录,因为这些记录可以表明物业服务企业尽到了足够的安全保障义务和人道主义救助,可以推翻原告控诉物业服务企业管理不善致害或其不作为导致损害结果扩大的诉求,方能使物业服务企业不承担任何责任。

三、电梯本身质量问题导致安全事故发生,物业服务企业管理不善导致结果扩大或加重

【案例 6-5】①都匀市广惠路地下商业步行街,由被告华盛房地产开发公司开发,于 2013 年 5 月交付业主使用。2013 年 11 月 1 日 16 时许,原告白某某

---

① 白露露、奥克斯快速电梯(苏州)有限公司与贵州港苑物业服务有限公司、都匀华盛房地产开发有限责任公司违反安全保障义务责任纠纷二审民事判决书(2014)黔南民终字第 750 号。

随其母覃某炼等一行 4 人,由都匀市广惠路地下商业步行街石板街路口的入口处,乘自动扶梯(电梯的一种)下至地下商业行步街(该入口处设有自上而下和自下而上两部自动扶梯),出于好奇,原告与随行的另一小孩相互追逐,脱离了大人的看管。16 时 3 分,原告独自一人返回到入口自动扶梯处,逆向踏入自上而下运行的自动扶梯梯级踏板,由于运行惯性作用,原告摔倒横卧在梯级踏板上,衣服卷入梳齿板与梯级踏板的间隙中,但自动扶梯没有停止运行。从此经过的张某某发现后试图将原告抱离,但没有成功,于是呼救,随后,过路群众、原告母亲、商场工作人员等陆续赶到现场参与救援,并有人拨打 119、110、120 急救电话。16 时 5 分,救援人员按下自动扶梯停止按钮后电梯停止运行。16 时 15 分,公安、消防、医务人员先后赶到现场进行救援,16 时 24 分,在剪掉原告衣服后才将原告救出送入医院救治。原告左肢受伤严重,经黔南州医院治疗,未能保住,最后截肢。原告住院 22 天后出院。

2013 年 11 月 19 日,事故调查组作出《都匀市"11·1"自动扶梯事故调查报告》,该报告其中载明:1. 发生事故的电梯是由奥克斯快速电梯(苏州)有限公司生产的 AE(800/30—7.2)型自动扶梯,出厂编号为 A120942,出厂日期为 2012 年 9 月,2013 年 1 月由奥克斯电梯公司安装完毕经监督检验合格,5月 30 日办理使用登记,单位内部编号为 8 号。2013 年 9 月 29 日,奥克斯电梯公司对商场装修过程中损坏的扶梯梯级、毛刷、内盖板、扶手导轨、导轨连接件等进行更换和维修,更换和维修前未按照《特种设备安全监察条例》的规定向质监部门告知,也未向检验部门提出检验申请。9 月 30 日,奥克斯电梯公司将该自动扶梯交付港苑物管公司投入使用。此外,事故发生当日 13 时,该扶梯曾因故障自动断电停机,但电梯管理人员未查明原因,将电源合闸送电,致使电梯带病运行。2. 造成事故的直接原因。自动扶梯梳齿板下和周边沟槽内的粉尘、水泥块等杂物及梳齿保护开关撞杆有锈蚀,造成梳齿板后移阻力增大,在有异物卡入时,未能带动撞杆向后移动撞击梳齿保护开关,致使梳齿板保护功能未发挥作用,自动扶梯未停止运行。3. 间接原因:(1)奥克斯电梯公司未按照《特种设备安全监察条例》及 TSCT5001—2009《电梯使用管理与维护保养规则》的规定履行自动扶梯的维护保养工作,未清理梳齿板下和周边沟槽内的粉尘、水泥块等杂物,未对梳齿开关撞杆锈蚀进行处理,造成梳齿板保护功能未发挥作用。(2)9 月下旬,奥克斯电梯公司对发生事故的自动扶梯相关部件进行更换和维护,没有按照《特种设备安全监察条例》的规定履行施工前告知和申请施工过程监督检验,维修及调试均未做相关记录,造成自动扶梯安全性能无法得到保障。(3)港苑物管公司的电梯使用和运营安全管理制度不健全、不完善，没有对电梯维修、维护工作进行监督；电梯发生故障后未查明原因依然运行；没有按照都匀市质监局下发的《关于开展特种设备安全大检查的实施方案》和要求进行电梯安全检查、排除安全隐患。(4)港苑物管公司《电梯应急救援预案》针对性不强，且未进行救援演练，发生事故后救援不及时，致使受害人加重伤害程度。(5)白某某母亲覃某炼未尽到监护人职责，使其脱离安全监护。4.人员、责任认定。奥克斯电梯公司电梯维修人员王某、王某跑没有履行电梯维护保养工作，承担事故的主要责任；港苑物管公司电梯管理人员李某学，没有认真履行电梯安全管理职责，负事故的次要责任；白某某母亲覃某炼未尽监护职责，负事故的次要责任。该调查报告还载明有对奥克斯电梯公司、港苑物管公司相关人员的处理建议和以后对此类事故的预防措施，整改建议等内容。

原审被告奥克斯快速电梯(苏州)有限公司一审辩称：第一，原告所受的伤害是因为其父母监护没有尽到监护职责和物管公司未尽到物管职责所致。第二，被告生产的电梯已经通过合格验证。原审被告贵州港苑物业服务有限责任公司一审辩称：1.原告的监护人没有履行监护职责，是导致原告受害的直接原因，应负主要责任。原告发生事故时仅两岁，系无行为能力人，其母覃某炼带她到广惠路地下商业步行街后，不加看护，任由其独自一人逆向踏入自上向下运行的自动扶梯梯级踏板，由于运行惯性作用，原告摔倒横卧在梯级踏板上，衣服卷入梳齿板与梯级踏板间隙中，造成原告左手受伤，最后因伤重截肢。由此可见，事发时自动扶梯是正常运行的，如果监护人正常履行监护职责，那么，原告就不可能逆向踏入运行中的自动扶梯，事故也就不会发生。所以，原告的监护人应承担本次事故的主要责任。2.港苑物管公司不是本次事故的直接责任人，只应承担一定的责任，司法实践中一般仅计赔总额的 10%。按照《都匀市"11·1"自动扶梯事故调查报告》第 5 条(2)款第(3)(4)项介绍的情况，报告港苑物管公司只存在：(1)电梯使用和运营安全管理制度不健全，不完善；(2)没有对电梯维修、维护工作(电梯公司职责)进行监督；(3)电梯带病运行，未进行电梯安全检查，排除安全隐患；(4)《电梯应急救援预案》针对性不强，且未进行救援演练，发生事故后救援不及时等。综合这些因素，均不是事故发生的直接原因，港苑物管公司不是直接责任人，只能认定其对事故损失的扩大负有一定责任。

一审法院认为：第一，被告华盛房地产开发公司开发都匀市广惠地下商场后，由被告奥克斯公司提供安装了 8 台自动扶梯电梯，2013 年 1 月，肇事的自动扶梯(自编号为 8 号)与其他自动扶梯安装完毕后经检验合格，于同年 5 月

30 日办理使用登记手续。同年 9 月 29 日,被告奥克斯公司对商场装修过程中被损坏的 8 号自动扶梯的相关部件进行更换和维修,没有按照国务院《特种设备安全监察条例》第 17 条、第 18 条的规定向当地质监部门报告,维修后,也未向检验部门提出检验申请,便将电梯交付使用。由于维修后的自动扶梯存在安全隐患问题,造成年幼的原告摔倒在自动扶梯上,衣服被卷入梳齿板与梯级踏板间隙后,电梯仍未停止运行,导致原告受伤致残的重大安全事故。对此,被告奥克斯公司存在过错应承担事故的主要责任。被告港苑物业公司作为自动扶梯管理单位,发生事故时,管理人员不在岗位,未能及时关闭电源,使自动扶梯停止运行,加重了原告的损伤程度。所以,被告港苑物业公司也有过错,应承担次要责任。原告的母亲覃某炼疏于监护,使年幼的原告逆向踏入自动扶梯摔倒在自动扶梯上,也应承担相应的责任。被告华盛房地产开发公司作为地下商城开发商,在电梯的安装、使用、管理过程中,无过错,不承担本案的民事责任……判决:……由被告贵州港苑物业服务公司于本判决生效后 5 日内,赔偿 178173.64 元,并赔偿精神抚慰金 8000 元,计 186173.64 元,扣除已垫付的医疗费 12766.15 元,还应实际赔偿 173407.49 元。

二审法院全部认同一审判决事实和法律依据,仅对赔偿金额计算稍作修改。

笔者评析认为:本案中白某某所受人身损害是由于奥克斯公司生产和安装电梯不合规范导致的,属于电梯本身质量问题致人损害,但是一审、二审都判定港苑物管公司承担将近 20 万的巨额赔偿责任。究其原因是港苑物业管理公司没有按照国家要求对电梯进行日常维护;没有对电梯安装过程、维护维修工作进行监督;查出电梯问题后不重视,导致电梯仍然带病运行;电梯应急救援预案实际操作性不强,且未进行救援演练,导致发生事故后救援不及时,加重了受害人损伤程度。因此,物业服务企业在日常工作中要充分注重电梯安全,对电梯的安装、改装、装修、维护维修等工作都要派员监督,做好工作记录;落实电梯日常检查工作,妥善保存检查日志;有条件的物业服务企业应做好电梯事故应急演习,没有条件的则应随时保持值班人员在岗,一旦发生电梯安全事故,第一时间切断电源,停止电梯运行,随即报警、张贴摆放安全警示标志,并对现场拍照记录。当然,不可否认的是即使物业服务企业竭尽全力完成了一切应完成的工作,但是电梯安全事故发生且致人损害时,物业服务企业还是很有可能承担赔偿责任,但是当物业服务企业将上述记录作为证据证明自己已经尽到安全保障义务时,法院会酌情考虑减少其赔偿份额,一般只需按照损害赔偿总数的 10% 承担赔偿责任。

第七章　电梯乘用人在电梯安全使用中的法律问题探究

第一节　电梯乘用人概述

　　根据国家质检总局发布的数据,2015 年我国发生严重电梯事故 58 起,有 46 人死于电梯安全事故,[①]而 2016 年发生严重电梯事故 48 起,有 41 人因为电梯安全事故死亡。[②] 在事故高致死率的背后不仅是电梯事故极其危险的特点,也是我国电梯运营管理与维保行业困境的一个缩影,更是电梯乘用人自身生命财产安全困境的一个缩影。

一、电梯乘用人的定义

　　电梯是一种具有运送功能的固定电力驱动设备,电梯乘用人就是乘坐电梯,获得该设备运送功能价值的自然人。自然人客观上进行了搭乘的行为,即可成为电梯乘用人。

　　之所以不强调乘用人在主观方面是为了获得电梯运送功能价值,是因为在实际情况中会发生搭乘电梯的人很可能并非出于使用电梯运送功能的情况,比如被犯罪分子挟持进电梯的受害人等,这种乘坐电梯的行为并非出于自愿,更谈不上主观上拥有获得电梯运送功能价值的目的,类似的情况还有很

---

　　① 《国家质检总局:2015 年全国 46 人死于电梯事故》,http://finance. sina. com. cn/stock/t/2016-01-07/doc-ifxnkmaw2116881. shtml,下载日期:2017 年 1 月 17 日。

　　② 《去年全国 41 人因电梯殒命,敲响安全警钟》,http://finance. sina. com. cn/roll/2017-02-08/doc-ifyafczx8620192. shtml,下载日期:2017 年 1 月 17 日。

多。在这种情况下,其也应当受到电梯乘用人的相关法律规范的约束和保护,不能因为主观上的目的而否认其乘用人的身份进而否定其在电梯安全事故侵权纠纷中的主体资格。所以,电梯乘用人的身份定义,只需要行为人客观上进行了搭乘即可。

电梯乘用人的生命财产安全是电梯安全运行中的最核心、最关键的问题,这涉及政府、制造商、开发销售商、物业等全方位的保障措施。而对于乘用人这个主体而言,首先是自身的行为规范问题,其次是发生纠纷后的解决对策,包括电梯乘用人因为电梯事故侵犯人身或财产案件的对策,以及电梯乘用人与电梯使用管理人之间的违约案件的对策。

在之前,由于电梯安全问题涉及责任主体非常庞杂,尤其在人身侵权赔偿案件中,因为没有明确的法律规范,往往在赔偿问题上遇到多方的推诿扯皮,导致电梯乘用人处于弱势地位。为了保障广大人民群众的生命财产安全,各省、自治区、直辖市以及各大城市纷纷开始制定并通过了新的电梯相关立法,尤其在"湖北荆州7·26电梯事件"后,各地加快了立法进程。各地的电梯安全立法都对涉及电梯乘用人的行为规范作出规定,同时对在电梯安全责任事故中的各责任主体也作了较为明确的规定。然而,对于多方因素导致的电梯安全事故仍然面临赔偿中责任主体与赔偿数额分配的问题。同时,对于乘用人自身的行为规范准则还有值得商榷之处。

二、电梯乘用人的范围

电梯的便利性自然不言而喻,在市场经济高度发达的今天,随着生产生活水平的日益提高,便利成为整个社会的共同追求。在此趋势下我国电梯的种类也出现了分化,如前文所述,在当下电梯主要有以下几个种类:一是复式住宅内部供单个家庭使用的,服务对象极为有限的纯私人电梯;二是住宅小区内各居民楼安装的供该栋楼房业主共同使用的电梯;三是安装于城市综合体、商场、酒店等营利性公共场所,向全体社会公众开放的营利性公共场所的电梯;四是安装于公立医院、公立学校、政府机关等不以盈利为目的的非营利性场所电梯;五是工厂中安装的、为了提升生产经营效益的载人或载货电梯。不同形式的电梯拥有不同类型的责任主体,这对电梯安全事故中的侵权责任主体的认定有着重要意义。以下主要介绍住宅电梯乘用人、商业与公共事业电梯乘用人的范围。

1.住宅电梯乘用人范围

住宅电梯乘用人,包括纯私人电梯的乘用人与住宅小区居民楼电梯的乘用人。这类乘用人中,既包括业主,又包括其他到访住宅或进入居民楼内乘坐电梯的人。划分两者的意义在于,豪宅内部的纯私人电梯与居民楼电梯的所有人性质不相同,基于所有人性质的不同,导致了使用管理人的不同,而使用管理人的不同对电梯乘用人有着重大的影响。住宅小区居民楼的电梯所有权是共有的形式,因此多数住宅小区将电梯委托物业管理,物业公司是该电梯的使用管理人。纯私人电梯所有权归属复式住宅所有人,使用管理人即复式住宅所有人。有无使用管理人在电梯安全事故侵权责任上是不同的,这在后文将会提及。必须注意的是,没有物业或是其他电梯管理人的住宅小区理论上的使用管理人是全体业主,在这种情况下则与纯私人电梯类似。

2.商业与公共事业电梯乘用人的范围

商业电梯乘用人,包括商业经营场所中电梯的乘用人,比如商场的电梯、商业写字楼等场所中电梯的乘用人。基于经营者对服务场所的安全保障义务,无论是商场的顾客还是进入其营业场所借用厕所的非顾客,无论是商业写字楼的办公人员还是无故进入该写字楼的无关人员都应当认为是该商业电梯的乘用人。当下,绝大多数的商场与商业写字楼都有专门的商业物业管理,这些商业物业即该类电梯的使用管理人。

公共事业电梯乘用人,包括所有带有公益性质的非营利性公共事业机构工作场所中电梯的乘用人,既包括这些机构的工作人员,又应当包括所有能够享受公共事业服务的公民。目前,大部分公共事业部门所属办公楼都有专门物业管理,这些物业企业即该类电梯的使用管理人。

三、针对电梯乘用人相关法律法规述评

1.国内相关法律法规

我国直接针对电梯乘用人的法律法规主要着眼于电梯乘用人乘坐电梯时的行为规范,大多数条款以禁止性规范的形式出现,是一种义务规范。以《福建省电梯安全管理办法》为例,该条例主要涉及五条内容:第一,不得乘坐明示处于非正常状态的电梯;第二,不得采用非正常手段开启电梯层门;第三,不得拆除、破坏电梯的部件及其附属设施;第四,不得乘坐超过额定载重量的电梯;第五,不得有其他危及电梯安全运行或者危及他人安全的行为。这五款规范当中,都是针对乘用人危险行为的禁止。显示出其中最重要的立法目的是希望通过禁止电梯乘用人自身的危险行为来保障电梯运行安全。同时,还规定了异常情况对电梯使用管理告知的行为规范来促进管理人更好地履行管理职责。

其他省关于乘用人行为规范的内容大同小异,《成都市电梯安全监督管理办法》第 19 条第 2 款规定:"遇有电梯运行不正常时,按照安全指引,有序撤离";《贵州省电梯安全管理办法》第 31 条第 6 款规定:"遇有电梯困人故障时,及时通过轿厢内紧急报警装置或者电话通知电梯使用管理单位或者维护保养单位,服从有关工作人员指挥,积极配合救援,不采取危及自身和他人安全的行为。"

2. 立法完善建议

主要是关于"左行右立"法条存废问题,"左行右立"并不是出于电梯安全保障的规定,更多的是一种社会文化的价值习惯化。这种习惯化来源于以日本为代表的发达国家,但是这种规范可能带来安全隐患,从设计原理上看,扶梯是依靠在梯级左右两端的滚轮支撑运行的,在不考虑梯级本身重量的情况下,右侧轮子的承重大于左侧轮子。长此以往,右侧的轮子会先行磨损老化变形,安全隐患增大。[①] 出于这个原因,曾经大力支持这一规范的上海近年来则正式废止了"左行右立"的说法,改为了"握紧扶手"。同样,广州地铁也向市民建议,乘扶梯时左行右立并不好。不过广州地铁不提倡"左行右立"的原因并不是从机械寿命的角度出发,而是有另一个理由:自动扶梯本身是为了静止站立使用设计,在自动扶梯上行走奔跑是很危险的行为。因此,应当对"左行右立"条款的科学价值进行分析,如果这种行为真的会带来巨大隐患,应当在各地电梯法规中予以取消。

第二节 电梯乘用人的权利与义务

一、电梯乘用人的相关权利

1. 住宅电梯乘用人权利

电梯乘用人的权利来源根据不同的情况区分,不同的权利来源导致不同的电梯乘用人享受不同的权利。电梯乘用人的权利主要体现在使用权,即乘

---

① 《扶梯"左行右立"引争议,是高素质还是危险礼仪?》,http://news.sohu.com/20160928/n469360849.shtml,下载日期:2017 年 1 月 19 日。

坐电梯的权利,任何人不得以不正当理由阻止其他人合法使用电梯设备。业主同时拥有对电梯设备的管理权,以及对电梯使用管理人即物业企业的监督权。

私人复式住宅内部专有电梯与电梯井空间的所有权同时归属于该住宅的所有人,同时,小区居民楼电梯的所有权属于全体业主共有。所有权是所有人依法对自己财产所享有的占有、使用、收益和处分的权利,是住宅电梯乘用人的权利的最直接来源。与私人住宅内部电梯不同的是,小区居民楼电梯还涉及建筑物区分所有权。建筑物区分所有权是一项特殊的复合型权利,在学理上分类主要有"二元论"与"三元论"的区分。二元论认为,建筑物区分所有权分为专有部分所有权与共有部分持有权;三元论在二元论的基础上增加了带有共同管理内容的成员权,这种成员权具有物法以及人法的两和性。虽然二元论认为这种带有管理规约的权利内容应当属于合同法的调整范围,但是在我国立法上仍然采用的是三元论。① 我国《物权法》规定的建筑物区分所有权是业主对建筑物内的住宅、经营性用房等专有部分享有所有权,对专有部分以外的共有部分享有共有和共同管理的权利。该项内容规定在我国《物权法》第六章。该章第 72 条规定,"业主对建筑物专有部分以外的共有部分,享有权利,承担义务;不得以放弃权利不履行义务"。第 73 条规定,"建筑区划内的其他公共场所、公用设施和物业服务用房,属于业主共有"。

同时,一般情况下,住宅建筑的电梯归业主共有,电梯的所有权也是住宅电梯乘用人的权利来源之一。而非业主的权利来源于业主权利的让渡,租客通过租赁行为获得了该建筑物共有部分的使用权;维修工以及获得业主邀请的客人出于业主的许可得到了该电梯的使用权。那么,一些非出于业主需要进入楼宇使用电梯的人,比如进入住宅楼从事推销业务的人员、以坐电梯上下往复为游戏的外来人员,这些非业主人员的权利来源是什么呢? 理论认为,此类人员无权使用电梯,其乘用电梯没有权利基础。在实践中电梯乘用人往往处于弱势地位,基于保护电梯乘用人的角度出发,在开放小区(无门禁)的情形下,此类人员使用电梯的权利基础相当于使用公共设施。在非开放小区(有门禁)的情形下,此类人员无权使用电梯。但是,依据本章第一节,即便是无权使用电梯人员,当其客观使用电梯时也属于电梯乘用人范畴,当其遭受电梯事故时也不能因为其无权使用而否定其损害赔偿请求权。因此在电梯事故中受到

---

① 陈鑫:《建筑物区分所有权》,中国法制出版社 2007 年版,第 17～19 页。

人身、财产损害而产生的损害赔偿请求权是所有电梯乘用人最基本的权利。

2.商业电梯、公共事业电梯乘用人权利

商业电梯、公共事业电梯乘用人有在正常营业、工作期间使用电梯的权利。在商业电梯乘用人的情况下,进入商业设施的人员获得了商业设施经营者或管理者的权利让渡,这种权利可以看作是商业经营管理者提供服务的一部分,因为商业经营管理者有场所安全保障义务,所以从一定程度上来说,商业电梯乘用人的权利是基于一种与商业经营管理者基于服务协议的债权而延伸的权利。

在公共事业电梯乘用人的情况下,公共事业组织机构是国家服务公民的场所,这些机构的电梯所有权归于国家,一定意义上同样归属于全体公民。公民享受国家的服务,同样有权合法使用这些公共事业机构场所的电梯设备。

二、电梯乘用人的义务

1.履行相关行为规范

电梯乘用人在乘坐电梯时必须遵守相关行为规范,这是电梯乘用人共同的义务。这些义务在目前以地方立法的形式规定,对比各省的电梯安全法规,不难发现这类行为规范主要包括以下几种:第一,非正常使用电梯,这类规范主要针对在电梯内打闹嬉戏,用手强制扒开电梯门、超载乘坐等危险行为,这类危险行为容易导致电梯产生故障。第二,使用非正常电梯,这类规范主要禁止乘用人使用正在检修的电梯、发生故障的电梯。第三,正确乘坐的规范,比如未成年人乘坐电梯的陪同,自动扶梯向右站立等。第四,安全警示义务,比如通知相关工作人员电梯的损坏,或者不破坏电梯故障的警示标志等。这些义务性质的法规主要是为了避免乘用人的不当行为导致电梯安全事故。

2.对共有部分的义务

对共有部分中涉及电梯设备相关义务主要是针对住宅电梯业主而言。为了保障区分所有权人共有持分权的整体利益,我国《物权法》明确了建筑物区分所有权人对共有部分义务具有不可放弃性。区分所有权人对共有部分不可放弃的义务包括共同管理义务、建筑物及其附属设施的管理费用分担义务、以及建筑物及其附属设施的维修资金的筹集缴纳义务。

对电梯的共同管理既是权利也是义务,这体现了建筑物区分所有权中成员权的两和性,对电梯共同管理义务内容与权利内容相似,主要是体现在电梯相关事项的决定参与。共有部分中涉及电梯的管理费用是为确保区分所有建筑的功能,维持区分所有建筑物管理运营妥当进行所必需的基本费用。这一费用基本由业主缴纳并由物业收取,《物权法》颁布后,管理费用的缴纳由之前区分所有权人的合同义务变为法定义务。维修资金筹集缴纳义务,住房专项维修资金主要用于对区分所有建筑共同部位的应急维修,是一种专项基金。区分所有权人应当筹集缴纳专项维修资金以保证所有业主安全地使用电梯。

3.违反义务的法律责任

电梯乘用人违反行为规范义务造成电梯本身的损失,应当对电梯所有人承担财产侵权责任。由于电梯乘用人违反行为规范义务造成其他乘用人的损失,应当对其损失承担侵权责任。区分所有权人不履行对共有部分的相关义务,应当依照物权法追究其责任。主要体现在要求其参与电梯管理,补足并及时缴纳管理费用与专项维修资金。在下文将设专节阐释这个问题。

第三节 电梯安全事故刑事责任及相关案例述评

当电梯安全事故责任人违反《刑法》造成电梯乘用人相对严重的法益侵害时,由于侵权主体的故意或重大过失,往往会涉及刑事责任的认定问题。同时,对电梯安全生产以及安全运行负有监管责任的国家工作人员也有可能构成犯罪。现行刑法中,重点涉及侵害电梯乘用人的法益的犯罪包括生产销售伪劣产品罪、生产销售不符合安全标准产品罪、重大责任事故罪、工程重大安全事故罪、教育设施重大安全事故罪以及涉及监管人员的玩忽职守罪。本节将对这几类重点涉及电梯安全的罪名进行探讨研究。

一、生产销售伪劣产品罪、生产销售不符合安全标准的产品罪

生产、销售伪劣产品罪,是指生产者、销售者在产品中掺杂、掺假,以假充真,以次充好或者以不合格产品冒充合格产品,销售金额较大的行为。在构成要件上,自然人与单位均能成为此罪的行为主体。在实行行为的认定上,本罪主要有四种行为表现,四种行为表现为掺杂、掺假、以次充好,以不合格冒充合格和以假充真,前四种行为生产的是劣产品,最后一种行为对应伪产品,但是在实践中,存在大量伪劣共存的情况。该罪与电梯安全相关的主要是"以次充好""以不合格冒充合格""以假充真"三种行为。以次充好主要表现在以低安全等级电梯冒充高安全等级电梯和以残次、废旧零配件组合拼装电梯的行为,以不合格冒充合格主要是指该产品不能达到《产品质量法》第26条第2款规

定的产品,以假充真主要是指以其他电梯冒充某一特定品牌电梯的行为。本罪的责任形式为故意,行为人应当明知实行上述四种行为会产生侵害消费者合法权益的结果。与电梯相关的本罪的犯罪行为危害的是电梯乘用人的人身财产安全,同时成立该罪并不需要有实际损害的结果,只要电梯乘用人发现有此类情况,即可向公安机关报案,销售金额在 5 万元以上即构成本罪。

在目前我国电梯安全引发的刑事案件中,由于电梯厂商本身的问题导致产品不符合标准从而引发事故导致乘用人重伤或死亡的情况较为多见,这种情况主要涉及生产、销售不符合安全标准的产品罪。生产、销售不符合安全标准的产品罪是指生产销售不符合保障人身、财产安全的国家标准、行业标准的电器、压力容器、易燃易爆产品或者其他不符合保障人身、财产安全的国家标准、行业标准的产品,并且造成严重后果的行为。自然人与单位都是本罪的主体,但是与生产销售伪劣产品罪不同的是,本罪对犯罪实际结果有程度上的要求,即要求造成他人伤害、死亡或者重大财产损失的后果,才成立本罪。犯罪主体的行为与结果是否有因果关系是本罪的重点,即是否因为涉及产品不符合安全标准才导致了损害的发生,本罪的产品并不涉及以次充好、以假充真的情况,在实践中往往需要进行科学鉴定,查明事故电梯是否符合标准。

二、重大责任事故罪

重大责任事故罪,是指在生产、作业中违反有关安全管理的规定,因而发生重大伤亡事故或者造成其他严重后果的行为。在实践中,这里的生产作业,包括商场等经营单位的正常工作情况。在电梯安全的领域,主要涉及电梯维修作业工人或是商场工作人员违反安全管理规定导致发生重大安全事故的情况。本罪的行为主体是自然人,包括负有管理职责的负责人、实际控制人、投资人的人员,以及直接从事生产、作业人员。具体到电梯安全事故中,包括直接违规操作的电梯维修工人,对违规操作或是指令违规操作、偷漏检修环节负有责任的电梯维保公司的管理人、实际控制人以及投资人;在商场等经营场所中,包括对经营场所内特定电梯负有管理责任的工作人员,以及对商场内整体安全负有责任的管理人员。"违反有关安全管理规定的行为"在电梯安全领域下主要是指违反《安全生产法》《特种设备安全法》以及其他相关法律法规中涉及电梯安全的行为。根据最高人民法院、最高人民检察院《关于办理危害生产安全刑事案件适用法律若干问题的解释》,"发生重大伤亡事故或者造成其他严重后果"是指造成死亡一人以上或是重伤三人以上的;造成直接经济损失100 万元以上的;造成其他严重后果或者重大安全事故的情形。在安全事故发生后积极组织、参与事故抢救，或者积极配合调查、主动赔偿损失的，可以酌情从轻处罚。

三、工程重大安全事故罪、教育设施重大安全事故罪

工程重大安全事故罪，是指建设单位、设计单位、施工单位、工程监理单位违反国家规定，降低工程质量标准，造成重大安全事故的行为。本罪在刑罚上只处罚直接责任人员，并不以单位为主体进行惩罚。在电梯安全领域中，主要针对的是设计单位以及建筑商在对电梯井以及相关配套设施的设计或是施工上存在违反国家规定，降低工程质量标准的情况。包括对电梯井以及相关配套设施设计上的缺陷、施工上的偷工减料等。本罪的责任形式为过失，达到具有预见可能性或是已经预见的轻信可以避免的状态即构成有责。

教育设施重大安全事故罪，是指明知校舍或者教育教学设施有危险，而不采取措施或者不及时报告，致使发生重大伤亡事故的行为。本罪的行为主体为对教育教学设施负有管理责任的人员，包括校领导，负责校园安全工作的责任人员。在行为方面，主要表现为不作为，即明知存在危险的情况下，不采取消除危险或是不及时向上级部门报告的情形。校园建筑内的电梯属于教育设施，如果学校有关管理人员发现其存在安全隐患而不上报并且不采取措施，造成重大伤亡事故的，即构成本罪。

四、玩忽职守罪

玩忽职守罪，是指国家机关工作人员玩忽职守，致使公共财产、国家和人民利益遭受重大损失的行为。本罪的行为主体必须是国家机关工作人员，责任形式为过失。玩忽职守，是指严重不负责任，不履行职责或者不正确履行职责的行为。根据《关于办理渎职刑事案件适用法律若干问题的解释（一）》，造成死亡一人以上，或者重伤三人以上，或者轻伤九人以上，或者重伤二人、轻伤三人以上，或者重伤一人、轻伤六人以上即构成"重大损失"。结合电梯安全有关情况，主要是指质监部门国家机关工作人员有条件、有能力履行对电梯质量监督而违背职责没有履行，或者是在监督过程中违反职责规定，马虎草率、粗心大意。在监督过失的情况下，最终致使公共财产、国家和人民利益遭受重大损失。

在本章引言提及的荆州电梯安全事件发生之后，荆州市检察院以玩忽职守依法对荆州市质量技术监督局城区分局一科科长朱某某、科员刘某立案侦

查并采取强制措施。① 检察机关在调查中发现,存在安全隐患的涉事电梯却通过了相关检验检测机构的检验。朱某某和刘某作为国家质监人员,具体履行安全监督管理职责,在组织对涉事电梯检测和专项检查中流于形式,明知存在安全生产隐患,但未按照规定项目认真查验,粗心大意,导致检验检测结果、鉴定结论严重失实,客观上存在渎职行为。②

五、典型案例述评

1.【案例 7-1】谭某某等销售伪劣产品案③

2013 年 5 月 8 日,被告人谭某某以已被吊销营业执照的重庆美亚电梯有限公司的名义与四川仁仁置业有限公司(原四川仁恒置业有限公司)签订了 5 部日立电梯的买卖合同,合同标的金额为人民币 139.8 万元。四川仁仁置业有限公司共向谭某某支付了电梯款人民币 124.285 万元。2013 年 6 月,被告人王某介绍谭某某认识了在广东佛山市南海区聪智电梯配件厂(该厂因涉嫌生产销售伪劣产品于 2014 年 3 月 20 日被湖北公安机关立案侦查)从事电梯销售业务的被告人麦某某。后经麦某某介绍,谭某某向聪智电梯配件厂购买了 5 部电梯的整机配件,合同标的金额为人民币 67 万元。2013 年 7 月,聪智电梯配件厂法定代表人谢某某分别通过个人和公司账户向被告人王某的中国银行账户汇入好处费人民币 6.5 万元。同时,被告人麦某某也从聪智电梯配件厂获得好处费人民币 2 万元。在电梯运抵遂宁后,谭某某凭伪造的电梯安装资料办理了电梯安装手续,并冒用重庆正生机电安装有限公司的名义,雇人将 5 部假冒日立电梯安装在了四川仁仁置业有限公司的"仁仁广场"项目上,并交付给"仁仁广场"使用,在使用过程中因故障频发,已由仁仁置业公司拆除。2015 年 2 月 27 日,经日立电梯(中国)有限公司鉴定,谭某某销售给四川仁仁置业有限公司的 5 部电梯不属于日立电梯公司生产销售的产品。

一审法院认为,被告人谭某某伙同被告人王某、麦某某为了牟取各自的利益,以低买高卖、假冒注册商标等手段,向他人高价销售质次价低的产品,其行为均已构成销售伪劣产品罪。宣判后,原审被告人谭某某提出上诉称,自己不

---

① 《荆州电梯事故中两名质监局工作人员涉嫌玩忽职守被立案侦查》,http://www.thepaper.cn/newsDetail_forward_1385383,下载日期:2017 年 1 月 21 日。

② 赵刚:《电梯卷人事件中玩忽职守犯罪客观方面的认定》,载《天津检察》2016 年第 2 期。

③ 四川省遂宁市中级人民法院(2016)川 09 刑终 168 号判决书。

明知麦某某、王某等人发的货是拼装电梯,电梯质量经检验属合格产品,不存在以次充好;在共同犯罪中,自己不应是主犯。综上,认为原判量刑过重,罚金过高。二审法院认为,上诉人(原审被告人)谭某某伙同原审被告人王某、麦某某采取以次充好、以假充真、假冒注册商标等手段,向他人高价销售质次的伪劣产品牟取利益,其行为已构成销售伪劣产品罪。上诉意见不能成立,谭某某提出对其量刑过重,罚金过高的意见,不予采纳。驳回上诉,维持原判。

本案是一个典型的销售伪劣产品罪的案件。聪智电梯配件厂生产的 5 部电梯整机配件属于"以假充真"的产品,同时在使用中故障频发,属于不合格产品。被告人谭某某、麦某某、王某具有该罪的事实行为,确实向聪智电梯配件厂购买了伪劣产品并销售,符合该罪的该当性的不法要件。同时本罪在该当性上还有数额要求,即销售金额达到 5 万元,在本案中,谭某三人涉及销售金额为 139.8 万元,满足该要件。谭某等三人属于共同犯罪,谭某构成主犯,麦某某与王某知悉谭某某的犯罪计划并与谭某某达成合意,帮助了谭某某,属于从犯。在责任形式上,三人都存在犯罪故意,符合有责性要件,且不存在违法性阻却事实。因此法院的定罪是符合法律要求的。在量刑上,《刑法》规定,销售金额在 50 万元以上不满 200 万元的,处 7 年以上有期徒刑,并处销售金额 50%以上 2 倍以下罚金。一审法院作出 8 年有期徒刑判决以及三人共处 70 万元罚金以及相关赔偿已经是轻判,已经考虑到三人有自首和坦白的情节。对于三人的上诉,二审法院维持原判是正确的。

2.【案例 7-2】李某等重大责任事故案[①]

2013 年 5 月 13 日 10 时许,沃尔玛分店外的一台自动人行道电梯运行中噪音较大,新恒基中心电梯管理员李某通知日立电梯公司检查维修。日立电梯公司维保科科长易某某带领维修人员,于 11 时将该电梯停止运行进行检查,同时设置警示围栏。在拆卸检查后,发现电梯的扶手带驱动双链轮损坏需要更换,因没有现成的配件,便将拆卸了踏板的那一部分电梯运行到该电梯的底层后停止维修,将自动人行道电梯作为临时步行通道使用。易某某电话通知李某电梯需要更换配件,不能通电运转,未告知李某应当采取的安全防护措施。易某某带领维修人员于 14 时退场,并移除警示标志。李某在电梯维修时未到现场,收到易某某需要换配件的通知后,未检查停运电梯维修情况,也未对停运电梯采取任何防护措施,只是将该电梯维修情况电话通知沃尔玛分店

[①] 湖北省宜昌市中级人民法院(2014)鄂宜昌中刑终字 00231 号判决书。

张某某。张某某接到通知后,在沃尔玛分店内部微信群上通报了电梯维修情况,未到现场检查维修电梯,也未对维修电梯采取任何安全防护措施。2013年5月14日7时30分,沃尔玛分店当班副经理方某某到岗后便将该自动人行道电梯开启使用。7时51分,顾客凌某某在乘坐该电梯时,适逢拆卸了踏板的部分运行到其面前,一脚踩空掉进电梯内。8时许,凌某某被现场人员解救出来,经急救医生检查,确认其已经死亡。经宜昌市西陵区公安司法鉴定中心《事故尸体检验报告》认定,被害人凌某某死亡原因为:胸、腹、四肢等多处复合性损伤。案发后,沃尔玛分店、日立电梯公司与被害方就民事赔偿达成协议,由沃尔玛分店赔偿523163.8元,由日立电梯公司赔偿20万元,并已履行。

一审法院认为,被告人李某、易某某、张某某在生产、作业中违反安全管理的规定,因而发生重大伤亡事故,其行为均已构成重大责任事故罪。鉴于沃尔玛分店、日立电梯公司已赔偿被害方的各项经济损失,被告人李某、易某某、张某某对事实经过能如实供述,所在社区矫正机构审前调查对三被告人建议适用非监禁刑,且被告人李某、易某某、张某某犯罪情节轻微,可以免予刑事处罚。宣判后,原审被告人张某某以不是本次事故责任人为由提起上诉,请求二审改判其无罪。二审法院认为,上诉人张某某、原审被告人李某、易某某在安全作业和管理中违反有关安全管理的规定,因而发生重大伤亡事故,造成一人死亡,其行为均已构成重大责任事故罪。但鉴于三被告人如实供述事实经过,犯罪情节轻微,经社会调查均无重大不良影响,被害方经济损失已得到有效赔偿,可以免于刑事处罚。上诉人张某某作为沃尔玛分公司工程部主管,在事故电梯的安全防范上虽然尽了一定的职责,但其方法仍有瑕疵,监管职责和措施并未充分到位,其行为与本案事故存在刑法上的因果关系,故上诉人关于不应负刑事责任的上诉理由不能成立,不予支持,驳回上诉,维持原判。

本案属于重大责任事故案件,造成了一人死亡的较为惨痛的结果。对于本案来说,李某、易某某、张某某在电梯故障维修的程序上存在严重的连续性的过失。在本案中,虽然直接原因是副店长方某某启动电梯造成的,但是方某某对电梯维修的事情并不知情,所以对他而言这个结果是根本不能预料到的,造成死亡的后果对他来说是意外事件,不用负刑事责任。虽然方某某没有责任,对于负有安全管理义务的三人在实行行为上符合该罪的该当性要件,同时并不存在违法阻却事由,在责任形式上属于过失,因此法院的罪名认定不存在问题。但是本书认为,一审法院认为可以免除刑罚的理由是被告两方公司已经妥善赔偿,二审法院进则认为没有产生重大不良社会影响,从而对三人免除刑罚,这样的量刑过轻。根据《刑法》,犯本罪的处3年以下有期徒刑或者拘役。电梯管理人、维护责任人是电梯安全的一线人员,电梯安全关乎全社会成员,商场电梯事故受害人员的不特定性比住宅电梯更强,社会公众受害概率更大,这样的判决会使得电梯管理、维修单位人员心存侥幸,可能会弱化他们的责任感,进一步恶化电梯安全状况。

第四节　电梯安全事故民事责任相关问题研究

一、电梯安全事故归责

归责是指应将损害归由加害人承担,使其负赔偿责任的事由。[①] 归结法律责任一般遵循以下原则,第一,责任法定原则,法律责任应当由法律规范预先规定。第二,因果联系原则,认定和归结法律责任时,应当首先考虑因果关系。第三,责任与处罚相当原则,法律责任与处罚应当与违法行为的轻重相适应。第四,责任自负原则,违法行为人应当对自己的违法行为负责,独立承担法律责任。归责原则分为过错责任和无过错责任,同时还有基于法定补偿义务的公平责任。

1. 过错责任

对于过错责任而言,需要符合四个基本构成要件,即加害人实施了违法加害行为,存在损害结果,加害行为与损害存在因果关系,加害人对损害的发生具有过错即可认为负有过错责任。对于电梯乘用人而言,电梯发生安全事故,排除产品本身质量存在问题的情况下,如果物业或其他电梯管理人存在不作为的维护保养缺失,同时给电梯乘用人造成了人身或财产的损害结果,并且维护保养的缺失与乘用人因为电梯安全事故造成的损害结果有因果关系,在物业或其他电梯管理人存在故意或过失的过错下,即可认为其需要对该侵权行为承担过错责任。对于四项要件所涉及的具体内容,下文还会进行具体分析。过错推定责任隶属于过错责任,是过错责任的特别归责方式。法律规定的八种过错推定责任中,除《侵权责任法》第38条规定的无民事行为能力人在教育机构学习生活期间遭受人身损害可能涉及电梯安全以外,其余并不涉及电梯

---

① 王泽鉴:《侵权行为》,北京大学出版社2016年版,第11页。

乘用人。但是依然存在争议,《特种设备管理法》第 38 条规定:"特殊设备属于共有的,共有人可以委托物业服务单位或者其他管理人管理特种设备,受委托人履行本法规定的特殊设备使用单位的义务,承担相应的责任。共有人未委托的,由共有人或者实际管理人履行管理义务,承担相应责任。"据此有些观点认为物业公司或其他电梯使用管理人承担过错推定责任,在 2015 年广东省电梯安全使用条例草案中也引入物业或其他电梯使用管理人"第一赔付责任"的条文,最终因为与上位法冲突在正式法规中删除。从《特种设备安全法》第 38 条的立法精神而言,立法者确实有希望将电梯使用管理人设为第一责任人的倾向,广东省的条例虽然删去了首付赔偿责任制的内容,但仍然确定了物业等使用管理人为首负责任人。诚然,在现有法规条件下,物业等电梯管理人作为加害人对受害人应当承担过错责任,但是作为电梯管理人在负有详细安全义务的情况下,让受害人举证加害人的过错是存在一定难度的,不利于保障人民群众的生命财产安全,因此本书作者支持法律进一步修订时明确物业等电梯使用管理人应当承担过错推定责任。在许多真实案例当中,不难发现事故经常是由于维保公司的过错导致,由于在实践中维保公司并不与住宅小区业主签约,而是与物业公司签约,事故赔偿应由作为电梯实际管理人的物业公司先行赔偿,待事故责任明确之后,再由物业公司向电梯维护单位进行追偿。这样做会降低相关责任主体之间相互扯皮的风险,提高受害者家属维权的效率。

2. 无过错责任

无过错责任在英美法国家中被称作"严格责任",在德国等大陆法系国家被称为危险责任。按照现代危险责任理论,各种危险活动或危险物品产生了危险责任形态,危险活动的损害包括交通事故责任、工厂事故责任以及危险物持有责任,危险物品产生的包括公害责任与产品责任。在我国,对于无过错责任立法上一定程度借鉴了德国危险责任的相关规定,《侵权行为法》明文规定了 12 种无过错责任,与本节有关的是产品责任。产品责任是指因产品存在缺陷造成他人损害时,生产者、销售者应当承担的侵权责任。[①]《侵权责任法》第 41 条、第 42 条分别规定了生产者和销售者的责任,在出现产品侵权后,生产者与销售者承担不真正连带责任,对外二者承担无过错责任,对内无过错的销售者可以主张无过错并向生产者追偿。产品缺陷包括设计缺陷、制造缺陷以及指示或警示缺陷三种情况,在涉及电梯安全事故中,当出现事故电梯存在产

---

① 程啸:《侵权责任法教程》,中国人民大学出版社 2014 年版,第 206 页。

品缺陷并造成电梯乘用人损害时,电梯生产商与销售商应当承担无过错责任,假设生产商对外承担责任后,属于销售商过错的,生产商可以向销售商追偿;假设销售商对外承担责任后,销售商没有过错的,可以对生产商追偿。同时,根据《产品质量法》第41条的规定,生产者的特别免责事由有三点:第一,未将产品投入流通,生产商未投入流通的电梯以非基于营业方式交付他人的,发生事故造成他人损害的,生产商不承担责任。第二,产品投入流通时,引起损害的缺陷尚不存在,但只能免除最终责任,不能以此免除对外承担责任。第三,投入流通时,科学技术水平尚不能发现缺陷存在,但该免责条款受到《侵权责任法》第46条跟踪责任的制约。

3.公平责任

公平责任原则,指对损害的发生,当事人均无过错,又不属于法律明文规定的无过错侵权。在电梯安全领域中,主要表现为当电梯发生事故后,事故原因既不是产品责任,又不是物业或维保公司的责任,同时也不能归咎于其他乘用人的情况。在这种情况下,不适当补偿受害人的损害有违公平原则。在承担上,结合双方的财产状况以及受害人遭受损害的严重程度合理分担。

4.商业电梯事故归责

经营者对服务场所具有安全保障义务,是指经营者在经营场所对消费者、潜在的消费者或者其他进入服务场所人员的人身、财产安全依法承担的安全保障义务。对这些经营服务场所负有安全保障义务的主体为服务场所的经营者,即该服务场所的所有者、管理者和承包经营者等对该场所负有法定安全保障义务或是具有事实上控制力的自然人、法人或其他社会组织。

经营者承担安全保障义务出于危险控制理论的要求,在涉及电梯的方面,经营者了解场所内电梯的性能以及相应的法规要求,在了解实际情况的基础上更能防止或减轻损害。同时这一义务分为硬件方面的安全保障与软件方面的安全保障。硬件方面主要是物的保障与人的保障,物的保障包括了电梯设备安全性的保障,在开业时需要有关行政部门对电梯质量进行审查,在经营时需要经营者经常性的维护,使其一直处于良好的运行状态;人的保障包括对可能出现的危险采取必要的防范措施,配备合格的安保人员,这点体现在电梯事故发生时,工作人员是否将损害降到一定程度。软件方面的主要包括消除内部的不安全因素义务与防范外部的不安全因素义务。[①]

---

① 张新宝:《侵权责任法立法研究》,中国人民大学出版社2009年版,第261页。

经营者违反电梯安全保障义务的归责方式是过错责任,在侵权责任上主要表现在以下几个方面:第一,经营者的电梯设备出厂时即不符合有关安全规范的要求,直接导致了消费者人身、财产的损害。倘若经营者履行了适当的程序并未发现电梯设备的出厂问题,同时尽到了维护的安全保障义务,那么经营者不承担责任,乘用人应当向电梯销售商、生产商追究责任。第二,经营者的不作为导致没有尽到对电梯维护的保障义务,导致消费者的人身损害,那么经营者应当承担责任。第三,因为经营者没有制止来自第三方对电梯的损坏导致对消费者的损害,那么由第三人承担全部责任,第三人不能确定或是无力承担的,由经营者承担与其过错相应的补充责任。

二、电梯安全事故侵权责任的构成要件

侵权责任的构成要件通说分为过错责任与无过错责任两种。过错责任通说的构成要件有四点:第一,加害人实施了违法行为;第二,存在损害事实;第三,加害行为与损害之间有因果关系;第四,加害人对损害行为具有过错。无过错责任的构成要件在过错责任的基础上去掉了第四点,并在第一点上更改为限于法律明确规定的特定情形。本小节将结合电梯安全实践详细阐述侵权责任的一般构成要件。

1.违法加害行为

违法加害行为包括加害行为与违法性两个要件。加害行为的违法性,因违反保护他人之法律而具备。[①] 违法性不同于过错,其属于一种客观的概念,仅仅标明缺乏法定事由而违反某项法律规范,而过错是一种主观态度。德国、日本以及我国台湾地区都将违法性(违反保护性法律)作为责任构成要件。保护性法律必须具有民法上的保护特质:它必须保护受害人,因违反该法规所致损害必须属于该规范的保护范围。[②] 除狭义的法律外,尚包括习惯法、命令、规章等,以其是否以保护个人的权益为判断标准,但不包括专以维护国家社会秩序的法律。[③] 因此,加害行为具有违法性,不具有违法性的加害行为从社会价值角度来说不具有可惩罚性,不符合侵权责任法强调责任要义的立法宗旨。

加害行为包括以积极动作致人损害的作为,也包括消极的不作为致人损

---

① 王泽鉴:《侵权行为》,北京大学出版社 2016 年版,第 356 页。

② [德]埃尔温·多伊奇、[德]汉斯-于尔根·阿伦斯:《德国侵权法》,叶名怡、温大军译,中国人民大学出版社 2016 年版,第 102 页。

③ 王泽鉴:《侵权行为》,北京大学出版社 2016 年版,第 350 页。

害。在电梯安全事故中,侵害电梯乘用人的主体往往是通过不作为的方式侵害,比如维保公司没有履行适当的维护程序,物业公司没有履行管理的义务等。这种不作为侵权主要有四个要件:第一,加害人具有作为的义务,这种义务又可以分为法律规定和合同约定两种,比如物业公司与电梯乘用人之间就存在着合同约定的义务。第二,加害人具有实施作为义务的能力,这里主要考察不作为加害人在当时情况中能否有能力作为,比如在维保过程中,维保公司按照行业标准进行维保,但是限于手段技术并不能发现电梯存在问题从而导致发生事故,维保公司不应当承担责任。第三,加害人的不作为与损害具有因果关系。第四,过错侵权是加害人需要有过错。不作为侵权还要考虑当事人之间的特殊身份关系,在电梯安全事故的特殊场合下,有一种不作为侵权的特殊情况,即当发生电梯事故后,电梯内的乘用人构成一个危险共同体,这个危险共同体有相互救助的义务,如果在具有实施救援义务能力的情况下抛弃某个电梯乘用人导致致伤、致死结果的,也应当承担侵权责任。

2.损害事实

损害事实包括侵害权利与侵害法益两种,侵害权利包括侵害物权、人身权、知识产权等绝对权,侵害法益包括一般人格利益、死者人格利益、占有、商业私密四种。这种损害必须是因侵害民事主体的法定保护利益以及绝对权利而发生的,必须是侵权责任法可以补救的,必须是客观真实存在的。所谓可补救的损失,从形式来看是可以通过将来行为补救,不能通过行为补救的损害可以通过金钱加以计算,从时间来看不可以是过于遥远的损失。在损害事实理论中,还有一类被称为纯粹经济损失的概念。所谓纯粹经济损失,是指加害人的行为没有给受害人的绝对权利以及法定保护利益造成损害,但给受害人造成了纯粹金钱上的损失。对于纯粹经济损失,除法律特别规定外,只有在加害人故意的情形下受害人才能请求其承担侵权责任。[①]

结合电梯安全事故的场景,假设电梯乘用人从家中乘坐电梯下楼上班,因为管理者的过错导致电梯故障停止运行,从而浪费了电梯乘用人的时间,在没有造成人身损害的情形下,电梯乘用人能不能主张因为迟到或者旷工所带来的工资性赔偿呢? 在现实生活中,长春发生了一个真实案例,长春市民吴女士因为电梯故障被困电梯中,导致迟到,最终物业公司开具了一张迟到证明,如

---

① 张新宝:《侵权责任法立法研究》,中国人民大学出版社 2009 年版,第 427 页。

果该证明不能得到吴女士公司的认可,吴女士能不能主张赔偿呢?[①] 这在实践中富有争议,主要争点在于电梯停运究竟侵犯了乘用人的何种权利,显然这种情况不符合《侵权责任法》第 2 条中所列举的权利,但是在该条中使用了"等"作为权利的兜底。第一种观点主张该种情况侵犯了电梯乘用人的自由权,工资性赔偿是侵害自由权的一种金钱计量方式。第二种观点认为,这种工资性赔偿属于纯粹经济损失,不得加以主张。第三种观点认为,该种情况实际上是侵犯了乘用人获得工资的权利,这种权利本质上是一种债权,不构成侵权。本书作者赞同第一种观点,该种情况实际上是对乘用人自由权的一种侵犯,不能因为自由权不能可靠计量而否定此种主张权利,因为精神损害与自由侵害具有相似的性质。《国家赔偿法》第 33 条规定,"侵犯公民人身自由的,每日赔偿金按照国家上年度职工日平均工资计算",从该条规定中可以看出工资在立法实践中可以作为补偿自由权被侵犯的计价标准。

3. 因果关系

侵权法上的因果关系,指加害行为和损害后果之间所具有的引起与被引起的关系。20 世纪我国采用苏联的必然因果关系理论,认为因果关系是一种必然联系即只有违法行为与损害结果之间存在本质的、必然的联系,才认为有因果关系。必然因果关系是一种完全以哲学因果关系的概念、规则直接作为法律上因果关系的概念与规则。由于必然因果关系说对于因果关系的证明要求极高,在实践中运用较为困难,不符合保障救济被害人的权利。因此,近年来,以德国法为代表的相当因果关系理论开始逐渐被理论界与实务界接受。相当因果关系理论在条件说的基础上,加入了相当性的要件,在条件关系上采用"如不、则不"的思维逻辑进路,在两者的连接点采用概率的判断。如果不发生加害行为,则损害有大概率不会发生,那么行为与损害就有条件关系。判断条件关系后,进一步判断加害行为是否有引起损害的相当性,这里的相当性符合"一般公众认识"即可,是一种能够为社会大众接受的价值判断。法律真实是合乎准则的,过分追求客观真实将会带来一系列不利的社会影响。随着现代科学的发展,各种现代工业引发的侵权损害赔偿案件中,几乎无法认定被告的加害行为与损害结果存在所谓必然的因果关系。[②] 结合电梯安全领域,比如某一乘用人在电梯里上下跳动,之后电梯发生坠落事故导致其他乘用人伤

---

① 《业主被困电梯半个小时上班迟到,物业开迟到证明》,http://news. youth. cn/jsxw/201511/t20151130_7365289. htm,下载日期:2017 年 2 月 6 日。

② 程啸:《侵权行为法总论》,中国人民大学出版社 2007 年版,第 261 页。

亡,如果按照必然因果关系说,需要对电梯事故进行详尽的判断分析,如果因为当时的跳动无法得到精确计量从而导致技术上存在不能精确地判断该跳动行为就是导致事故的必然原因,那么此时对受害人来说就不能得到有效救济。而在相当因果关系理论下,只要能判断当时电梯质量和维保情况没有问题,那么从概率角度来说就可以推断如果没有这个跳动行为,损害就不会发生,就完成了条件关系的判断,之后的相当性裁量可以比较好的弥补非必然原因的问题。

目前,国内一些学者主张学习普通法系国家,将因果关系分为事实因果关系与法律因果关系进行分类判断,由于篇幅的原因本书不再赘述。按照此种划分标准,必然因果关系理论与相当因果关系理论都属于法律因果关系理论,相当因果关系理论的事实因果判断建立于条件说之上。但是,必须承认的是,以条件说为基础也不能判断一切事实因果关系,在分别侵权场合中,需要考虑聚合因果关系和共同因果关系,这在后述小节中会进行介绍。此外,必须注意到受害人的特异体质并不影响因果关系的成立。比如,电梯因为物业公司管理不善的原因,常年失修,某日一位患有脆骨病的乘用人与其他人一起乘坐该电梯。在运行过程中发生了滑梯事故,导致电梯从 10 楼滑至 7 楼。该脆骨病人因为此次滑梯的震动导致了全身多处严重骨折,而其他乘用人并没有受伤。在该案例中,如果采用一般社会常识来判断相当性显然是不合理的,通说观点认为,加害人必须接受受害人特异体质的现状,不能因为其体质异于常人而主张抗辩。所以在该案例中,物业公司应当对该脆骨病人所受到的人身损害承担责任,进行赔偿。

4. 主观过错

主观过错在侵权责任法领域下主要分为故意和过失两种形式,故意是指行为人明知其行为的后果或者其行为必然或者可能产生损害结果,却仍然有意为之的主观心态。如果加害人故意实施了加害行为,那么在因果关系判断上可以采取相对宽松的标准。比如,某电梯乘用人在电梯正常运行过程中使用工具猛锤猛砸电梯重要部件,造成电梯事故导致其他乘用人伤亡的,可以认定该加害人承担责任。

过失主要是指加害应当预见其行为会导致损害结果,因为疏忽大意没有预见或是已经预见,轻信可以避免损害发生的主观心理状态。在过失判断中,如果法律明确规定了行为标准,则违反该标准致人损害就是过失。如果法无明文规定,则以"合理人标准"来判断。所谓"合理人标准",是指判断行为人的行为是否达到了其所在职业阶层、年龄或者生理状况中的理性人在此情形下应当达到的行为标准。结合电梯侵权来看,对丁维保等人员不履行或不符合标准履行责任导致的损害的,虽然这种不作为从行为上而言是故意,但对于损害而言责任形式实质上是过失。维保人员本身不希望发生电梯事故的后果,但是当其作出不合规业务行为时,应当从"合理人标准"判断其应当预见或者可以预见损害的发生。

三、电梯安全事故的免责与减责事由

侵权责任的免责与减责事由,是指减轻或者免除加害人责任的理由。主要由正当理由与外来原因构成,正当理由包括自助行为、正当防卫、紧急避险、依法执行职务、受害人同意;外来原因包括不可抗力、意外事件、受害人过错、第三人过错。关于免责与减责事由的概念,这里有两个地方需要辨析:第一,前文述及在以德日为代表的大陆法系的法律语言中,有一种称为违法阻却事由的概念,在我国学界使用中经常与免责事由混淆。违法阻却性事由是通过阻却被告行为的违法性而使侵权损害赔偿责任无法成立,其包括自助行为、正当防卫、紧急避险、受害人同意、执行职务与无因管理。在内容范围上比免责与减责事由更窄。第二,在实践涉及侵权的诉讼中,要分清抗辩事由与免责减责事由的区别,抗辩事由包括三类:其一,通过证明侵权责任构成要件的欠缺;其二,违法阻却事由;其三,其他事实或者法律规定主张免除减轻责任。免责减责事由属于抗辩事由中的后两点。

免责与减责事由分为以下几个方面:

1. 受害人过错

《侵权责任法》第 27 条规定:"损害是因受害人故意造成的,行为人不承担责任。"这是关于受害人过错的条款规定,根据该规定,受害人对损害发生具有故意形式的过错,并且这种过错与损害结果具有因果关系的,免除加害人的责任。比如出于故意破坏电梯设备的人进入电梯搭乘并实施或预备实施破坏行为的,尽管其客观上有搭乘的行为,但是其有破坏该设备的主观意愿与同时存在破坏的行为,电梯遭到损害发生事故与其实施的破坏行为具有因果关系,那么电梯使用管理人与电梯生产商就没有责任。

如果受害人的过错形式为过失,可以减轻加害人的责任。《侵权责任法》第 26 条规定:"被侵权人对损害的发生也有过错的,可以减轻侵权人的责任。"在电梯事故中,虽然电梯的维保存在问题,但是乘用人自己也实施了违反乘用人行为规范的行为,实践中存在比如乘用人扒门进入电梯或者明知乘坐导致超载但执意乘坐等违反乘用人行为规范的情况,这种行为与维保的不作为同时对损害结果存在因果关系时,可以减轻维保公司的赔偿义务。但在无过错侵权中,只有在受害人具有重大过失时,才可以减轻赔偿义务人的责任。

2. 第三人原因

《侵权责任法》第 28 条规定:"损害是因第三人造成的,第三人应当承担侵权责任。"第三人的行为如果是合法行为,那么它不会构成因果关系的中断;如果将可以预期的合法行为判断为改变因果关系的行为,那么法律的功能将受到影响。第三人的过错行为才能构成介入因素,从而导致第三人原因的免责减责事由。由于侵权责任法对于第三人原因免责的条款过于简单,在第三人有过错行为需要免除减轻至何种程度的责任,有几种情形。

通说认为,首先如果第三人过错行为是损害发生的唯一或是全部原因,则由第三人承担全部责任。比如在电梯正常运输过程中,甲切断大楼电源导致一台质量正常并正常维护的电梯坠落,致使电梯上其他人员的伤亡,这种情况下,就可以免除电梯使用管理人以及生产商的责任,由甲一人承担全部侵权责任。其次,第三人的过错是损害发生或者扩大的主要原因,则应当减轻被告的大部分民事责任。最后,第三人的过错是损害发生的次要原因,应当根据实际情况确定被告减轻的责任。

3. 不可抗力与意外事件

《侵权责任法》第 29 条规定:"因不可抗力造成他人损害的,不承担责任。法律另有规定的,依照其规定。"2017 年颁布的《民法总则》第 180 条在原有《民法通则》第 107 条基础上,拓宽了不可抗力的适用范围,同时对不可抗力进行了简要性阐释,即"不可抗力是指不能预见、不能避免且不能克服的客观情况"。理论界通说认为,地震、洪水等自然现象与战争、暴乱等社会现象属于不可抗力。值得注意的是,无论是过错责任还是无过错责任,不可抗力都是免责事由。结合电梯安全来看,当发生地震导致电梯坠落或是因为雷暴天气引起电力故障导致电梯发生事故,其他当事主体都可以将不可抗力作为免责事由予以主张。

意外事件,是指非因当事人的故意或过失而偶然引发的事故。意外事件表明的是当事人没有过错,仅适用于过错侵权。意外事件与过失最大的区别在于意外事件的当事人根本无法预见损害结果。比如在电梯维修时,工人在故障电梯外放置维修告示牌后便进入电梯井内作业,这时一只野狗进入楼内将该告示牌叼走,而后甲进入楼内在不知道电梯正在维修的情况下使用电梯并坠入电梯井死亡。对于这种情况而言,维修工人已经尽到了合理标准的注意义务,野狗叼走维修告示牌的情况不属于他所能预见的范围,所以这是一起典型的意外事件,该维修工并不需要承担责任。

四、电梯安全事故中的共同侵权与分别侵权

1. 共同侵权

共同侵权,是指数人基于共同过错而侵害他人的合法权益,依法应当承担连带赔偿责任的侵权行为。[①] 共同侵权包括共同加害行为,教唆、帮助的共同侵权和共同危险行为三种情况。

《侵权责任法》第 8 条规定,"两人以上共同实施侵权的行为,造成他人损害的,应当承担连带责任"。其中,又可以分为共同故意和共同过失两种情况。比如,两名电梯维修工人为了发泄内心不满,约定在维修时故意拆卸螺丝钉导致电梯发生事故的,是共同故意的加害行为。又如,物业公司和维保公司达成合意,为了节约经费,只对所管理电梯进行形式上的保养,因而发生事故的,前文提及,虽然从行为上看是故意,但此种故意的目的是节约经费,对事故发生造成损害结果仍是抱以不希望的态度,考察主观态度仍是过失,所以构成共同过失的加害行为。

2. 教唆、帮助侵权

《侵权责任法》第 9 条规定教唆、帮助他人实施侵权行为的,应当与行为人承担连带责任。比如,甲乙丙三人共同乘坐电梯,甲对乙说,"你能一脚把电梯门踢开,我就承认你力气大",乙听罢用力踹电梯门,结果导致电梯坠落,造成丙死亡的结果,甲和乙应当承担共同侵权的连带责任。又如,建筑单位为了节约成本,请设计单位帮助对电梯井进行不合标准的设计,因该电梯井设计、建造不合规造成电梯安全事故的,设计单位和建筑单位应当承担连带责任。

3. 共同危险行为

共同危险行为,又称为准共同侵权行为,指数人实施的危险行为都有造成他人损害的可能,其中一人或者数人的行为造成他人损害,但不知数人中何人造成实际损害的情况。[②]《侵权责任法》第 10 条规定,"二人以上实施危及他人人身、财产安全的行为,其中一人或者数人的行为造成了他人损害,能够确定具体侵权人的,由侵权人承担责任;不能确定具体侵权人的,行为人承担连带责任"。依照法条,共同危险行为的构成需要二人以上均实施了足以导致损

①　王利明:《侵权责任法》,中国人民大学出版社 2016 年版,第 128 页。
②　王利明:《侵权责任法》,中国人民大学出版社 2016 年版,第 140 页。

害结果的行为,这些行为其中的一个或部分造成了损害后果,但是不能确定究竟是哪一个行为导致。实施共同危险行为的人必须举证证实实际加害人,仅证明不是自己所为也不能免除责任。在电梯安全领域下,共同危险行为规定可以解决多个电梯乘用人实施危险行为致害的情况。比如,一部质量与维保情况正常的电梯中共有甲、乙、丙、丁四个人,甲、乙、丙三人在电梯上升过程中,相互嬉闹,在电梯中大幅度跳动,导致了电梯的坠落事故,造成了丁的死亡结果。在这个场景中,甲、乙、丙三人违反了电梯乘用人的行为标准,共同实施了危险行为。如果不能确定是谁的跳动行为导致了电梯的坠落,那么甲、乙、丙三人要对丁的死亡承担连带责任。

4. 分别侵权

分别侵权,是指二人以上分别实施了加害行为,主观上没有共同过错,但造成了同一损害的情形。《侵权责任法》第 11 条规定了累积因果关系下的共同侵权,第 12 条规定了共同因果关系下的共同侵权。

累积因果关系,是指同时发生了两个以上的原因造成了损害结果的发生,但是其中任一原因都足以导致同一性质的损害结果的发生。比如,建筑单位为了节约成本在电梯井的施工过程中偷工减料,其程度足以导致正常电梯发生事故,而开发商通过正规渠道购买的电梯存在严重产品质量问题,其程度也足以导致一旦运行就发生事故。在该建筑交付当天,即发生了严重的电梯坠落事故,并导致了人员死伤的结果。如果在此采用相当因果关系理论,则建筑单位和电梯生产商都可以主张即使没有自身的加害行为,也会因为对方加害行为产生损害结果。因此《侵权责任法》在此处采取累积因果关系说,因为建筑单位和电梯生产商的行为都可以致使事故发生,所以两者应当承担连带责任。

共同因果关系,是指无意思联络的数人的行为相互结合,成为导致损害结果的原因,每个加害人的行为单独不足以造成损害结果,只有结合在一起才能共同造成损害后果。《侵权责任法》第 12 条规定在这种情况下加害人应当承担按份责任,不能确定责任大小的,平均承担。在电梯安全领域下,比较常见的是维保不合规与产品质量问题混合导致的电梯安全事故。在这种事故中,维保不合规与电梯本身质量都不足以单独造成最终的损害结果,此时应当根据原因力的大小以及过错程度承担按份责任。如果难以鉴定责任大小的,平均承担赔偿责任。

五、财产损害赔偿与惩罚性赔偿制度的完善

1. 人身伤亡的财产损害赔偿

人身损害赔偿是指因侵害受害人的生命权、健康权和身体权而发生的侵权损害赔偿责任。在电梯安全事故中,绝大多数的电梯乘用人会发生受伤乃至死亡的损害结果。对于这些受害人,《侵权责任法》规定的人身损害赔偿包括医疗费、护理费、交通费、误工费、残疾生活补助具费、残疾赔偿金、丧葬费、死亡赔偿金和精神损害赔偿等九项。但是在此之前人身损害赔偿相关司法解释规定的内容更多,有一些仍将在司法实践中予以采用,比如住宿费、住院伙食补助费、必要的营养费,以及因康复护理、继续治疗实际发生的必要的康复费、护理费、后续治疗费、受害人亲属办理丧葬事宜支出的交通费、住宿费和误工损失等。

2. 物权的财产损害赔偿

在电梯出现事故时,如果乘用人的财产发生了损毁的情况,根据《侵权责任法》第 19 条规定,"侵害他人财产的,财产损失按照损失发生时的市场价格或者其他方式计算"。在实践中,主要是电梯滑梯或者坠落导致乘用人随身携带的物品发生损毁的情况,如果涉及玉质手镯等贵重物品损毁的情况,还需要对该贵重物品进行鉴定。如果是字画等艺术品损毁的情况,需要有资质的评估机构对该艺术品市价进行相关评估。

3. 精神损害赔偿

在我国,精神损害赔偿采用法定主义,法无明文规定,不可以主张精神损害赔偿。电梯安全事故一旦发生,很容易导致受害人生命权、健康权、身体权受到侵害,同时由于电梯事故的突然性和剧烈性,容易对受害人造成严重的精神方面的影响。根据《精神损害赔偿解释》,生命权、健康权、身体权受到非法侵害,情节严重的,可以向法院起诉请求赔偿精神损害。情节严重,是指需要对受害人该三项权利造成严重后果,未造成严重后果,不能主张精神损害赔偿。

4. 惩罚性赔偿制度的完善

惩罚性赔偿(punitive damages),又称作示范性赔偿(examplary damages),报复性赔偿(vindictive damages),起源于 18 世纪的英国,确认于 18 世纪的美国,并在近三个世纪的演变中对其他英美法系国家乃至大陆法系国家产生了重要影响。

在我国,侵权损害赔偿主要是一种补偿性的赔偿,这是由于侵权责任法本

身带有的损害填补功能决定的。然而,侵权责任法规还应当带有抑制威慑功能,这是补偿性赔偿制度所不能产生的影响。而迥乎于传统的损害赔偿制度,惩罚性赔偿的目的不是补偿受害人所受到的损失,而是惩罚不法行为人同时进一步威慑潜在实施人。这种制度虽然表面上在权利义务的平衡中打破了对等的损害赔偿关系,但是在实践中,求偿一方往往处于证明的弱势,而这种求偿方的弱势或是侵害方的强势将会带来危害公共安全或公共秩序的反社会行为,所以惩罚性赔偿实质上是一种以私法制度外观实现公法责任的带有惩罚与威慑目的的特殊惩罚制度模式。惩罚性赔偿制度完善了侵权法规的威慑功能,增加了侵害方的行为成本,具有保证弱势群体利益以及维护社会秩序的重要价值。①

惩罚性赔偿制度在我国同样受到关注,并在 1994 年的《消费者权益保护法》中第一次作出惩罚性赔偿的规定。而后,《食品安全法》《侵权责任法》中都对惩罚性赔偿作出一定的规定。而这些法规的惩罚性赔偿制度都着眼于产品,这使得惩罚性赔偿的适用范围大大被缩限。着眼于电梯安全事故侵权责任案件中,只有电梯本身出厂产品质量出现了问题,才能诉诸法律获得惩罚性赔偿。但是实践中,绝大多数的电梯安全事故主要原因并不是产品质量原因,而是在安装、维保、运营管理等多个环节上发生的问题。这些方面的原因导致的人身侵权只能要求补偿性的赔偿,并不能要求惩罚性赔偿。在"搭便车""超过拥挤点""公地悲剧"理论分析基础上,绝大多数电梯使用管理人(物业企业)确实出现了管理能力不足、管理成本过高、管理心态散漫,管理责任落实不到位的情况。作为理性经济人,物业企业必然在成本最低的条件下追求利益最大化,而法律调整的宏观意义就在于避免企业追逐利益伤害社会公众从而引发严重社会问题。因此,应当规定在电梯安全责任事故中,事故责任在电梯安装环节、维保环节、运营管理环节出现问题的,受害人可以对该环节责任主体进行惩罚性赔偿的求偿。

2017 年 3 月通过的《民法总则》第 179 条对民事责任作出规定,在通则原有基础上,增加了"法律规定惩罚性赔偿的,依照其规定"的新表述,从总则上提纲挈领地正式承认了惩罚性赔偿的存在,同时也将其限定在"法定"的约束性条件之下。因此,将来只有从立法上进一步将惩罚性赔偿制度加以明晰,在侵权法领域推出涉及全方位的惩罚性赔偿制度,明确惩罚性赔偿的适用范围,

① 张新宝、李倩:《惩罚性赔偿的立法选择》,载《清华法学》2009 年第 3 期。

厘清赔偿上限以及明确赔偿金额的计算方法。

六、电梯事故维权对策

1. 事故发生后的取证对策

发生事故后,乘用人或发现事故人员应当第一时间拨打电话联系消防、急救以及公安来到现场施救。受害人可以实施自救,或者留在原地等待救援。在这个过程当中,如果条件允许的话,可以使用手机拍摄事故电梯内部的场景。受害人近亲属除了协助救援以外,及时通知电梯管理方,证明电梯故障的存在。同时开始关注电梯内是否有年检标志,并可以向物业或者开发商索取产品的合格证。同时马上联系质检、工商部门对事故电梯进行检查。如果有受伤并入院治疗的,应当妥善保管好病历等相关能够证明伤情的材料。

2. 协商与起诉

发生事故后,在对事故电梯进行检查后,基本能确定是谁的责任,应当找到相关主体进行赔偿协商,赔偿的范围应当在法律支持的范围之内,同时与该事故有相当的关联。如果相关主体拒不承担责任,不愿意私下和解的,受害人应当及时与律师等法律工作者取得联系,可以由法律工作者出面与相关主体协商,协商不成的,可以提起民事诉讼进行维权。

七、典型案例点评

1.【案例 7-3】卢某与电梯公司、葛某、物业公司纠纷案①

2012 年 5 月 9 日上午 9 点 54 分,卢某等 17 人在祥源国际大厦商务办公楼参加美特康经营部保健课讲座后乘坐电梯,电梯发生溜底事故,造成包括卢某在内的 8 人不同程度受伤。卢某受伤后,被送往连云港市中医院住院治疗,并于 2012 年 11 月 7 日出院,住院 182 天,产生医疗费 127743.52 元,其中钰鑫物业公司垫付医疗费 7000 元,富士电梯公司垫付医疗费 70000 元,其余医疗费 50743.52 元中 42491.46 元卢某未向连云港市中医院交纳。经连云港正达司法鉴定所鉴定,卢某受伤致左髋关节假体柄末端股骨粉碎性骨折、右外踝粉碎性骨折,目前遗留右踝关节功能障碍,功能丧失 25% 以上,构成人体损伤拾级伤残。需补给必然发生的后续手术医疗费用及康复治疗费 8500 元(或以实际发生为准),包括二次手术误工期限为自伤起 11 个月,营养期限为自伤起

---

① 江苏省连云港市中级人民法院(2014)连民终字第 0433 号判决书。

4 个月,护理期限为自伤起 5 个月。卢某为此支出鉴定费 1900 元。另查明,葛某为美特康经营部的经营者,2012 年 2 月 27 日,该经营部出具承诺书一份给钰鑫物业公司,承诺在顾客到办公室参加活动期间,保证大厦一楼大厅随时有工作人员接待并护送上电梯,在顾客乘坐电梯期间,如有任何意外事件,与大厦物业无关。钰鑫物业公司为祥源国际大厦商务办公楼的物业服务公司,富士电梯公司为事故电梯的维保和制造单位。钰鑫物业公司与富士电梯公司之间签有电梯维护保养合同,事故发生在维保期限内。该事故经江苏省特检院连云港分院调查,事故原因为:1.直接原因。由于维保单位未按照技术规范的要求对电梯制动器进行检查和调整,导致制动器制动力不足,致使超载后溜车蹾底,是造成此次事故的直接原因。2.间接原因。富士电梯公司作为电梯维保单位,未按照规定进行修护保养,是造成事故的主要原因;钰鑫物业公司作为电梯使用单位,使用安全管理不到位,是造成事故的次要原因之一;富士电梯公司作为电梯制造单位,未对事故电梯运行情况进行跟踪调查和了解,是造成事故的次要原因之一;美特康经营部,未按照承诺履行对中老年顾客的安全管理职责,是造成事故的次要原因之一。2012 年 6 月 15 日,连云港市政府"5·9"电梯事故调查组据此作出《连云港钰鑫物业服务有限公司"5·9"电梯溜车蹾底事故调查报告》。原告卢某请求依法判令三被告连带赔偿原告各项损失共计 172266.83 元,诉讼费用由被告承担。

一审法院认为,行为人因过错侵害他人民事权益,应当承担侵权责任。富士电梯公司作为电梯制造、维保单位,未对事故电梯运行情况进行跟踪调查和了解,未按照规定对电梯进行修护保养,对事故发生存在过错;钰鑫物业公司作为电梯使用单位,使用安全管理不到位,对事故发生存在过错;葛某作为美特康经营部的经营者,在组织活动中未对中老年顾客尽到安全管理职责,对事故发生也存在过错。根据富士电梯公司、钰鑫物业公司、葛某某的过错程度,确定葛某某、钰鑫物业公司、富士电梯公司承担责任的比例为 1∶1∶8。虽然美特康经营部出具承诺责任自负,但是该承诺系内部约定,并不能免除其对外承担责任。综上,一审法院判决葛某于判决生效后十日内赔偿卢某 22286.29元。钰鑫物业公司于判决生效后十日内赔偿卢某 15286.29 元。富士电梯公司于判决生效后十日内赔偿卢某 108290.34 元。并驳回卢某的其他诉讼请求。判决后,被告富士电梯公司提出上诉,其认为原审法院违反法定程序,没有依职权调取涉案电梯技术鉴定意见书,导致上诉人无法对 2012 年 6 月 15日连云港市政府"5·9"电梯事故调查组作出的《连云港钰鑫物业服务有限公司"5·9"电梯溜车蹾底事故调查报告》进行质证。同时江苏省特检院连云港分院作出的技术鉴定不客观,依据不足。其认为该事故最重要的原因是超载。二审法院认为,原审法院根据富士电梯公司、钰鑫物业公司和葛某在本案事故中的过错程度,确定由葛某、钰鑫物业公司、富士电梯公司承担责任的比例为1∶1∶8并无不妥。驳回上诉,维持原判。

　　本案是一起非常典型的电梯安全事故纠纷,该起纠纷定案的关键性证据是连云港市政府对该起电梯事故进行调查得出的调查报告。该调查报告的性质是公文书,有很强的证明能力。在该报告中对事故的责任进行了分析,该电梯的维保单位是富士电梯公司,同时维保不符合要求是该事故发生的主要原因。物业公司对电梯管理疏忽,组织活动的美特康经营部没有妥善组织好活动,存在过错。同时这三个行为具有违法加害性,导致了卢某的损害结果,因此三个主体需要承担侵权责任,一审法院的认定并无不妥。因为该三个主体属于分别侵权,三个主体的行为并不存在共同过失的行为,而是分别侵权,三个加害人的行为单独不足以造成本次电梯事故的损害结果,但结合在一起才能共同造成损害后果,符合共同因果关系的构造,所以应当承担按份责任。在比例上,根据调查报告作出1∶1∶8的比例也基本符合案件事实情况。在二审中,对于上诉人提出的超载理由,法院在判决中并没有直接加以阐释或者进行质证,由于连云港特检院报告中提出本次事故直接原因是超载引起的。但是上诉人并未提出证据证明受害人卢某是否是在明知超载的情况下进入电梯乘坐,同时超载时发出了警报。如果卢某在听到电梯警报后明知电梯超载还继续进入乘坐,就存在受害人过错的情况,可以相应减免加害人的责任。但由于上诉人并未提出这方面的证据,因此二审法院维持原判并无不妥。

　　2.【案例7-4】李某坤与物业公司、电梯维保公司、房地产公司纠纷案①

　　2010年5月10日上午9点多钟,原告李某坤欲到位于凌河商务大厦十五楼的某律师事务所办事。该大厦一楼设有两部电梯,南侧电梯因发生故障,第一被告单位工作人员正在进行维修。原告进入一楼后见北侧电梯门口有多人排队,而南侧电梯外无人。于是走到南侧电梯门前,用手扒开电梯门后进入,当即掉入电梯井内。事发后,原告于当日10时被120急救车送至锦州市第二医院治疗,急诊诊断为颈椎、胸椎、肋骨骨折、脊髓损伤,收住院。入院后主要诊断为C5、C6骨折脱位伴截瘫,T8、T11椎体压缩骨折,右9、10、11肋骨骨折,胸、肋关节骨折,胸壁软化、血气胸、头外伤、泌尿系损伤。事件发生后,

_____
① 辽宁省锦州市中级人民法院(2015)锦审二民再终字第00006号判决书。

锦州市质量技术监督局对事发经过进行了调查。其中原告陈述其掉落的电梯门前无任何警示标志，证人于河彬对事发后"110"民警赶到现场时的情况进行了录像，录像中显示，一民警用手推了电梯门一下，未推开，用双手将门扒开。锦州市质量技术监督局下属的特种设备监督检验所于2010年5月12日对出事电梯的一层厅门进行了测试，测试结果为：1. 电梯在检修运行或故障状态下，外呼梯盒仅显示电梯轿厢所在楼层位置，不显示电梯正常运行标识。……4. 在锁沟完全脱离状态下，打开厅门，沿厅门开启方向需要施加的作用力分别为，左侧厅门2.5kg或2.7kg，右侧厅门3.5kg或3.8kg。……6. 在锁沟工作状态与锁沟脱离状态下，垂直厅门开启方向，分别施加20kg与30kg力，厅门无变形。7. 一层房门设有重锤或自动关闭厅门装置，当轿门在开锁区域以外时，该装置工作有效。

一审法院认为，有证人证明当时电梯旁设有警示标志，而且事发当时，两部电梯一部电梯排着长队，而维修的电梯无人等候。以上证据可证明被告已尽到了安全保障义务。锦州市特种设备监督检验所的测试报告证明，该电梯门应当在一定大的作用力下才会被打开，因此排除了原告所说的用拳头轻轻一碰将门推开的可能。故原告未按呼叫按钮，而用手扒开门的行为本身具有过错，并且该过错直接导致了其身体受伤的后果，原告所受伤害系其本身的过错造成，应由其本人承担一切后果及责任。判决驳回原告李某坤的诉讼请求。

李某坤上诉后，二审法院维持原判。之后，辽宁省检察院提出抗诉，辽宁省高级人民法院提审本案后发回重审。重审一审法院认为，本案因电梯故障，致使原审原告受到伤害，作为电梯管理者、维护人的原审被告锦州市电梯安装维修有限公司应负有安全保障的责任，原审被告锦州海资物业管理有限公司、锦州宝地建设集团有限公司非电梯的管理者、所有人不应承担责任。因本案事发当时的电梯正在维修，呼叫按钮不能正常工作，原审被告锦州市电梯安装维修有限公司应就其采取了相应的警示标志和安全措施，承担举证责任。原审原告锦州市电梯安装维修有限公司提供的现有证据看，两份证言，一份是该单位职工的证言，另一份证言只证明了电梯门口有一个牌子，写的字没有看清。既然连牌子上的字都没有看清，据此原审被告锦州市电梯安装维修有限公司用以证明其已尽到了安全保障义务明显证据不足。且原审原告的两位证人均证实电梯门口未设警示标志，故原审被告锦州市电梯安装维修有限公司的辩解理由不成立，对原审原告的损害后果应承担赔偿责任。判决原审被告锦州市电梯安装维修有限公司与原审原告李某坤按照7：3承担责任。

之后，原告李某坤与被告锦州电梯维修有限公司又提出上诉，重审二审法院认为,本案中,受害人系由电梯入口坠落受伤,应属于一般侵权责任纠纷,案由应为生命权、健康权、身体权纠纷,原审将案由定为地面施工、地下设施损害责任纠纷不妥,应予纠正。同时,实体责任的归责原则亦应适用过错责任原则,原审依照《民法通则》第125条及《侵权责任法》第91条的过错推定责任原则下判系适用法律错误,本院予以纠正。故上诉人李某坤认为本案应适用无过错责任原则或过错推定责任原则的主张缺乏法律依据,不予支持。由于李某坤是通过扒开电梯厅门进入电梯而非依照正常乘坐电梯的程序使用电梯,且在电梯内没有光照、黑暗不明的情况下,李某坤仍冒失踏进电梯底坑以致重伤,作为一个具备完全民事行为能力的自然人,李某坤对其自身损伤的发生存在重大过失,应对其自身的损伤承担相应责任。李某坤代理人认为受害人李某坤无过错不应承担任何责任的主张缺乏事实与法律依据,不予支持。判决上诉人锦州市电梯安装维修有限公司与上诉人李某坤按照3:7承担责任。

　　本案较为复杂,一共经历了五次审理程序,其中有四次实质审理程序。案件的第一个争点在于哪个主体与本案有关,本案原告采取了广撒网的诉讼策略,将与事故电梯有关的主体全部起诉。但是,四次审理程序中都明确指出房地产公司已经将建筑物移交,并且特检院检查报告中也未提及该事故责任存在建筑方面的原因,因此房地产公司不担责是肯定的。同时,法院也查明该物业公司在与业主合同中并不负责电梯的管理,所以第一个争点较易解决。只有电梯维修公司与本案有关。重审一审法院以地面施工、修缮安装地面设施损害的条款来推定被告是过错推定责任是不妥的。电梯事故情况与该条款规定的行为去之甚远,这样的类推属于错误的法律适用。第二个争点在于,电梯维修公司该不该对该事故承担责任,需要承担多少责任。本案中,电梯维修公司未设立防护线等警示措施,存在过错。一审、二审法院将责任完全归于受害人一方是欠妥的。但由于本案中存在受害人自己徒手掰开电梯门的情况,存在着受害人过错的情形,依法律规定可以减轻加害人的责任。并且,在该案中受害人实施了与其判断能力严重不符的行为,即在有明显迹象标明该电梯存在问题的情况下,不按通过按键启动电梯,而是用强力掰开电梯门的行为,严重违反了电梯乘用人行为规范,所以重审二审法院认定由受害人承担70%是合理的。

第五节　电梯乘用人侵害其他主体相关责任

在涉及电梯安全运行问题中,时常发生电梯乘用人侵害其他主体权益的情况,包括对电梯本身以及电梯的正常运行的侵害,或是对其他乘客的人身财产侵害的情况。本节分为刑事责任、民事责任分别讨论。

一、电梯乘用人侵害其他主体的刑事责任

电梯乘用人在乘坐电梯过程中侵害其他主体而承担刑事责任的情况主要有三类,第一类是对电梯本身的故意毁坏,损失金额达到一定程度构成故意毁坏财物罪;第二类是故意使电梯处于一种极其危险的运行状态,视主观目的可能构成以危险方法危害公共安全罪;第三类是毁坏电梯造成出乎行为人目的的过失致人重伤、死亡罪。

1. 故意毁坏财物罪

故意毁坏财物罪,是指故意毁坏公私财物,数额较大或者有其他严重情节的行为。该罪的行为对象为非己所有的有主物,包括动物与财产性利益。在实行行为上表现为毁坏财物。对于"毁坏"该如何理解,有物质毁弃说、有形侵害说,本来的用法侵害说与效益侵害说几种学术观点,一般以效用侵害说为通说。效用侵害说认为,毁坏包括使财物效用丧失或者减少的一切行为,其分为以下三种情况:第一,通过对财物行使有形力,导致财物的完整性受到明显损毁的;第二,通过对财物行使有形力,导致财物的效用减少或者丧失的;第三,虽然没有直接对财物行使有形力,但使他人财物的效用减少或丧失的。[①] 本罪的责任形式为故意,同时需要构成数额较大或者有其他严重情节的犯罪结果。结合电梯安全来看,本罪适用于电梯乘用人故意毁坏电梯,给电梯所有人带来严重财产损失的情形。依前文所述,电梯乘用人为唯一电梯所有人时,损坏电梯的行为不构成犯罪。在实践中,酒店餐馆、KTV 等娱乐场所经常发生醉酒人员破坏电梯的案例,按照刑法规定,醉酒并不能构成违法性阻却事实,造成数额较大损失的,依然构成犯罪。在行为的界定上,采取效用侵害说认

---

① 张明楷:《刑法学》,法律出版社 2016 年版,第 1026 页。

为,行为人对电梯的效用造成减少或丧失的,即符合"毁坏"的违法性事实。即认为,造成电梯运输效用减少或丧失,即有违法性。

2.以危险方法危害公共安全罪

以危险方法危害公共安全罪是指故意使用放火、决水、爆炸、投放危险物质以外的其他危险方法危害公共安全的行为。本罪在立法意旨上作为危害公共安全罪的兜底条款,在具体解释上对"其他危险方法"没有限定。结合电梯安全领域,商场电梯,公共事业单位电梯所搭载的乘用人符合"不特定多数人"的要件,只要乘用人在乘坐电梯时,对电梯造成功能上的严重损害,足以威胁到其他乘用人生命安全的,即构成本罪。行为人破坏电梯的责任形式为故意。在这里,关键的问题在于破坏住宅电梯能否构成危害公共安全罪? 对于公共安全的定义,中国的通说采取"不特定并且大多数人"的观点,而日本对于公共危险罪认为是指"侵犯不特定或者多数人的生命、身体、财产的犯罪"。[①] 如果按照通说,要符合不特定并且大多数人的条件来看,住宅电梯的指向使用者是特定的,并不符合这一条件,但从实际侵害结果来看,在这种情况下通说是站不住脚的。破坏电梯造成的风险并不足以构成对整栋住宅业主的整体谋杀,实际上依然是有对于大多数人中的其中的一部分的法益侵害的可能性。所以,近年来我国的一些学者开始接受"不特定或大多数人"的观点,按照这一观点,破坏住宅楼电梯也能构成本罪。

3.过失致人重伤、死亡罪

因为电梯乘用人的过失行为,导致电梯发生安全事故,造成其他乘用人员或相关人员重伤或死亡的,应当认为构成过失致人重伤、死亡罪。比如,行为人为了乘坐电梯,强行扒开电梯门的行为造成电梯发生安全事故导致他人重伤、死亡的,可以归入这种情形。在责任形式上,主要需要考察行为人是否存在过失,这种过失包括过于自信的过失,也包括疏忽大意的过失。

二、电梯乘用人侵害其他主体的民事责任

在实践中,未达到前述犯罪结果要求的,比如毁坏电梯并未达到"数额较大",乘坐电梯过程中的过失行为致人轻伤的情况,电梯乘用人应当承担民事责任。这里的民事责任主要指侵权责任,责任的认定和侵权行为的构成前文

① ［日］西田典之:《日本刑法各论》,王昭武、刘明祥译,法制出版社2013年版,第306页。

已经进行过分析，在此不再赘述。毁坏电梯的，应当以侵犯他人财产的情形予以承担责任，具体方法在新《民法总则》中已有列举，包括停止侵害，消除危险，恢复原状，修理、重作、更换，赔偿损失，赔礼道歉。

业主作为电梯乘用人在履行物业服务合同中违约的，电梯乘用人应当承担民事责任，这里的民事责任主要是指对物业公司承担违约责任。违约分为预期违约和实际违约，预期违约包括业主明示或默示毁约，而实际违约延迟履行，拒绝履行，不完全给付等情况，在实践中表现为业主不缴、迟缴、拖缴、缴费不全等情况。违约责任原则上适用无过错责任，唯一的法定免责事由只有不可抗力，也就是说，只有业主作为电梯乘用人因为不可抗力原因导致了不缴、迟缴、拖缴、缴费不全等情况，造成了物业公司不能对电梯进行及时的维修保养或是不能实现服务合同中的相关约定，物业公司才不能对业主追究违约责任。《合同法》规定的违约责任方式包括五种，分别为继续履行，采取补救措施，支付违约金，适用定金罚则，请求减少价款或报酬。一般而言，在业主违约的场合下，业主应当继续履行约定，有违约金条款的，还应当交付违约金。因为业主违约导致小区电梯出现严重损害的，还应当采取补救措施或者赔偿损失。这里需要注意的是，业主承担的违约损害赔偿属于补偿性损害赔偿，需要以下规则：第一，《合同法》第113条规定的可预见规则，即损害赔偿数额不得超过可以预见的范围。第二，《合同法》第119条规定的减损规则，业主一方违约后，物业公司没有采取适当的措施致使损失扩大的，不得就扩大的损失要求赔偿。第三，过错相抵，如果业主违约造成物业公司损失的，同时物业公司对损失的发生也有过错，业主可以主张扣减相应的损失赔偿额。

第八章　行业协会在电梯安全使用中的法律问题探究

第一节　行业协会概述

一、行业协会概念界定

行业协会是由同一行业的商事主体为增进共同利益、维护合法权益而自愿组成的非营利性社会团体法人。[①] 作为社会经济自我管理与服务、自我约束与协调的民间性、自律性组织，现代行业协会是市场经济发展的必然产物。改革开放以来，随着市场经济发展的需要，我国各类行业协会蓬勃发展，这种介于政府与企业之间的中介组织在促进会员自律、维护市场秩序、推动公平竞争、维护企业合法权益等方面发挥了越来越重要的作用。然而，在对行业协会概念的界定上，不同的国家有不同的定义。

（一）国外对行业协会概念的理解

行业协会，英文为 trade promotion association，或者称为 trade association。不同国家对行业协会的理解存在一定差别。日本经济学界认为，行业协会是指事业者以促进共同利益为目标而自愿组织起来的同行或商人的团体。美国《经济学百科全书》给出的定义是，行业协会是一些为达到共同目标而自愿组织起来的同行或商人的团体。英国关于行业协会的权威性定义是：独立的经

---

①　姚旭：《关于行业协会概念的界定》，载《辽宁公安司法管理干部学院学报》2010 年第 1 辑。

营单位组成、保护和增进全体成员既定利益的非营利性组织。德国行业协会的定义是：行业协会是企业自由参加的注册团体，代表各个不同产业的利益。[①]

（二）国内对行业协会概念的理解

1.各类机构对行业协会的理解

我国关于行业协会的概念也有不同的理解。1997年国家经贸委印发的《关于选择若干城市进行行业协会试点的方案》明确："行业协会是社会中介组织和自律性行业管理组织。在社会主义市场经济条件下，行业协会应是行业管理的重要方面，是联系政府和企业的桥梁、纽带，在行业内发挥服务、自律、协调、监督的作用。同时，又是政府的参谋和助手。"中国工业经济联合会认为："行业协会是同行业企事业单位在自愿基础上，为增进共同利益，维护合法权益，依法组织起来的非营利性、自律性社会经济团体。"

2.学术界对行业协会的理解

不同学者从不同角度也有着不同的理解。如有的学者认为，行业协会以同行业企业为主体，在自愿基础上为增进共同利益而组织起来的社会经济团体。有的学者从行业协会功能角度出发，认为行业协会是在现代市场经济国家中维护同业利益，促进同业发展，避免同业内部无序竞争，进行行业的自我协调、自我约束、自我管理等一系列活动的社会中介性组织和自律性行业管理组织。有的学者从社会学角度出发，认为行业社会是一种主要由会员自发成立的会员制的、在市场中开展活动的、以行业为标识的、非营利的、非政策的、互益性的社会组织。[②]

3.我国地方立法对行业协会的规定

我国的地方立法对行业协会的规定重点也各自不同。如《温州市行业协会管理办法》第2条对行业协会的定义为："由同一行业的企业、个体商业者及相关的企事业单位自愿组成的民间性、自律性、非营利性社会团体人。"《深圳经济特区行业协会条例》第2条对行业协会的定义为："依由本市同行业的经济组织和个体工商户自愿组成的非营利性的、自律性的、具有产业性质的经济社团法人。"《广东省行业协会条例》第3条对行业协会的定义为："从事相同性

---

① 谭燕、王胥覃、谭劲松：《行业协会治理：组织目标、组织效率与控制权博弈——以中足协和中超杯"资本革命"为例》，载《管理世界》2006年第10辑。

② 谭涛：《中国行业协会效应关系分析及管理体制研究》，电子科技大学2006年硕士学位论文。

质经济活动的经济组织,为维护共同的合法经济利益而自愿组织的非营利性社会团体。"

二、行业协会的特征

(一)非营利性

行业协会的非营利性是指行业协会的成立和发展并不是为了获取利润,而是为了实现行业协会成员的共同利益,以维护行业利益,推动行业的发展。这是行业会区别于企业等营利组织的重要特征之一。如根据《中国电梯协会章程》规定:"本团体是由全国各地区从事电梯自动扶梯、自动人行道、机械式停车设备的设计、制造、安装、维修及科研教学的企事业单位、社会组织等自愿结成的行业性的全国性的非营利性的社会组织。"《上海市电梯行业协会章程》规定:"本协会依照《社会团体登记管理条例》《上海市促进行业协会发展规定》精神组建,为本市电梯企事业及相关单位自愿组成的跨部门、跨所有制的非营利性的行业性社会团体法人组织。"从定义中可以看出,电梯行业协会同大多数行业协会一样,其组织的目的不是获取利润,而是更好地实现一定的社会职责。

(二)互益性

行业协会的互益性是指行业协会的宗旨是为了维护特定领域内的特殊群体的利益。根据《中国电梯协会章程》中的规定,电梯行业协会的宗旨可以概括为:严格遵守国家宪法、法律、法规、国家政策,遵守社会道德风尚,为行业和会员提供优质服务,充分发挥行业协会的桥梁纽带作用,积极向政府和社会反映企业诉求,维护企业合法权益,加强行业会员企业自律,促进电梯行业的可持续健康发展,推进电梯行业的技术进步,提升电梯产品和服务的安全水平以及从业人员和企业的职业健康安全要求。因此,行业协会维护的往往不为普遍的公共利益,而是特定群体的公共利益,为一定的社会成员提供互益性服务。

(三)自治性

行业协会的自治性是指行业协会是由行业内各相关单位自愿结成的社会团体,并且依照行业协会章程进行自我管理、自我组织的社会团体法人,与政府之间不存在行政隶属关系,其合法活动不受政府的非法干涉。例如,《上海市电梯行业协会章程》规定"入会自愿,退会自由"原则以及在开展活动时,遵循"民主集中制"和"自主办会"原则,做到工作自主、人员自聘、经费自筹。

行业协会自治是其最根本特征,行业协会的自治权包括规章制定权、日常管理权、争端解决权。行业规章比起一般法律法规更具操作性和针对性,由行业协会成员独立自主地制定规章,并按照制定的规章来约束和支配行会成员的行为,由此来实现行业协会的宗旨和目的。日常管理权主要是为了有效约束行会成员的行为,能够保证行会的正常运行。争端解决权是行业协会内部进行调解的权力,不但有利于行会的有效运作,而且降低了行业协会的动荡性,有利于化解影响行会发展的不利因素。自治权同时体现了权利和权力属性。一方面,行业协会的自治在与国家权力的关系中体现的是自治权的权利属性,即行业协会享有不受国家权力的非法干预的权利,同时国家负有保障这种权利不受侵害的义务。另一方面,行业协会在与会员的关系当中,表现的是一种权力属性,行业协会通过制定规章形成制度,对行会成员的行为活动产生约束力和影响力,通过这种约束力和影响力来支配整个行业并获得保障,形成一种权力。

（四）中介性

行业协会的中介性,主要指行业协会作为政府与企业间的桥梁和纽带,一定程度上促进政府与企业之间的沟通。随着中国市场经济的快速发展,为了更好地转变政府职能,充分发挥行业协会的作用,2000年建设部决定把行业管理的重点放在制定和执行宏观调控政策及相关的法律、法规以及培育市场体系和监督市场运行方面,而具体的行业管理工作委托给有关社团承担。由此可见,在中国特殊的经济社会背景下,行业协会开始承担一定的公共管理职能,这决定了行业协会不仅要满足企业发展的需要,还要满足政府对于行业管理的需要。因此,必须发挥电梯行业各类企业依法建立的各种协会、物业协会、业主委员会等社会组织的作用,通过全社会的共同努力来营造良好的电梯安全环境。

三、电梯行业协会的缘起和发展

电梯协会作为政府与电梯企业之间的桥梁和纽带,随着电梯行业的发展而产生和发展。改革开放初期,在我国资金和技术双重匮乏的情况下,国家决定引进外资,电梯业由此成为我国最早引进外资的行业之一。自1980年,天津电梯厂、上海电梯厂、沈阳电梯厂等国内较大的电梯企业,与美国奥的斯、瑞士迅达、日本三菱等外资品牌合资合作,外资或合资品牌由此全面进入我国市场。外资品牌的进入对于我国电梯业的发展起到了一定的促进作用,加速了民族品牌企业的发展。自20世纪90年代起,大量民营企业开始介入电梯行业,从为外资企业做配套或者与外资企业合资开始,在生产过程中不断学习和消化技术,借鉴外资企业带来的国际化技术标准、安装维保体系、管理模式等,自主品牌电梯在技术、质量、管理、服务上快速步入了国际化行列,逐步发展到目前占有一定的市场份额,开始打破了外资品牌的垄断地位,涌现出如康力电梯股份有限公司、江南嘉捷电梯股份有限公司、苏州市申龙电梯有限公司等自主品牌企业。1991年经建设部批准,民政部审查登记,中国电梯协会正式成立,2012年年底中国电梯协会会员单位约600家,其中电梯整机制造会员超过1/3,配套件生产会员约占1/3,安装和维保会员接近1/3。

经过近十年的快速发展,电梯从一个陌生的行业发展到一个家喻户晓的行业,发展成为普通老百姓每天都能接触到的行业。伴随着需求量的增加,电梯行业内的厂家也迅猛发展,在册的生产企业近千家。电梯生产企业发展迅猛,电梯的销售渠道和维护渠道的发展也非常迅猛,除了一些偏远的城市,县城一级的城市都有了销售和维护的企业。电梯行业正从一个发展的行业渐入一个成熟的行业。2010年以后竣工的楼盘,都配备了越来越多的电梯。万人拥有电梯数量国内2015年已经达到31台,已经远远高出全球平均的16台。为加快推进行业协会的改革和发展,2007年5月13日国务院办公厅颁发《国务院办公厅关于加快推进行业协会改革和发展的若干意见》(以下简称《意见》),《意见》充分肯定了改革开放以来,我国行业协会发展较快,在提供政策咨询、加强行业自律、促进行业发展、维护企业合法权益等方面发挥了重要作用。但是,由于相关法律法规缺漏,政策措施滞后,管理体制落后,行业协会还存在着结构不合理、作用不突出、行为不规范等问题。党的十六届三中全会指出,要按市场化原则规范和发展各类行业协会等自律性组织。十六届六中全会进一步强调,要坚持培育发展和管理监督并重,完善培育扶持和依法管理社会组织的政策,发挥各类社会组织提供服务、反映诉求、规范行为的作用,为经济社会发展服务。为加快推进行业协会的改革和发展,更好地适应新形势的需要。

四、我国电梯协会组织管理结构

从中国各地区电梯行业协会来看,大部分地区对行会内部的组织机构设置,协会章程均作了详细规定。从各省市的电梯协会组织机构来看(图8-1),会员大会和理事会是行业协会的必设机构,最高权力机构是全体会员大会,大会选举产生的理事会是协会的领导机构,主要负责讨论、制定协会的工作方针和活动计划。协会秘书处负责日常工作。协会按专业特点组建了设计制造专业委员会、安装专业委员会和维修专业委员会等分支机构。此外,协会的技术

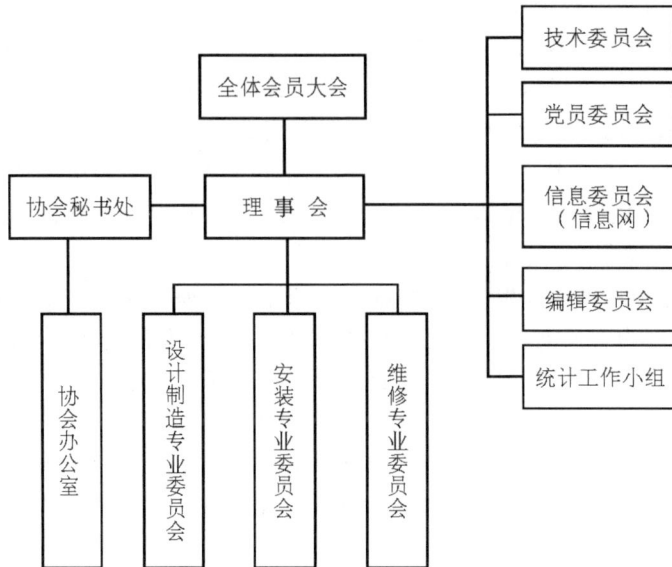

图 8-1　电梯协会组织机构图

委员会、安全委员会、信息委员会(全国电梯信息网)、编辑委员会等是由全行业专家组成的专门机构。电梯协会章程通常包括协会总则、业务范围、会员制度、组织机构及负责人的产生罢免、资产管理和使用原则、章程的修改、终止程序及终止后的财产处理等各项制度。

五、我国电梯协会的职能

电梯协会作为政府与电梯企业间的桥梁和纽带作用,能够积极协助政府部门制定电梯行业发展规划、技术政策和管理办法,强化行业自律管理,推动和促进电梯行业沿着正确的方向健康发展。同时,协会从行业可持续发展和维护行业企业正当权益出发,积极研究和解决行业普遍关心的问题,反映企业诉求,维护企业权益。为了更好地转变政府职能,充分发挥行业协会的作用,2000 年,建设部决定把行业管理的重点放在制定和执行宏观调控政策及相关的法律、法规以及培育市场体系和监督市场运行方面,而具体的行业管理工作委托给有关社团承担。委托中国电梯协会承担的工作有:

1. 根据国家经济社会发展规划和产业政策,开展调查研究,结合行业实际,提出行业发展规划设想(包括行业发展目标、质量、效益目标、技术发展、产品发展方向和重大关键技术、高新技术及重大新产品的开发、研制计划等内容），并对本行业的经济政策、管理办法及立法提出意见和建议。

2.配合标准定额司提出并参与制定、修订电梯行业的各类标准（包括技术标准、质量标准等），组织推进本行业标准的贯彻实施。开展行检行评，宣传、促进质量监督工作。

3.制定行规行约，建立行业和企业自律机制。监督执行行规行约，规范企业生产经营行为。

4.贯彻执行电梯生产企业对电梯制造、安装、维修保养质量全面负责的"一条龙"管理责任制，督促企业坚持质量第一，确保电梯的安全运行。要结合国家对建筑市场、物业管理的要求，采取措施切实做到，无许可证企业不得生产电梯，禁止销售、采购不合格产品和无生产许可证企业生产的产品；在电梯经营活动中和电梯招投标过程中，督促企业遵守国家有关规定，遵循公开、公平、诚实信用和平等竞争的原则，禁止抬价、压价等不正当竞争，维护企业和用户的合法权益；组织开展用户对电梯质量的评价及监督；参与电梯安全事故的分析和处理。

5.受政府部门或有关单位委托，对电梯行业内重大的投资、改造、开发项目的先进性、经济性和可行性进行前期论证、后评估等。

6.开展电梯行业统计工作，收集、整理、发布行业信息，对统计资料进行研究和分析，为政府制定产业政策提供依据，为企业提供信息服务。

7.组织人才、技术、职业培训，开展咨询。组织电梯行业国内、国际间的技术交流、技术协作活动，主办电梯及技术展览会、订货会。在有关部门的指导下，组织行业的科技力量，开展重大技术的攻关和重大新产品的开发研制，推广应用电梯行业科技成果，推荐行业内的高新技术产品和名牌产品。

虽然近30年的发展，中国电梯行业在研发能力、制造技术、企业管理等方面发生了巨大变化，由原以中低端的电梯和零配件为导向，到通过国际著名企业合资、技贸结合等多种方式吸取了国际先进技术和管理经验，已能够生产高端电梯，电梯技术水平和产品质量达到了世界先进水平，除满足国内需求外，还出口到143个国家和地区，多家大型电梯企业已进入国际大型电梯企业前列。但是，随着我国经济社会的快速发展，城市用地日益紧张，越来越多的高层建筑出现在人们的视野里，高层建筑的增多也使得居住人群对电梯的需求急剧增加，电梯已成百姓不可或缺的公共交通运输工具之一。与此同时，电梯安全的公共属性日趋突显，直接关系到公众的生命安全和生活质量，电梯的安全运行问题日益成为群众关心、媒体关注、政府关切的民生工程。[①]

电梯事故的频发让社会各界再度重视起电梯的安全问题。据国家质量监督检验检疫总局报告,2014 年中国有记录的 49 起电梯事故中,有 37 起致人死亡。据不完全统件,全国 240 万台电梯中,有 11 万台电梯存在着潜在安全问题。其中,超 2.6 万台电梯尚未修理,几乎每 20 台电梯就有 1 台电梯存在安全隐患。[②] 电梯事故的频发,引发了关于电梯运行事故中的法律责任的认定问题。电梯安全使用问题的法律责任涉及多方面主体,主要有房地产开发商、电梯制造商、销售商、安装商、维保商、物业服务公司、电梯乘用人以及政府相关部门和电梯行业协会。本章主要探讨电梯行业协会在电梯运行事故中法律责任的认定。

第二节 我国行业协会相关的法律体系概述

一、我国行业协会的法律体系构成

当前,有关我国电梯行业协会的法律规范的构成体系主要分为以下几个层次:

(一)宪法

《中华人民共和国宪法》第 35 条规定:"中华人民共和国公民有言论、出版、集会、结社、游行、示威的自由。"其中关于结社自由的规定,构成了行业协会组建和运作的基础。

(二)民事法规

例如,《中华人民共和国民法通则》第 36 条规定:"法人是具有民事权利能力和民事行为能力,依法独立享有民事权利和承担民事义务的组织。"而我国传统法律对法人分类是:企业法人、机关法人、事业单位法人、社会团体法人(如基金会法人)。在最新通过的民法总则当中,草案最终采取营利法人与非

---

① 段方英:《新思路破解电梯安全监察困局》,载《湖南安全与防灾》2013 年第 7 辑。

② 董晓白:《不能让电梯"吃人"事件一再重演》,载《法律与生活东方消防》2015 年第 8 辑。

营利法人的基本分类方法,并在非营利法人之下再分为事业单位法人、社会团体法人、捐助法人和机关法人四种具体类型。无论采取哪种分类,都可将电梯行业协会归属于社会团体法人。

（三）行政法规

例如,国务院发布的《社会团体登记管理条例》第 5 条规定:"国家保护社会团体依照法律、法规及其章程开展活动,任何组织和个人不得非法干涉。"第 2 条对社会团体的概念进行了规定:"本条例所称社会团体,是指中国公民自愿组成,为实现会员共同意愿,按照其章程开展活动的非营利性社会组织。"

（四）地方条例

例如,《福建省行业协会发展促进办法》第 2 条规定:"行业协会,是指在同一行政区域内,从事相同生产经营活动的经济组织以及与该行业有关的个人自愿组成,实行行业服务和自律管理,并经民政部门依法登记成立的非营利性社会团体。"第 3 条规定:"行业协会以为会员提供服务、维护会员的合法权益为宗旨,反映行业诉求,沟通协调会员之间、会员与政府、社会之间的关系,加强行业自律,维护行业公平竞争,促进行业发展。"《深圳经济特区行业协会条例》第 3 条规定:"本条例所称的行业协会,是指同行业或者跨行业的企业、其他经济组织以及个体工商户自愿组成,依照章程自律管理,依法设立的非营利性社会团体法人。"第 4 条规定:"行业协会应当为会员提供服务,反映会员诉求,规范会员行为,维护会员、行业的合法权益和社会公共利益,沟通、协调会员与政府、社会之间的关系,促进行业和企业公平竞争和有序发展。"

二、我国现行法律规范中电梯行业协会的权利与义务

（一）我国现行法律规范构成中电梯行业协会的权利

1. 自治权

行业协会自治是指行业协会实行依法自治,民主管理,依照法律、法规和章程的规定独立开展活动和管理内部事务,任何组织或者个人不得非法干涉。包括规章制定权和日常管理权等。行业协会的有序运行离不开规则,规章制定权是行业协会自治权的题中之意。例如,国务院发布的《社会团体登记管理条例》第 5 条规定:"国家保护社会团体依照法律、法规及其章程开展活动,任何组织和个人不得非法干涉,就体现了行业协会作为社会团体所拥有的自治权。"行业协会管理权包括日常管理权、认证权、标准制定权和实施权。

2. 监督管理权

监督管理权是指行业协会有权对协会的会员单位进行业务上的监督和管

理的权力。例如,《宁波市电梯安全管理办法》第 5 条规定:"鼓励特种设备行业协会等社会组织参与电梯使用安全监督管理工作。"其目的在于保证行业经营单位的生产经营行为符合国家相关法律法规和行业内部章程的规定。此外,行业协会之所以能够发挥其监督管理的职能,主要在于行业协会能够以组织所拥有的各种资源、专业技能和专门知识,为公民提供一种有效的表达途径,代表所属群体的利益和诉求去影响公共决策,反映民主呼声和监督制约国家公权力。

3.纠纷处理权

纠纷处理权是指行业协会作为代表特定行业全体企业的共同利益,有权代表本行业会员单位进行会员单位之间、会员单位与行业外部法人之间的纠纷处理。

4.法规制定参与权

法规制定参与权指作为政府与企业之间的桥梁,向政府传达企业的共同要求,同时协助政府制定和实施行业发展规划、产业政策、行政法规和有关法律。例如,《上海市电梯安全管理办法》第 8 条当中规定,行业协会有参与相关标准的制定,协助、配合行政管理部门开展技术鉴定、监督检查、推行电梯安全责任保险等工作的权利。

(二)我国现行法律规范构成中电梯行业协会的义务

1.宣传教育义务

加强宣传教育,营造安全文明乘梯的良好氛围。据统计,近年电梯事故中,违章操作(含不文明使用)占 62.7%,设备缺陷占 22.7%,意外占 8%,非法使用设备占 6.6%;在事故受伤害人员中,普通乘客占 50%,维护保养人员占 13%,安装人员占 12%,电梯操作人员占 4%,包括保安等未经培训的人员占 21%。因此,加大电梯等涉及公共安全的特种设备安全常识的宣传教育力度,利用各种媒体形式大力宣传电梯等特种设备安全知识,提高群众安全意识,促进群众文明安全使用电梯等特种设备显得尤为必要。[①]

2.提供电梯安全培训服务,及时发布有关行业信息,提高行业服务水平。

3.协助、配合行政管理部门开展技术鉴定、监督检查、推行电梯安全责任保险等工作。

---

① 段方英:《新思路破解电梯安全监察困局》,载《湖南安全与防灾》2013 年第 7 辑。

第三节　我国现行法律规范中电梯 安全事故的法律责任问题

一、我国现行法律规范中电梯安全事故的主要责任单位

近年来电梯安全事故的频发,牵动着社会各方的神经。在此背景下,电梯安全事故的责任主体引发争议。《特种设备安全监察条例》第 38 条规定:"电梯投入使用后,电梯制造单位应当对其制造的电梯安全运行情况进行跟踪调查和了解,对电梯的日常维护保养单位或者电梯的使用单位在安全运行方面存在的问题,提出改进建议,并提供必要的技术帮助;发现电梯存在严重事故隐患的,应当及时向特种设备安全监督管理部门报告。"关于电梯使用单位的义务,《特种设备安全监察条例》第 39 条第 1 款规定:"特种设备使用单位应当对特种设备作业人员进行特种设备安全、节能教育和培训,保证特种设备作业人员具备必要的特种设备安全、节能知识。"《特种设备安全监察条例》第 40 条规定:"特种设备使用单位应当对特种设备作业人员进行特种设备安全教育和培训,保证特种设备作业人员具备必要的特种设备安全作业知识,特种设备作业人员在作业中应当严格执行特种设备的操作规程和有关的安全规章制度。"《特种设备安全监察条例》第 41 条规定:"特种设备作业人员在作业过程中发现事故隐患或其他不安全因素,应当立即向现场安全管理人员和单位有关负责人报告。"关于电梯维护保养单位的法定义务,《特种设备安全监察条例》第 32 条规定:"电梯的日常维护保养必须有依照本条例取得许可的安装、改造、维修单位或者电梯制造单位进行;电梯应当至少每 15 日进行一次清洁、润滑、调整和检查。"《特种设备安全监察条例》第 33 条规定:"电梯的日常维护单位应当在维护保养中严格执行国家安全技术规范的要求,保证其维护的电梯的安全技术性能,并负责落实现场安全防护措施,保证施工安全。电梯的日常维护保养单位,应当对其维护保养的电梯的安全性能负责。"

《侵权责任法》第 85 条规定:"建筑物、构筑物或者其他设施及其搁置物、悬挂物发生脱落、坠落造成他人损害,所有人、管理人或者使用人不能证明自己没有过错的,应当承担侵权责任。所有人、管理人或者使用人赔偿后,有其他责任人的,有权向其他责任人追偿。"依据该条规定,当电梯安全事故发生

时,电梯的所有人、管理人或者使用人如果不能证明自己没有过错的,应当首先承担赔偿责任,然后可以向其他有责任的责任人(如生产单位、日常维护保养单位等)追偿。这样的规定,以举证责任倒置和先行承担赔偿责任的方式,方便了第一责任人的确定,便于受害人维护自己的合法权益,避免由于受害人无法掌握电梯安全故障发生的具体责任人和相关证据而维权无门。《侵权责任法》第 41 条规定:"因产品存在缺陷造成他人损害的,生产者应当承担侵权责任。"根据新颁布的《特种设备安全法》第 2 条以及《特种设备安全监察条例》第 3 条的规定,"特种设备的生产包含设计、制造、安装、改造、修理"。因此,如果出现电梯安全事故后,经鉴定,确实属于电梯本身的缺陷问题造成的事故,第一责任人即使承担责任后仍然可以向需要承担责任的生产单位追偿。[①]

在电梯事故频发的情况下,各省也纷纷出台相应的电梯安全管理办法。如《福建省电梯安全管理办法》第 4 条规定:"电梯使用单位是本单位电梯安全管理的责任主体,应当依法加强安全管理,建立、健全安全管理责任制度,完善安全使用条件,确保电梯安全使用。"《北京市电梯安全监督管理办法》第 3 条规定:"电梯生产、使用单位应当建立健全安全管理制度和岗位安全责任制度。电梯生产、使用单位的主要负责人应当对本单位电梯安全全面负责。"《河南省电梯安全监督管理办法(征求意见稿)》明确电梯的使用单位对电梯使用安全负责任,并规定了 5 种确定电梯使用单位的方式。其中规定,电梯安装后,建设单位尚未移交给电梯产权所有者的,该建设单位为电梯使用单位;委托物业服务企业管理的电梯,受委托的物业服务企业为电梯使用单位。[②] 究竟谁是电梯安全责任主体?从各省市的电梯立法来看,规定的责任主体各不相同,甚至很多省市的电梯立法对电梯安全事故的责任主体并没有作出规定,由此导致在出现电梯事故的时候,具体由谁承担责任的问题。

那么,电梯的所有人、管理人或者使用人之间如何来确定具体责任人呢?这首先涉及电梯使用单位的确定问题,本书认为,在建设单位没有将电梯移交给所有权人之前,建设单位是电梯使用单位;在建设单位将电梯移交给所有权人之后,业主就是电梯使用单位;如果建设单位或业主委托了物业服务企业、其他管理人或承租方对电梯进行管理维护,则物业服务企业、其他管理人或承租

[①] 任晨光:《电梯安全事故的责任承担问题探讨》,载《城市开发·物业管理》2013 年第 11 辑。

[②] 任晨光:《电梯安全事故的责任承担问题探讨》,载《城市开发·物业管理》2013 年第 11 辑。

方是电梯使用单位;在业主通过建立以全体业主为股东的公司或建立法人业主团体对小区进行直接管理时,公司或法人业主团体是电梯的使用单位;在业主委员会直接对小区进行管理时,业主委员会是电梯的使用单位。

电梯安全运行的保障,是一项系统工程。它与电梯的制造、销售、安装、改造、修理、检验检测、维护保养、使用、监督、管理各个环节都有着密切关系,涉及多个有关责任主体。不能仅仅着眼于政府有关职能部门对电梯安全的监管,而是要从掌握电梯安全运行的规律入手,在发挥市场机制决定性作用并更好发挥政府作用的基础上,坚持问题导向,对涉及电梯安全的各个主体的权利义务以及这些主体之间的相互关系,作出明确具体的规定,围绕保障电梯安全运行这个核心,相互配合,相互制约,各个环节不留空白,不存隐患。行业协会作为电梯行业的利益代表,应当为电梯的安全运行保驾护航。因此,本章将从行业协会的角度来阐述电梯协会在电梯行业发展过程中的职能和有关责任。

二、我国现行法律规范中电梯行业协会的法律责任

电梯协会代表了电梯行业全体企业的共同利益,作为政府与企业之间的桥梁,一方面向政府传达企业的共同要求,同时积极协助政府部门制定电梯行业发展规划、技术政策和管理办法,充分发挥政府与电梯企业间的桥梁和纽带作用,努力做好双向服务。另一方面,协会从行业可持续发展和维护行业企业正当权益出发,积极研究和解决行业普遍关心的问题,反映企业诉求,维护企业权益。但是,对于行业协会在电梯安全事故中应承担什么样的责任,各地方法律法规作了相关规定:

有关电梯协会的法律责任首先体现在《中华人民共和国特种设备安全法》第9条:"特种设备行业协会应当加强行业自律,推进行业诚信体系建设,提高特种设备安全管理水平。"

各地方也在电梯立法中对行业协会的职责作出相应规定。《武汉市电梯安全管理办法》第5条:"特种设备行业协会应当建立行业自律机制,推行行业诚信体系建设,提供电梯安全宣传、技术培训、安全评价服务,收集、发布电梯维护保养工时、参考价格等行业信息,推广电梯安全责任保险,加强行业交流,促进行业健康发展。"《宁波市电梯安全管理办法》第5条:"鼓励特种设备行业协会等社会组织参与电梯使用安全监督管理工作,建立行业自律机制,提供电梯安全培训、宣传教育、咨询等服务,开展行业信息分析研究,参与相关标准的制定、信用评价、推进电梯安全责任保险等工作。电梯生产、使用、维护保养等单位应当采用物联网等先进技术和科学管理手段,提高电梯安全性能和管理

水平,增强事故防范和应急救援能力。"《上海市电梯安全管理办法》第 8 条:"本市电梯等相关行业协会应当加强行业自律,可以开展以下工作:(一)推进行业诚信体系建设,开展会员单位信用方案建设和信用评级工作;(二)开展行业信息分析研究,收集、发布电梯维护保养工时、参考价格等行业信息;(三)组织宣传咨询、教育培训,提高行业服务水平和电梯安全管理水平;(四)参与相关标准的制定,协助、配合行政管理部门开展技术鉴定、监督检查、推行电梯安全责任保险等工作。"《厦门市电梯安全管理办法》第 10 条:"依法成立的电梯相关行业协会应当建立行业自律机制,制定行业规范,提供电梯安全培训、宣传教育、咨询等服务,公开电梯的平均日常维护保养价格、主要零部件检查更换周期等信息,参与电梯安全信用评价,提高电梯安全管理水平。"《广东省电梯使用安全条例》第 5 条:"鼓励特种设备行业协会等社会组织参与电梯使用安全监督管理工作,建立行业自律机制,推进行业诚信体系建设,提供电梯安全培训、宣传教育、咨询等服务,提高电梯安全管理水平。"《河南省电梯安全监督管理办法》第 8 条:"电梯行业协会应当加强行业自律,推进行业诚信体系建设,提高电梯安全管理水平。"

　　从上述法律法规的有关规定中可以看出,电梯行业协会的法律责任主要体现在通过行业自律、电梯安全使用监督管理,以及宣传教育三个方面来促进电梯行业的健康发展。根据十八届三中全会会议通过的《中共中央关于全面深化改革若干重大问题的决定》(以下简称《决定》),经济体制改革成为全面深化改革的重点,其核心问题是如何处理好政府和市场的关系,使市场在资源配置中起决定性作用和更好地发挥政府作用。行业协会作为政府与市场之间的桥梁和纽带,在全面深化改革的进程中无疑扮演着重要的角色。中国电梯协会理事长李守林在一次访谈中谈道:"在电梯行业取得瞩目成就的同时,我们必须看到当前电梯行业存在的问题。"①主要概括为以下几个方面:(1)产能过剩之势仍在发展,同质化竞争加剧;(2)电梯安装、维保领域人力资源紧张;(3)民族企业自主创新能力亟待提高;(4)电梯安全形势严峻,电梯的老龄化、高负荷情况,加之电梯的使用和维保不到位,作业人员素质低等问题,使得安全风险越来越大。

　　电梯安全已成为人们广泛关注的焦点,2017 年两会政府工作报告中强

---

　　①　韩颖:《推动电梯行业安全发展——访中国电梯协会理事长李守林》,载《劳动保护》2013 年第 7 辑。

调,要着力解决人民群众普遍关心的突出问题。对群众反映强烈、期待迫切的问题,有条件的要抓紧解决,把好事办好;一时难以解决的,要努力创造条件逐步加以解决,持之以恒为群众办实事、解难事,促进社会公平正义,把发展硬道理更多体现在增进人民福祉上。在电梯行业高速发展的同时,电梯故障的频发已严重威胁到电梯乘客的人身安全,同时也给电梯行业的进一步发展带来了挑战。据国家质检总局的数据统计,近年来全国平均每年发生电梯事故 40 起左右,特别是 2011 年以来,电梯事故出现上升趋势,这使得电梯安全问题成为人民群众普遍关心的问题。那么,如何从电梯行业协会角度以期最大限度地规避电梯安全问题,确保电梯安全运行,将是本章主要的探究方向。

第四节　电梯行业协会如何突破电梯安全困局

一、我国电梯行业协会的立法现状

（一）宪法有关行业协会的规定

我国《宪法》第 35 条明确规定:"中华人民共和国公民有言论、出版、集会、结社、游行、示威的自由。"宪法是我国的根本大法,关于公民结社自由的基本权利的规定是我国行业协会得以成立的前提条件,这直接表明了行业协会在宪法中的位置。

（二）国家其他法律有关社会团体的规定

国家其他法律有关社会团体的规定主要体现在《民法总则》和《社会团体登记管理条例》当中。我国《民法总则》第 87 条:"为公益目的或者其他非营利目的成立,不向出资人、设立人或者会员分配所取得利润的法人,为非营利法人。非营利法人包括事业单位、社会团体、基金会、社会服务机构等。"第 90 条:"具备法人条件,基于会员共同意愿,为公益目的或者会员共同利益等非营利目的设立的社会团体,经依法登记成立,取得社会团体法人资格;依法不需要办理法人登记的,从成立之日起,具有社会团体法人资格。"第 91 条:"设立社会团体法人应当依法制定法人章程。社会团体法人应当设会员大会或者会员代表大会等权力机构。社会团体法人应当设理事会等执行机构。理事长或者会长等负责人按照法人章程的规定担任法定代表人。"电梯协会作为社会团体适用民法总则的规定。国务院颁布的《社会团体登记管理条例》第 2 条:"本条例所称社会团体,是指中国公民自愿组成,为实现会员共同意愿,按照其章程开展活动的非营利性社会组织。国家机关以外的组织可以作为单位会员加入社会团体。"明确指出,社团是一类非营利性的机构。所以,《民法总则》和《社会团体登记管理条例》是我国行业协会创建的基本根据。

（三）地方法规有关促进行业协会发展的规定

随着各行业的不断发展,行业协会的需求也逐渐增多,各地方政府为了发挥行业协会对行业发展的促进作用,推动行业的健康发展,制定了一系列关于行业协会的管理条例。进一步明确了行业协会的法律地位。比如《福建省行业协会发展促进办法》第 1 条规定:"为促进本省行业协会发展,保护行业协会合法权益,规范行业协会行为,发挥行业协会在经济建设和社会发展中的积极作用,根据国家有关法律、法规,结合本省实际,制定本办法。"《福建省行业协会发展促进办法》第 2 条指出:"本办法所称行业协会,是指在同一行政区域内,从事相同生产经营活动的经济组织以及与该行业有关的个人自愿组成,实行行业服务和自律管理,并经民政部门依法登记成立的非营利性社会团体。"《广东省行业协会条例》第 3 条规定:"本条例所称的行业协会是指从事相同性质经济活动的经济组织,为维护共同的合法经济利益而自愿组织的非营利性社会团体。"《上海市促进行业协会发展规定》第 2 条:"本规定所称的行业协会,是指由同业企业以及其他经济组织自愿组成、实行行业服务和自律管理的非营利性社会团体。"此外,相关的法律文件还有《深圳经济特区行业协会条例》《江苏省行业协会条例》《云南省行业协会条例》等。

二、我国电梯行业协会立法及实践中存在的问题

电梯协会作为电梯行业的自治管理组织,为实现其功能,必然需要具有一定的权利。但是,由于电梯协会所代表利益的特殊性,加之电梯协会本身所固有的缺陷,使得行业协会很难在安全事故频发的新情况下为行业的发展提供保障,下面将对目前我国电梯行业协会实践中存在的问题进行分析,为行业协会如何突破电梯行业安全困局提供建议。

1.行业协会的相关立法严重滞后

目前,我国行业协会的发展虽然已有多年,但至今还没有有关行业协会的专门法律、法规。因此,制定一部专门的《行业协会法》的呼声一直不断。在有关行业协会的立法中,大多数地方立法是参照《社会团体登记管理条例》进行的,例如《上海市电梯行业协会章程》第 2 条规定:"本协会依照《社会团体登记管理条例》《上海市促进行业协会发展规定》精神组建,为本市电梯企事业及相

关单位自愿组成的跨部门、跨所有制的非营利性的行业性社会团体法人组织。"但是1998年国务院颁布的《社会团体登记管理条例》仅仅是一个登记程序性条例,而非规范行业协会活动的法律依据。民政部《关于〈社会团体登记管理条例〉有关问题的通知》同样如此。因此,制定专门的法律来规范行业协会的发展是推动行业协会发展的重要途径之一。

2.电梯行业协会职能不清

行业协会与政府主管部门的关系不清。由于政府转变职能不到位,多数行业协会的官办色彩较浓,政府部门通过"指导"对行业协会的管理较多,致使有些协会实际成为政府部门的附属机构,而行业协会也习惯于依靠政府的行政命令和划拨的经费来开展工作,因而不能充分发挥行业自律管理功能。

上海是全球在用电梯最多的城市,2015年在用电梯超过20万台,也是全球电梯产业最为集中的地区,但是从《上海市电梯行业协会章程》中可以看出,电梯协会与政府的关系不清,行业协会扮演着协助和配合政府工作的角色。如《上海市电梯行业协会章程》第6条关于"协会任务、业务范围、活动原则"规定:"根据市场经济发展要求,研究发展本市电梯事业,积极向政府有关部门提出可行性的建议,协助政府有关部门拟订本市电梯发展规划、技术政策和管理办法;配合政府有关部门或协助协会会员单位组织召开各类电梯展销会、展示会和新闻发布会;配合政府管好用好电梯的要求,组织有关单位研究、改进、加强在用电梯的维修保养和旧梯改造、旧楼加装电梯等方面的工作,协助贯彻有关法规,推广介绍好的经验与方法,配合政府有关部门加强日常监督管理工作;完成政府有关部门交办的工作。"

3.行业协会固有的缺陷

首先,行业协会是非营利性组织,但其为企业提供服务应当收取费用,但许多企业缺乏付费观念,导致很多行业协会经费困难,严重影响协会的生存和发展。例如《上海市电梯行业协会章程》第36条规定了协会经费的来源主要为:会员缴纳的会费、捐赠、承办政府部门委托事项获得的资助、在核准的业务范围内开展活动或服务的收入、利息以及其他合法收入。[①] 其次,我国的行业协会的人事结构欠缺合理性。主要表现在两个方面:(1)专业性的人才匮乏。

①　《上海市电梯行业协会章程》第36条规定:"本协会经费的来源:(一)会费;(二)捐赠;(三)承办政府部门委托事项获得的资助;(四)在核准的业务范围内开展活动或服务的收入;(五)利息;(六)其他合法收入。"

任何行业的发展都需要有专门知识的人才来支撑,电梯行业协会也不例外,只有让具备电梯相关知识技能的人成为行业协会的管理者,才能更好地发挥行业协会的作用,推动行业协会的发展。(2)协会成员缺乏活力。行业协会中一部分工作人员都是年龄较大的离退休人员,行业协会虚有其表,并没有真正发挥在市场中的作用。

4. 行业协会在各地的发展不平衡

从总体上讲,我国经济发达地区为东南沿海,相应的该地区的行业协会也较为发达。如上海、广州、深圳等东南沿海城市的电梯行业协会最为发达,而内陆等其他地区的电梯制造则相对落后,更不用说电梯行业协会的发展。因此,行业协会在各地的不平衡发展不利于各地行业协会的合作与交流,在一定程度上限制了电梯行业协会的职能发挥。

三、我国电梯行业协会如何突破电梯安全困局

目前,制约我国行业协会健康发展的一个重要原因在于有关行业协会的立法十分滞后。尽管我国行业协会的体系比较完备,却没有行业协会方面的专门法律。现行法律制度中,行业协会无明确的地位,有关行业协会的法规、规章分散、零乱,立法层次低,权威性不足。因此,制定一部专门的《行业协会法》来明确行业协会的法律地位是极其必要的。此外,行业协会应当加强自身建设,完成本身具有的社会职能,为行业、企业的发展提供保障。

(一)明确规定行业协会的独立法律地位

如规定行业协会是企业依法自愿组成的非营利性、自治性的社会团体法人。行业协会与政府的关系主要是政府扶持、放权,主动构建和培育行业协会制度,并对行业协会进行监督指导。

(二)全面制定行业自律公约,加强电梯行业自律

为维护国家利益、电梯行业整体利益、企业和劳动者的合法权益以及电梯用户和乘梯人的利益,电梯行业协会应当为本行业制定自律公约,从维护消费者、全行业整体利益以及本会的声誉和社会责任的高度出发,积极推进行业自律,创造良好的行业发展环境。根据中国电梯行业协会自律公约条款,全行业应当自觉遵守自律公约,应做到:

1. 各从业企事业单位要认真执行国家的产业政策,自觉遵守国家有关法律、法规和政策。

2. 各从业企事业单位要积极承担社会责任,积极推动工人劳动保护和健康安全的改善,提升工厂和工地安全水平,按劳动合同和国家的相关政策支付

职工报酬,安排职工休假。

3. 鼓励、支持开展合法、公平、有序的行业竞争,反对采用不正当手段进行行业内竞争。禁止协同定价,进行价格同盟。禁止共享成本和价格信息。

4. 自觉维护电梯用户和乘梯人的合法权益,不侵犯消费者或用户的合法权益。

5. 企业必须建立完善的质量保证体系,建立产品的可追溯机制,严把产品质量关。认真执行国家安全标准,并推动产品安全性的提升。按产品标准组织生产,不断完善质量、环境和社会责任体系、产品认证。做到不合格产品不出厂,不销售假冒伪劣产品,抵制不符合产品质量、环保标准的供货要求。

6. 企业要努力发展高新技术,倡导生产、销售环保产品。

7. 企业要自觉尊重并维护知识产权。要以合法公平的方法获取科技成果、专利技术、新产品、新材料、新工艺、新设备。

8. 企业要遵守广告法,不做虚假广告、不误导消费、不贬低他人产品、不损害其他企业的声誉。不使用虚假证件。

9. 企业要增强环保意识,不使用有毒有害的原料,生产过程中不污染环境,尽可能利用各种废料,不向市场提供有毒有害、损害消费者健康和损害环境的产品。

10. 企业要遵守市场法规,同时应按规定通报信息。

(三)加强电梯行业协会能力建设

在当前形势下,行业协会加强自身能力建设有着十分重要的意义。从外部环境看,是发展社会主义市场经济,承接政府职能转移的必然要求。从行业协会自身看,是行业协会发展的必然选择。不断加强自身能力建设,是行业协会面临的一个重要而艰巨的任务。电梯行业协会要进一步努力提高和增强以下几方面能力。

1. 信息咨询服务能力。为会员单位提供信息是行业协会信息服务的最核心任务。例如,开展电梯行业统计工作,收集、整理、发布行业信息,对统计资料进行研究和分析,为政府制定产业政策提供依据,为企业提供信息服务。组织开展法律咨询、法律援助,帮助企业协调劳资关系。按照有关规定编辑、出版会刊和电梯行业白皮书,加强电梯行业网站建设,收集和分析国内外政策法规、文献资料,发布市场信息,推广与展示行业科技成果。

2. 教育培训能力。一方面,行业协会应当加大电梯安全常识的宣传教育力度,利用各种媒体形式大力宣传电梯等特种设备安全知识,提高群众安全意识,促进群众文明安全使用电梯等。另一方面,组织宣传咨询、教育培训,提高会员单位服务水平和安全管理水平。《成都市电梯安全监督管理办法》第4条规定：各级人民政府、学校、新闻媒体、社会团体、基层群众性自治组织以及电梯使用单位应当开展电梯安全知识和法律法规的宣传、普及工作，倡导文明乘梯，增强公众安全意识和自我保护能力。

3.关系协调能力。电梯行业协会要善于协调政府与电梯企业之间的关系、电梯企业与电梯使用者之间的关系、行业内部各企业之间的关系等。

4.国际合作与发展能力。组织电梯行业国内、国际间的技术交流、技术协作活动，主办电梯及技术展览会、订货会。在有关部门的指导下，组织行业的科技力量，开展重大技术的攻关和重大新产品的开发研制，推广应用电梯行业科技成果，推荐行业内的高新技术产品和名牌产品。发展同国外和我国香港、澳门特别行政区及台湾地区同业民间社团组织的友好往来，组织开展交流与合作。

（四）加强电梯行业协会规制能力

电梯安全工作事关人民群众的根本利益，也是重要的民生工程。任何产业的发展都离不开社会组织的监督，在电梯安全形势日益严峻的情况下，行业协会应该充分发挥其监督管理的职能，加强对电梯企业的规制能力。

1.监督电梯企业严格执行行规行约，规范企业生产经营行为。

2.督促企业坚持质量第一，确保电梯的安全运行。要结合国家对建筑市场、物业管理的要求，采取措施切实做到，无许可证企业不得生产电梯，禁止销售、采购不合格产品和无生产许可证企业生产的产品。

3.督促企业遵守国家有关规定，遵循公开、公平、诚实信用和平等竞争的原则进行电梯招投标活动，禁止抬价、压价等不正当竞争，维护企业和用户的合法权益；组织开展用户对电梯质量的评价及监督。

4.创新监管方式，发挥行业协会的社会力量，提高电梯安全监管的有效性，全力做好电梯安全工作。并进一步加强电梯从设计制造到使用管理各环节的监管力度，包括加强电梯行业协会对制造商、销售商、安装商、维保商的监管，对电梯相关单位的安全主体责任进行责任追究，形成有力监督的电梯安全监管工作新机制。

电梯安全使用的相关案例述评

第一节　民事案例

近年来在报纸、电视的传统媒体，以及手机网络等新兴媒体上报道的电梯伤人案件较多备受瞩目。这类案件一般所涉及的主体很多，如：电梯所有人、电梯使用人、电梯维护保养单位以及受侵害者本身等。电梯伤人事件一旦发生，牵扯主体如此之多，后续损害责任如何分担才是关键。本节以电梯致害为线索收集案例，围绕电梯侵权致害的责任承担展开，通过三个不同的案例，展现在司法实践当中，不同的情形之下责任承担的具体情况。

【案例 9-1】酒店改造电梯井致害

2009 年 12 月 14 日晚，赵某至××路 452 号 A 酒店住宿。当晚 23 时许，赵某通过酒店 4 号通道行至该建筑物靠近中兴路的一楼通道内，因该通道内的电梯井空置（电梯轿厢已被拆除）且未设防护装置，赵某酒后步入该空置电梯井而坠至井底受伤。赵某于次日凌晨 4 时许报 110，民警赶至现场将其送至医院救治，诊断为右侧粗隆下骨折、左侧锁骨远端骨折、左侧第 8、第 9 肋骨骨折、左侧喙突骨骨折，当日被收治入院，于 2009 年 12 月 17 日进行右股骨粗隆下骨折重建钉内固定＋左锁骨骨折切开复位内固定术，于同月 28 日出院。后多次门诊复查，期间赵某共支付医疗费 66394.33 元、辅助器具费 528 元，A 酒店向赵某支付了医疗费 40000 元。

A 酒店与 B 公司签订有房屋租赁合同，约定 B 公司将位于××路 452 号的房屋出租给 A 酒店，并注明一楼靠近中兴路通道（即事发通道）为 B 公司使用。租赁合同签订后，A 酒店经 B 公司同意，拆除了位于通道内的电梯轿厢，并将二楼以上电梯井位置改为仓储室,由 A 酒店使用。施工过程中,未对空置的电梯井设置相应的防护装置。

关于赵某的人身损害由哪一方承担,各方产生分歧。

赵某认为,其于 2009 年 12 月 14 日晚至 A 酒店住宿,当晚 23 时许外出购烟,按照酒店走廊的指示牌下至一楼的安全通道内,发现大门被锁无法外出,遂准备搭乘该通道内的电梯折返上楼,未料该电梯井处于空置状态且外部没有任何禁行标志及防护装置,导致其步入空置电梯井而坠至井底受伤,经评定构成两个十级伤残。事发后,A 酒店仅支付了医疗费人民币 40000 元。该酒店所在的建筑物系 B 公司所有,由 A 酒店承租。根据最高人民法院《关于审理人身损害赔偿案件适用法律若干问题的解释》的有关规定,A 酒店未能对投宿客人尽到安全保障义务,应负赔偿责任;而 B 公司对租赁物存在瑕疵并危及人身安全的后果应负连带责任。

A 酒店认为,赵某摔伤的地点并非酒店承租范围,己公司与 B 公司的租赁合同中明确约定,事发的安全通道系 B 公司使用,赵某当晚实际已走出酒店的经营场所,故不存在酒店违反安全保障义务的不作为侵权事实。且事故发生后,出于人道主义已经向赵某支付了 40000 元。另赵某在事发时饮酒过度,严重影响其判断力,其本身对损害结果的发生也有责任。

B 公司认为,事发通道以及涉诉电梯本不属于租赁范围,因 A 酒店要求将涉诉电梯的轿厢拆除,把二楼以上的电梯井改为仓储室供其使用,己公司同意后,A 酒店便派人拆除了电梯轿厢,施工过程中未采取相应的安全措施致赵某华坠井受伤。己公司对该起事故并无过错,用于出租的房屋本身亦无瑕疵。

从事住宿、餐饮、娱乐等经营活动或者其他社会活动的自然人、法人、其他组织,未尽合理限度内的安全保障义务致使他人遭受人身损害的,赔偿权利人请求其承担相应赔偿责任的,人民法院应予支持。A 酒店作为提供住宿服务的企业,应在合理限度内确保入住酒店的消费者的人身安全,避免因管理、服务瑕疵而引发人身伤害。就本案现有证据证实,A 酒店未对可能出现的伤害和意外情况作出明显警示。对于 A 酒店所持事发通道以及电梯并不包含在租赁范围内,故其无须承担责任的辩称,不能成立。事发通道是一个相对封闭的区域,可通过 A 酒店内的安全出口进入,事发时该区域内的电梯井因轿厢被拆除而空置,A 酒店明知上述情况且对于事发通道及电梯具有事实上的控制力,却未能做好安全防范工作,其提供服务过程中所存在的安全隐患与赵某的受损结果有直接因果关系,应对涉诉事故承担民事赔偿责任。

B 公司和 A 酒店签订了房屋租赁合同,后 B 公司同意 A 酒店拆除位于近中兴路的一楼通道内的电梯轿厢并对二楼以上电梯井部位进行改造、由 A 酒店使用,可视为双方对租赁合同内容的变更,但变更内容并未涉及事发通道以及一楼电梯井部位,故 B 公司作为权利人仍应当负有管理义务。

受害人赵某对于损害的发生也有过错的,可以减轻侵害人的民事责任。赵某作为具有完全民事行为能力人,也应当对自己的行为尽到合理的注意义务,以确保自身的安全。赵某酒后在没有灯光照明的情况下进入事发通道,疏于观察周围环境,步入空置电梯井,未尽到一般的注意义务,其饮酒影响正常判断力也与事故的发生有一定关联,故根据过失相抵原则可适当减轻 A 酒店和 B 公司的责任。

【案例 9-2】雇工电梯坠落损害①

单某系三轮车个体运货人。2012 年 1 月 11 日,A 公司的法定代表人邓某电话联系单某,要求单某到 B 公司帮其拖运机器。此后,单某及邓某一起到 B 公司的三楼车间,二人一前一后将机器搬运至升降机内。单某乘坐升降机监守货物并在 B 公司的工作人员韦某操控下,行至一楼与二楼中间时被卡住。邓某遂要求韦某将升降机往上升,当升至三楼时,钢绳突然断裂,单某连同升降机一起摔至一楼。事故发生后,单某即被送往医院治疗。经医院诊断为:l2 压缩性骨折、双侧跟骨粉碎性骨折、双跟踝关节脱位 l1、2 右侧横突、l2 左侧横突骨折、右侧睾丸鞘膜积液、l2 椎体三柱骨折伴骨性椎管狭窄、多发性软组织伤。此后,单某分别于 2012 年 1 月 16 日、1 月 20 日、1 月 30 日、2 月 9 日、3 月 20 日进行手术治疗,同年 4 月 24 日出院,医嘱:(1)有情况随时就诊;(2)注意休息、营养;(3)骨科门诊随诊;(4)转上级医院治疗。单某为此共支付医疗费用 83368.36 元,其中包括护理费 537.4 元、特护费 90 元、以其医保卡消费 33.7 元。单某受伤后,A 公司垫支 20000 元,B 公司垫支 3000 元。目前,单某已经治疗终结,等待伤残等级鉴定。

2012 年 1 月 12 日,××市质量技术监督局向 B 公司发出(×)质监特另(2012)第 112-1 号特种设备安全监察指令书,要求 B 公司于 2012 年 1 月 19 日前立即停止使用载货电梯并提供该电梯的相关资料,B 公司拒绝签收该指令书。

单某经常为 A 公司、B 公司运送货物。A 公司的法定代表人邓某陈述其

---

① 参见(2013)盐民终字第 0496 号判决书。

与单某间的托运费用是在单某完成托运任务后,由公司的财务科直接与单某进行结算,运输费用是约定俗成的,不需要另行约定。A公司陈述,单某多次为其公司运送货物,其公司的经营场地及升降机系租用C有限公司的。该升降机平时大门紧锁,专职开启升降机的是其法定代表人杨某,该升降机的主要职责是运送货物,最多承重500斤,该公司并未在升降机处张贴禁止载人的标记。

升降机由B公司工作人员韦某在A公司法定代表人邓某的指挥下操控运行,在升降机被卡后,邓某又要求韦某将升降机升至三楼后发生坠落,故升降机坠落致使单某受伤的事故的发生与邓某、韦某的指挥、操控不当存在因果关系,属于一般侵权责任。

B公司作为升降机的管理、使用人,未采取相应的安全防范措施,疏于对升降机进行必要的管理和维护,且案涉事故系在B公司工作人员韦某的直接操控下发生,故B公司对单某产生的损害应承担相应的赔偿责任。

A公司的法定代表人邓某在单某进入升降机放好货物后,未能有效提醒单某及时离开升降机。升降机发生故障后,在未采取任何防护措施的情形下盲目指挥升降机再次上升,使得升降机在三楼高处坠落,故其对事故的发生存在过错,应对单某的损害承担相应的赔偿责任。邓某的行为系职务行为,损害后果应由该公司承担,故邓某的责任由A公司承担。

单某经常到B公司送货、提货,对案涉升降机仅是简易的货物升降平台且禁止载人是明知的。单某对自身安全未能尽到必要的注意义务,擅自乘坐升降机,对自身损害的发生存在过错,故按照过失相抵原则可以减轻侵害人A公司、B公司的民事责任。

【案例9-3】商场电梯致害[①]

白某原系甲电脑城经营户×电脑有限公司工作人员,2015年4月3日18时14分许,白某下班搭乘甲公司经营管理的甲电脑城内自动扶梯时,因自动扶梯突然被人为关停,导致白某在电梯上摔倒。经医院诊断为脑震荡、右膝软组织挫伤、右侧胫骨上端骨挫伤、右膝关节少量积液。白某共花费治疗费3365.42元,交通费11元。医院出具的医疗证明书建议白某休息115天。对于白某的医疗费及误工期是否合理,经××司法鉴定所鉴定,于2016年8月28日作出××检司鉴所〔2016〕临鉴字第605号司法鉴定意见书,鉴定意见

---

① 参见(2017)浙01民终332号判决书。

为:白某伤后误工期为90日;所用药物均为治疗本次外伤所需,未见明显不合理之处。

根据《中华人民共和国侵权责任法》第37条第1款的规定,"宾馆、商场、银行、车站、娱乐场所等公共场所的管理人或者群众性活动的组织者,未尽到安全保障义务,造成他人损害的,应当承担侵权责任"。甲公司作为甲电脑城的经营者,对电脑城内的电梯负有管理、维护责任和义务,并负责电梯的开启及关停。在电梯的开启及关停过程中,应充分关注电梯上有无行人,尽到谨慎注意义务。本案中甲公司却未尽到安全保障义务,未注意电梯上仍有行人并关停电梯,导致白某摔伤。故对白某所造成的损害,甲公司应承担主要侵权责任。白某作为完全民事行为能力人,在电梯上通行时,应尽到安全注意义务,故白某对其损害应承担次要责任。

第二节　刑事案例

本节对电梯的刑事犯罪案件进行收集整理,涉及的罪名有:生产、销售伪劣产品罪,以危险方法危害公众安全罪,玩忽职守罪,重大劳动安全事故罪以及重大责任事故罪。从不同罪名的视角,展现有关电梯的不同犯罪行为的特点。

【案例9-4】生产、销售伪劣产品罪[①]

2013年4月,经某市A酒店建设工程项目经理的介绍,甲与A酒店签订了电梯工程项目销售安装合同书,双方约定工程项目为电梯设备安装,品牌约定为B品牌乘客电梯,数量为4台,工程造价为93万元,对型号等作出具体的约定。2013年6月,甲联系乙,告知自己承包了A酒店4部B品牌乘客电梯的采购安装工程,让乙帮忙介绍一家生产销售低价电梯的厂家。乙主动与未取得电梯制造资质的厂家C电梯配件厂业务主管丙联系,让丙生产并销售4部电梯给甲。由甲以每部11万元的价格向丙所在的厂家订购4部乘客电梯。丙在C电梯配件厂自制了电梯轿厢、导轨等,外购了其他生产电梯的配件,分别于2013年7月2日和21日将4部电梯分装打包并贴上打印的"B电梯"标

---

① 参见(2015)鄂荆州区刑初字第00001号判决书。

签托运到 A 酒店工地。甲收到电梯后伪造了 B 电梯铭牌贴到 4 部电梯的操作箱、控制柜及曳引机(主机)上,伪造了 B 电梯《合格证》和 B 电梯有限公司电梯安装《委托书》,冒用 D 电梯有限公司的资质,向质量技术监督局呈报了 1 台电梯的特种设备安装改造维修告知书(其他 3 部电梯未履行告知)。同年 7 月至 9 月 4 部电梯分期安装完毕,A 酒店按合同约定现已支付工程款 55 万元给甲。甲于 2013 年 6 月至 8 月期间,分多次将 44 万元电梯货款通过银行转账支付给丙提供的账户,C 电梯配件厂通过银行转账支付 4 万元"中介费"给乙。

该案经法院审理,判处:甲犯生产、销售伪劣产品罪,判处有期徒刑八年,并处罚金 50 万元;丙犯生产、销售伪劣产品罪,判处有期徒刑 4 年,并处罚金 30 万元;乙犯生产、销售伪劣产品罪,判处有期徒刑 1 年 6 个月,并处罚金 22 万元。

该案件为典型的共同犯罪,从伪劣电梯生产到销售、安装,涵盖整个犯罪过程。甲、丙违反国家对产品质量的管理制度,生产、销售非法生产的电梯,以不合格产品来冒充合格产品;乙明知他人非法生产电梯而帮助销售,认定为共犯。甲、丙在共同犯罪中起主要作用,是主犯;乙在共同犯罪中起辅助作用,是从犯,对其应减轻处罚。

【案例 9-5】销售伪劣产品罪[①]

2010 年 6 月 6 日,经苟某某(已判刑)介绍,商贸中心地下商城与 A 自动扶梯有限公司张某(已判刑)签订了电梯产品购销安装合同,合同约定:商贸中心地下商城在 A 自动扶梯有限公司处购买电梯 16 部(其中自动变频扶梯 10 部、智能节能型自动人行道扶梯 4 部、客货两用梯 2 部),合同总价款为人民币 285 万元。要求合同所订产品必须符合国家 GB7588-2033 电梯设计与制造规范和 GB10095 电梯安装验收规范,并通过国家相关部门的验收。签订合同后,张某于 2010 年 7 月末找到姚某商定,2 部客货两用梯由被告人姚某所在的 B 电梯有限公司生产后销售给张某,另外 10 部自动变频扶梯、4 部智能节能型自动人行道扶梯由姚某提供产品合格证等供产品检验验收的相关手续,按每部电梯人民币 3000 元给其好处费。张某于 2010 年 8 月以购买电梯零部件的名义,在 C 电梯公司购买了 4 部废旧的人行道扶梯,进行翻新,又在江苏等地购买了电梯零部件,组装了 10 部自动变频电梯,销售给了商贸中心地下

---

① 参见(2014)九刑初字第 120 号判决书。

商城。至 2010 年 10 月 22 日商贸中心地下商城共支付给张某货款人民币 1982000 元。姚某于 2010 年 11 月在收到张某给付的好处费后，为张某出具了合格证等相关手续。2011 年 3 月 6 日张某等人到姚某所在公司又重新开具了电梯的合格证、铭牌等手续，并粘贴到翻新和组装的这 14 部电梯上。长春××特种设备检测研究院于 2011 年 8 月 8 日作出验收检验报告认定，14 部电梯均为不合格产品。

法院审理后判处姚某犯销售伪劣产品罪，判处有期徒刑 3 年，缓刑 5 年，并处罚金人民币 130 万元。

本案中，姚某构成销售伪劣商品罪没有任何争议，但在涉案数额上应当有所区分。涉案 16 部电梯，姚某发挥的作用是不同的。其中 2 部合格电梯是由姚某所在的 B 电梯有限公司生产的，后销售给张某；其余的 14 部不合格电梯，是由张某用报废电梯以及零件组装而成，姚某在明知的情形下为其提供了合格证等供产品检验验收的相关手续，但未参与生产。

姚某只有"为 14 部不合格提供合格证等手续"的行为，在电梯的销售上起到帮助作用，构成销售伪劣产品罪。而姚某所在的 B 电梯公司生产的 2 部电梯产品合格，不构成犯罪。

【案例 9-6】以危险方法危害公共安全罪[①]

2012 年 6 月至 2013 年 4 月期间，韦某某、李某某在位于 A 花园小区，多次利用电梯专用钥匙进入小区日常运行使用的多部电梯设备内部（小区共有 51 部曳引式电梯），盗窃电梯拖动系统中用于平衡电梯轿厢重量的电梯配重块共计 600 余块（每块价值人民币 107 元），销赃所得二人平分。经鉴定，韦某某、李某某盗窃电梯配重铁块的行为足已造成部分被窃电梯平衡系数不符合安全标准要求，电梯动力、制动系统及电梯曳引能力受到破坏，在电梯载荷使用过程中会发生轿厢下坠、蹲底等故障，足以造成乘坐人员受冲击、被困、被挤压、剪切等事故，危害了不特定人员的人身安全。

经法院审理，判决：被告人韦某某犯以危险方法危害公共安全罪，判处有期徒刑 4 年 2 个月；李某某犯以危险方法危害公共安全罪，判处有期徒刑 4 年。

电梯作为公共空间中人乘坐和运送货物的工具，不仅是财物，在运行过程中还会涉及不特定多数人的人身、财产安全。在本案中，韦某某和李某某的盗

---

① 参见（2013）杭江刑初字第 661 号判决书。

窃运行中电梯配重块的行为,对电梯的运行安全造成了极大的威胁,足以威胁到公众安全。该盗窃行为同时触犯了盗窃罪和以危险方法危害公共安全罪,形成了想象竞合犯。依照刑法理论,择一重罪处罚,以危险方法危害公共安全罪定罪量刑。

【案例 9-7】玩忽职守罪[①]

曾某时任区建管站内设科室××分站副站长,协助站长全面开展工作,包括安全监督监管工作。张某时任该区建管站和该站安全监督员,负责建设工程安全生产管理。其中,张某为安全监督责任人,曾某为安全监督巡查小组成员,共同履行还建房项目安全监督员职责。

2012 年 9 月 13 日 13 时许,在还建房项目施工工地,外墙粉刷工周某某等 14 人与电梯安装人员孙某某等 5 人擅自将停在下终端站的 C7-1 号楼施工升降机左侧吊笼打开,携带施工物件进入并强行操作施工升降机上升。当吊笼上升至第 33 层顶部接近平台位置时,突然朝左侧倾翻并坠落地面,造成吊笼内 19 人全部身亡。

经××省特种设备安全检验检测研究院鉴定,认定事故的直接原因为事故施工升降机第 66 节与第 67 节标准节连接处右侧没有有效的螺栓连接,当左侧吊笼载有 19 人(超过备案额定承载人数 12 人)及约 245 千克货物上升到接近顶层平台位置时,平衡条件发生改变,导致左侧吊笼连同第 67 节标准节以上导轨架瞬间朝左侧倾翻并坠落。还认定,事故施工升降机在安装过程中最高层站以上导轨架高度和上限位、上极限的安装位置导致其顶部安全距离小于国家标准规定,导轨架标准节连接螺栓及防松垫圈未严格按规定安装,加标准节升高后未经检测,导轨架垂直度超标。在使用过程中,未按规定对施工升降机,尤其是标准节连接螺栓等进行经常性和定期检查、紧固并予以记录,导致第 66 节和第 67 节标准节连接处右侧两颗螺杆无螺帽连接未被发现,且事发时无专职持证司机操作。

法院审理后,判决如下:曾某犯玩忽职守罪,判处有期徒刑 3 年;张某犯玩忽职守罪,判处有期徒刑 3 年。

曾某、张某受国家机关委托代表国家机关行使职权履行公务,对所在辖区在建项目进行安全监督及行政执法过程中,严重不负责任,不认真履行职责,系重大安全事故发生的重要原因,致使公共财产、国家和人民利益遭受重大损

[①] 参见(2015)鄂武汉中刑终字第 00162 号判决书。

失,情节特别严重,其行为均已构成玩忽职守罪。

【案例 9-8】重大劳动安全事故罪①

王某在担任××压缩机有限责任公司安全员期间,明知该公司的简易升降机没有如期经过特种设备检验机构的检验,存在安全隐患的情况下继续使用该升降机。2013 年 10 月 31 日上午 10 时许,该压缩机有限责任公司工人刘某、杨某和租赁该压缩机有限责任公司厂房的××石油设备有限公司的工人刘某某、杜某四人利用该升降机搬运所搭载设备时,杜某从升降机五楼站层南侧与井壁之间 40 厘米宽的缺口坠落一楼井坑致其死亡。经法院审理,判处王某犯重大劳动安全事故罪。

王某作为××压缩机有限责任公司安全员,明知该公司所用的简易升降机没有如期经过特种设备检验机构的检验,在存在安全隐患的情况下,继续使用该升降机,导致发生一人死亡重大劳动安全事故,其行为已构成重大劳动安全事故罪。

【案例 9-9】重大责任事故罪②

××电梯销售有限公司与××小区签订电梯销售安装合同后,该公司法人代表李某(已判刑)、股东陈某某,在没有向安全监督部门告知,也没有安全措施的情况下,口头协议交给没有电梯安装资质的崔某某(已判刑)负责电梯安装。崔某某组织没有安装资质的杨某、郭某等工人在没有任何防护措施的情况下违法冒险施工。2014 年 5 月 8 日 8 时许,在电梯安装作业过程中,因井道内未经清理致使残留角铁支架与对重块剐蹭发生坠落,将施工工人杨某、郭某砸伤,杨某经抢救无效死亡。

被告人陈某某在生产作业中违反有关安全管理规定,发生重大伤亡事故致 1 人死亡,1 人受伤,犯罪事实清楚,证据确实充分。经法院审理,判处陈某某犯重大责任事故罪。

第三节　行政案例

本节收集的行政案件涉及的行政机关如下:工商局、规划局、质量技术监

---

① 参见(2016)鲁 0611 刑初 79 号判决书。
② 参见(2016)冀 0638 刑初 108 号判决书。

督局、安监局等;涉及的行政相对人有:物业公司、业主、电梯使用单位、电梯维护单位等。这些案例涉及电梯的安装、管理及收费、后期保养维护、事故处理等方面,较为全面地展现行政管理的作用。

【案例 9-10】物业公司收取电梯维修保养费及电梯年检费①

2010 年 11 月甲物业公司正式进驻乙小区进行物业管理,并与小区业主签订《前期物业管理协议》,协议中均有第 3 条第 3 款"共用设施设备的日常维修、养护和管理,共用设施设备包括:共用的上下水管道、共用照明"及第 6 条第 3 款"厂家售后服务保修承诺期后的电梯安检费及维保据实按户平均分摊"的条款。甲物业公司在对乙小区前期物业管理过程中,除按 0.7 元/月的收费标准向业主收取物业服务费外,还另行向业主收取电梯维修保养费及电梯年检费。电梯维修保养费自 2011 年 10 月开始收取,按每户每月 14.1 元收取,共计收取 69820 元。电梯年检费自 2011 年开始按每户每年 32.3 元收取,共计收取 16635 元。2013 年 12 月 6 日,工商局接到消费者举报称,甲物业公司收取电梯保养费不合理、不合法。工商局遂对举报情况进行了调查,并举行了听证。2014 年 7 月 7 日工商局依据《消费者权益保护法》和《福建省实施〈中华人民共和国消费者权益保护法〉办法》,针对甲物业公司的行为作出《行政处罚决定书》。

甲物业公司不服行政处罚决定,以"认定事实和适用法律错误"为由向法院提起行政诉讼。一审法院经审理认为,甲物业公司在收取物业服务费后以不公平、不合理的格式条款向小区业主另行收取电梯维修保养费及电梯年检费,系免除经营者责任、加重消费者责任的行为。工商局作出行政处罚决定,认定事实清楚,适用法律正确,程序合法。判决:驳回甲物业公司的诉讼请求。

甲物业公司不服一审判决,以"事实认定错误和法律适用错误"为由提起上诉。经二审法院审理,驳回上诉,维持原判。

本案争议焦点在于物业公司是否有权向业主专门收取电梯维修保养费及电梯年检费? 答案是否定的,理由如下:第一,物业公司向业主收取的物业服务费已经包含电梯维修保养费。根据《福建省物业服务收费管理办法》第 11 条规定,"实行物业服务费用包干制的,物业服务费的构成包括物业服务成本、法定税费和物业服务企业的合理利润。物业服务成本按照国家发改委、原建设部《关于印发〈物业服务定价成本监审办法(试行)〉的通知》规定,由人员费

---

① 参见(2015)宁行终字第 12 号判决书。

用、物业共用部位和共用设施设备日常运行维护费用、绿化养护费用、清洁卫生费用、秩序维护费用、物业共用部位和共用设施设备及公众责任保险费用、办公费用、固定资产折旧费以及经业主大会同意的其他费用组成"。物业收费标准中也有分类,有电梯的小区收费标准是高于无电梯小区的。第二,物业公司应当支付电梯的日常维护保养费和年检费。根据《福建省电梯安全管理办法》第14条的规定,"电梯安装后……委托物业服务企业管理的电梯,受委托的物业服务企业为电梯使用单位";第19条规定,"……电梯的日常维护保养、一般维修和检测等费用由电梯使用单位支付"。作为受委托的物业服务企业,应当支付电梯的日常维护保养、一般维修和检测等费用。

综上所述,物业公司除收取物业费外,不能再向业主收取电梯维修保养费及电梯年检费。

【案例 9-11】未取得规划许可加装电梯的行政管理①

2010 年 11 月,甲购得一套商铺,取得《房屋所有权证》。2012 年 11 月 26 日,该幢楼房全体业主向××市城乡规划局申请加装电梯,至今未取得规划许可。2013 年 1 月,该幢房屋加装了电梯。甲认为楼房加装电梯后对其商铺的经营有影响,遂于 2014 年 10 月 25 日向××市城市管理行政执法局乙分局(下称"乙分局")投诉。之后又于 2014 年 11 月 10 日向市城市管理行政执法局投诉。市城市管理行政执法局对甲的投诉进行了登记。此后,市城市管理行政执法局将该投诉事项转乙分局查处后,乙分局于 2014 年 11 月 27 日作出《行政处理通知书》,通知加装电梯筹备组立即停止涉嫌违法建设行为,并在 3 日内带齐有关资料到乙分局处理。该《行政处理通知书》张贴于施工现场正门。同日,乙分局对甲作出《对××路 49 栋 B 座违章加建电梯影响住户的回复》,内容为:"2014 年 10 月 25 日,城管执法乙分局接到你投诉'××路 49 栋 B 座违章加建电梯'的案件投诉,该投诉指'××路 49 栋 B 座违章加建电梯影响住户'。经查,××南路 49 栋 B 座安装电梯工程现已停工,施工现场无人管理,分局执法人员无法与施工安装单位取得联系,事后经多次寻访调查,目前已跟电梯安装工程公司取得了联系。据电梯安装工程公司介绍,电梯安装时是受××南路 49 栋 B 座电梯筹备小组蔡小姐的委托。由于该项目工程未取得建设工程施工许可证擅自进行施工,依据《中华人民共和国城乡规划法》和《广东省城乡规划条例》第 40 条的规定,对电梯安装筹备小组发出《行政处

---

① 参见(2015)韶中法行终字第 87 号判决书。

理通知书》，责令电梯工程有限公司对该楼电梯停止施工行为，并组织好相关资料上报市拆违联席办予以认定，待市拆违联席办认定后依据法律法规作出相应的处理。附：1.现场调查取证照片；2.《行政处理通知书》。"对于电梯的安装及运行情况，甲称是 2014 年 12 月加装完毕并投入使用至 2015 年 2 月 26日。市城市管理行政执法局则称甲投诉时电梯已经加装完毕。由于甲向××市城市管理行政执法局投诉，现电梯一直未运行，也未拆除。随后，甲以市城市管理行政执法局行政不作为为由，向法院提起行政诉讼，并要求作出拆除违法加装的电梯的决定。

2015 年 5 月 12 日，一审法院前往××路 49 栋 B 座进行现场查看，现场加装的电梯位于与甲商铺相邻的车库内，电梯井与甲商铺的墙体相隔 1.5 米左右，人员进出电梯并不经由甲的商铺。一审法院认为："市城市管理行政执法局接到甲的投诉后，立即将投诉事项转受委托的乙分局查处，乙分局在合理时间内对投诉事项展开调查，并且分别向加装电梯筹备组作出《行政处理通知书》及向甲作出《对××路 49 栋 B 座违章加建电梯影响住户的回复》，可视为市城市管理行政执法局已经履行了法定职责；甲的商铺的墙体与加装的电梯井之间相隔 1.5 米左右，人员进出电梯并不经由甲的商铺，市城市管理行政执法局对××路 49 栋 B 座没有取得规划许可即加装电梯的行为应作出何种处理，该结果与甲并无法律上的利害关系。"法院判决：甲理由不充分，证据不足，驳回诉讼请求。

甲不服一审判决，以"认定事实不清，适用法律部分错误"为由提起上诉。二审法院判决："驳回上诉，维持原判。"

在本案中，城市管理行政执法局乙分局对未取得规划许可加装电梯，作出"责令电梯工程有限公司对该楼电梯停止施工行为，并组织好相关资料上报市拆违联席办予以认定，待市拆违联席办认定后依据法律法规作出相应的处理"。乙分局只作出《行政处理通知书》未再采取进一步的措施，是否合理合法，是否构成行政不作为？本书认为，城市管理行政执法局乙分局的行政处理行为合理合法，不构成行政不作为。根据比例原则的要求，执法主体在从事侵害公民权利的行为时不但要有法律依据，而且必须选择对公民权利侵害最小的方式行使之，行政行为应该是合乎比例的，是恰当的。该案的情形还没有达到必须限期拆除，甚至强制拆除加装电梯的必要程度。加装电梯的规划是否批准申请仍处在不明确的状态，若此时就限期拆除或者强行拆除，之后又获得了规划许可，则是对资源的浪费。所以待市拆违联席办认定后依据法律法规作出相应的处理，是合理合法的处理措施。

【案例 9-12】举报电梯质量[①]

2008 年 11 月 9 日,林某向 A 房地产有限公司购买位于××街中段南侧的龙成尊庭×号楼××号房屋一套。2013 年 7 月 17 日,林某向市质量技术监督局"12365"中心投诉举报龙成尊庭×号楼使用的电梯频繁出现故障,由于开发商无法提供电梯的出厂合格证,怀疑是翻新电梯,要求查处。2013 年 7 月 19 日,"12365"指挥中心将案件批转县质量技术监督局办理,并要求将处理结果于 2013 年 8 月 16 日前反馈"12365"举报中心。县质量技术监督局接案后,立即组织执法人员到涉案电梯现场进行调查、检查,并于 2013 年 8 月 15 日将龙成尊庭×栋××单元电梯质量检查和使用情况向市质量技术监督局报告,但未告知投诉人林某。2014 年 4 月 30 日再次到涉案电梯现场进行调查。林某以"县质量技术监督局行政不作为"为由,向法院提起行政诉讼。

一审法院认为:"林某向市技术监督局提出电梯质量申诉,市局接到申诉后,对举报的申诉问题按照规定移送办理并予以告知,而县质量技术监督局接到批办函后确已到涉案电梯使用现场进行检查,但并未能告知林某处理结果,确属不当。林某请求判决县质量技术监督局对涉案电梯有限公司和 A 房地产有限公司涉及电梯的相关违法违规行为进行行政处罚的诉求,属于审判权逾越行政权,立案时已进行了释明,但林某仍坚持按该诉求立案。"判决如下:"一、责令县质量技术监督局三十日内对林某所投诉事项履行监督处理的法定职责;二、驳回林某要求判令县质量技术监督局作出行政处罚的诉讼请求。"

林某不服一审判决的中的第二项,提起上诉。二审法院经审理,判决:"驳回上诉,维持原判。"

该案例中的核心问题在于:司法权与行政权的界线。行政诉讼的目的在于通过司法权来监督行政机关合法合理地行使行政权。在行政诉讼的判决可能出现结果有:驳回诉讼请求、确认行政行为违法、撤销行政行为、限期履行法定职责。结合本案情形,对电梯有限公司和 A 房地产有限公司是否给予行政处罚以及给予何种处罚是行政机关的裁量范围。只有在行政机关作出的处罚或者不处罚的决定违反相关法律法规的情形下,审判权才可介入,撤销原行政行为,限期重新作出。具体如何作出,以及再次作出的行政行为结果如何,法院无权干涉。

[①] 参见(2015)漳行终字第 6 号判决书。

【案例 9-13】电梯伤害事故①

2014 年 1 月 1 日 16 时许,在 A 公司供销大厦李甲(三楼经营户)乘坐电梯(货运电梯)往三楼运送货物,电梯向上行驶中,突然出现故障停止运行。李甲被困后立即给打电话告知,其妻随即通知 A 公司值班员杨某。杨某得知后赶到二楼用钥匙打开二楼电梯层门,发现电梯轿厢卡在二、三层中间处。杨某随即给电梯维保单位 B 公司维保人员张某打电话,报告故障情况申请救援。张某问明情况后告诉杨某上电梯机房把电梯电源切掉,用手动盘车救人。杨某关闭电梯层门后去机房进行故障排除工作。在故障排除期间,二楼电梯层门不明原因打开,从外送货回来的李甲之父李乙不慎从层门外踏入电梯井道坠落,经抢救无效于当日死亡。李甲于 2014 年 1 月 1 日 17 时 30 分许通过人工救援从轿厢中被救出。B 公司维保人员于 2014 年 1 月 2 日 8 时到达事故现场。

××县质监局于 2014 年 1 月 1 日 17 时 50 分接到该县安监局电话通知后到达现场。××县公安局也到达现场进行勘验并作出《李乙非正常死亡案调查情况》。

2014 年 9 月 23 日,市质监局作出×质监(2014)103 号《"20140101"××县 A 贸易有限公司供销大厦电梯伤害一般事故调查报告》,其中第五项事故原因及性质认定:"(一)直接原因:1.李甲在电梯出现故障被困后进行自救,用手拨开重力锁致电梯层门打开,李乙安全意识不强,安全知识缺乏,未认真查看所处环境,从层门外踏入电梯井道坠亡。2.A 贸易有限公司在组织救援时未设置安全防护设施,未对李甲进行有效安抚。(二)间接原因:1.A 贸易有限公司安全意识淡薄,管理不到位。电梯使用和运营安全管理制度不健全;未将电梯使用的安全注意事项和警示标志置于乘客易于注意的显著位置;未有效进行电梯运行的日常巡查;电梯钥匙保管胡乱,违规将钥匙交李甲使用;应急救援能力不强。2.维保单位 B 电梯有限公司在电梯出现故障后,维修人员未按规定时间赶到现场实施救援。事故性质:特种设备责任事故。"第六项责任认定及处理建议认定:"主要责任者:A 贸易有限公司未按规定履行特种设备安全管理职责,相关管理制度不健全,落实不到位,未有效对职工进行安全教育培训,职工安全意识淡薄,违规将电梯钥匙交李甲(电梯钥匙应由安全管理人员妥善保管),未将电梯使用的安全注意事项和警示标志置于乘客易于注意的显著位置,未有效进行电梯运行的日常巡视,对本次事故负主要责任。依

---

① 参见(2015)兰行初字第 32 号判决书。

据《中华人民共和国特种设备安全法》第 90 条的相关规定,建议处 15 万罚款,对该公司负责人处一年年收入 30％的罚款。次要责任者:B 电梯有限公司作为 A 贸易有限公司电梯维保单位,在电梯出现故障后,救援人员未按规定时间赶到现场实施救援(《电梯使用管理与维护保养》规定,在接到困人故障报告后,维修人员应在一小时内抵达现场实施救援,而该公司维修人员直到第二天才抵达现场),违规用电话指导无证人员实施救援,对本次事故负次要责任。依据《中华人民共和国特种设备安全法》第 90 条的相关规定,建议处 10 万罚款,对该公司负责人处一年年收入 30％的罚款。次要责任者:《电梯使用管理与维护保养规则》规定,电梯乘客不应采用非安全手段开启电梯层门,李甲在电梯出现故障后被困并在救援工作实施期间,进行盲目自救,用手拨开重力锁致层门打开,对本次事故负次要责任。因为李甲行为不适用《中华人民共和国特种设备安全法》,故不予行政处罚。"

电梯维护单位 B 公司,认为本事故属于意外事故,李乙的死亡与该公司的维保行为及未按规定时间到达不存在因果关系,市质监局认定该公司对事故负次要责任没有事实及法律依据。遂向法院提起行政诉讼,要求撤销《"20140101"××县 A 贸易有限公司供销大厦电梯伤害一般事故调查报告》。

法院经审理认为,《"20140101"××县 A 贸易有限公司供销大厦电梯伤害一般事故调查报告》合法有效,驳回 B 公司的诉讼请求。

该案是由电梯故障时,电梯所有单位以及电梯维保单位在紧急情况下处理不当所引发的电梯伤害事故。A 贸易有限公司电梯使用和运营安全管理制度不健全,未将电梯使用的安全注意事项和警示标志置于乘客易于注意的显著位置,以及在组织救援时未设置安全防护设施。维保单位 B 电梯有限公司在电梯出现故障后,维修人员应在一小时内抵达现场实施救援,而该公司维修人员直到第二天才抵达现场。以及李甲的自救不当,李乙未尽到必要的审查周围环境的义务。种种原因相叠加,造成李乙坠入电梯井身亡的危害后果。维保单位 B 电梯有限公司有过错行为,且该过错行为与危害结果之间有因果关系,所以应当承担一定程度的责任。

【案例 9-14】电梯维保劳动事故调查[①]

2012 年 8 月 29 日,甲电梯公司与乙置业有限公司签订电梯销售合同,出售 12 台电梯给乙置业有限公司。电梯的使用单位是乙置业有限公司和××

---

① 参见(2015)宿中行终字第 00056 号判决书。

国际家居生活广场,安装地址是××国际家居生活广场工地。该销售合同第13条约定:"根据国家有关电梯生产企业实施制造、安装、维修全面负责的管理规定,产品的安装和维保由第三人丙安装公司或其当地分公司负责……"根据该约定,丙安装公司与乙置业有限公司签订了电梯保养合同,由丙公司在电梯监测部门验收合格之日起24个月内,提供无偿维保服务。2014年7月3日,甲电梯公司指派其员工钱某、方某对××国际家居生活广场12部电梯进行维修保养。2014年7月16日13时50分许,方某在××家居广场南观光电梯顶部维保收尾打扫卫生过程中不慎坠落,经抢救无效死亡。事故发生后,该县人民政府成立事故调查组,于2014年9月18日出具《事故调查报告》。该报告经该县人民政府批复,认定该起事故是一般生产安全责任事故,甲电梯公司对本起事故负主要责任,××家居广场对本起事故负次要责任。建议该县安监局依法对甲电梯公司和××家居广场进行经济处罚。2014年9月27日,该县安监局对该案进行了集体讨论,2014年9月29日向甲电梯公司送达了行政处罚告知书和听证告知书,2014年11月12日进行了听证,2015年2月2日作出(×)安监管罚〔2015〕SG×××号《行政处罚决定书》,认定甲电梯公司违反了《安全生产法》第28条、第36条、第40条和《中华人民共和国特种设备安全法》第45条第2款的规定,依据《事故处理条例》第37条第1款的规定,给予甲电梯公司145000元的罚款。

甲电梯公司,认为《事故调查报告》不具有合法性,行政处罚适用法律、法规错误。向法院提起行政诉讼请求撤销县安监局作出的(×)安监罚〔2015〕SG×××号行政处罚决定。

一审法院认为,县安监局作出的行政处罚决定,认定事实清楚,适用法律正确,程序合法,判决驳回甲电梯公司的诉讼请求。甲电梯公司不服一审判决,提起上诉。

二审法院认为,本案《事故调查报告》不具有合法性,县安监局依据经县政府批复的《事故调查报告》作出的行政处罚决定缺乏事实依据,应予以撤销,一审判决认定错误,亦应撤销。判决:"撤销一审判决;撤销××县安全生产监督管理局作出的(×)安监管罚〔2015〕SG×××号行政处罚决定。"

本案是在电梯的后期维修保养过程中发生的劳动事故,甲电梯公司对政府出具的《事故调查报告》合法性产生怀疑。作出《事故调查报告》的人员组成不符合法律规定。根据国务院发布的《生产安全事故报告和调查处理条例》第22条的规定,"事故调查组的组成应当遵循精简、效能的原则。根据事故的具体情况,事故调查组由有关人民政府、安全生产监督管理部门、负有安全生产监督管理职责的有关部门、监察机关、公安机关以及工会派人组成,并应当邀请人民检察院派人参加。事故调查组可以聘请有关专家参与调查"。而本案中的事故调查小组是由政府组成。因此,事故调查程序不合法,《事故调查报告》也就不具有合法性。

　　本案中,县安监局于 2014 年 9 月 27 日对该案进行了集体讨论,2014 年 11 月 12 日进行了听证,2015 年 2 月 2 日作出行政处罚决定书。根据《中华人民共和国行政处罚法》第 43 条的规定,"听证结束后,行政机关依照本法第三十八条的规定,作出决定"。第 38 条第 2 款规定,"对情节复杂或者重大违法行为给予较重的行政处罚,行政机关负责人应当集体讨论决定"。但本案的集体讨论是在听证之前进行的,所以行政处罚决定程序瑕疵。

　　综上所述,据此否认了《事故调查报告》的合法性,撤销县安监局针对甲电梯公司的行政处罚。

附　　录

附录1:《福建省电梯使用安全条例(草案)》报送稿
(报送福建省人民代表大会常务委员会法制工作委员会)

目　录

第一章　总　则

第一条(立法目的和依据)

为加强电梯安全使用管理,预防和减少电梯事故,保障人身和财产安全,根据《中华人民共和国特种设备安全法》和其他有关法律法规,结合本省实际,制定本条例。

第二条(适用范围)

在本省行政区域内从事电梯生产(包括制造、安装、改造、加装、修理)、销售、使用和维护保养、检验、检测及其相关监督管理活动,应当遵守本条例。法律、法规对电梯安全有规定的,从其规定。

电梯的范围按照国家规定的特种设备目录及特种设备安全技术规范确定。

第三条(基本原则)

电梯安全管理应当遵循安全第一、预防为主、权责明确、保障有效的原则。

第四条(政府职责)

县级以上地方人民政府应当加强对本行政区域内电梯安全工作的领导,督促有关部门依法履行管理职责,建立协调机制,及时协调、解决工作中存在的问题。

第五条(部门职责)

县级以上地方人民政府特种设备安全监督管理部门对本行政区域内电梯安全实施监督管理。县级以上地方人民政府的住建、规划、工商、公安、安监等行政管理部门应当在各自职责范围内,做好电梯安全管理工作。

乡(镇)人民政府、街道办事处以及村(居)民委员会,应当协助有关行政管理部门做好电梯安全管理工作。

第六条(各有关主体职责)

电梯生产与销售单位、维护保养单位、使用管理单位、电梯检验、检测机构应当依照国家和本条例的有关规定,建立健全电梯安全的规章制度和责任制,确保电梯安全使用。

第七条(行业协会的安全服务工作)

与电梯安全相关的行业协会应当加强行业自律,积极参与电梯安全监督,与媒体合作,协同做好以下电梯安全服务工作:

(一)制定发布电梯安全方面规章制度和相关合同的示范文本,供会员单位参照;推广保障电梯安全的先进经验。

(二)开展会员单位的信息收集、分析工作,定期发布有关电梯维护保养的工时标准,供会员单位参照。

(三)对会员单位违法违规现象提出警示,督促相关违法违规单位整改;收集并定期公开发布会员单位安全生产和履行法定义务的信息。

(四)推进诚信体系建设,开展会员单位信用建设、信用评级和服务质量评级工作。

(五)配合相关行政管理部门开展有关电梯安全的技术鉴定、监督检查、救援网络建设,参与相关标准的制定和保险费率的商定,推广电梯安全责任保险。

（六）组织宣传咨询、教育培训，提高会员单位服务水平和安全管理水平。

（七）其他应当由行业协会提供的电梯安全服务工作。

第八条（鼓励保险和采用先进技术）

鼓励学校、幼儿园、医院、机场、车站、客运码头、商场、体育场馆、展览馆、公园、影剧院、地下人行通道等公共场所（以下简称公众聚集场所）和居民住宅的电梯使用管理单位、维护保养单位投保电梯安全责任保险。

鼓励、引导电梯生产、使用管理、维护保养等单位采用先进技术和先进管理方法，提高电梯安全运行保障水平和管理水平，增强电梯事故防范和应急救援能力。

第九条（电梯事故应急预案和救援网络建设）

县级以上地方人民政府及其特种设备安全监督管理部门应当依法制定本行政区域内电梯事故应急预案，并纳入本行政区域应急处置与救援体系，在接到电梯事故报告后依法启动应急预案，组织应急救援；电梯使用管理单位和维护保养单位应当制定电梯事故救援预案，并与政府应急预案相衔接。

县级以上地方人民政府引导和扶持本行政区域内的电梯维护保养单位建立区域电梯救援网络，实现快速专业救援。

第十条（宣传教育）

特种设备安全监督等行政管理部门应当加强电梯安全知识的宣传教育，做好有关电梯安全法律法规的宣传普及工作。

鼓励新闻媒体、行业协会、社会团体、学校、幼儿园和村（居）民委员会以及电梯使用管理单位、维护保养单位进行电梯安全知识的宣传普及，倡导文明乘用电梯，增强社会公众的电梯安全意识。

第十一条（投诉举报）

任何单位和个人有权向特种设备安全监督管理部门和有关政府部门投诉和举报涉及电梯安全的违法行为。接到投诉和举报的行政管理部门应当及时受理。属于本部门职责的，应当及时进行核实、处理、答复；不属于本部门职责的，应当及时移送有权处理的部门，并告知投诉、举报人。

第二章 电梯生产和销售

第十二条（电梯生产许可制度和质量要求）

电梯的制造、安装、改造、加装、修理单位，应当依照国家规定取得相关许可资格，方能从事相应的电梯生产活动。

电梯的生产活动应当符合国家规定的电梯安全技术规范及相关标准的要

求。电梯的生产单位对其生产的电梯安全性能负责。不得生产不符合安全性能要求和能效指标以及国家明令淘汰的电梯。禁止将报废的零部件用于电梯生产。

第十三条（电梯制造单位的责任）

电梯制造单位对其所制造电梯的安全性能负责,并承担以下义务:

(一)制造的电梯符合国家标准,具备安全使用性能,明确质量保证期限。

(二)授权委托具有相应资质并依法取得许可的电梯安装单位对其制造的电梯进行安装施工,并在电梯使用期间确保为电梯使用管理单位提供电梯零部件、技术培训和其他技术支持。指导制定电梯排险救援应急处置预案。

(三)对具有相应资质的安装、改造、加装、修理单位对其所生产的电梯的安装、改造、加装、修理进行安全指导和监控。

(四)出厂的电梯应当提供安全技术规范要求的设计文件、产品质量合格证明、安装及使用维护保养说明等相关技术资料和文件。在电梯轿厢内显著位置设置标明电梯主要参数、安全警示标志及其说明。

(五)电梯销售后,每年对其制造的电梯的安全运行情况进行一次跟踪调查,协助使用管理单位和维护保养单位排除电梯故障。

(六)发现电梯存在事故隐患时,应当及时告知电梯使用管理单位,并向负责特种设备安全监督管理部门报告。

(七)因设计、制造原因造成电梯存在危及安全的同一性缺陷的,应当立即依法停止生产、主动召回,及时告知电梯使用管理单位,并向所在地特种设备管理部门报告。

(八)其他应当由电梯制造单位承担的安全责任。

第十四条（电梯销售者的安全责任）

电梯销售者不得销售未取得制造许可资格的单位制造的电梯,不得销售未经检验或者检验不合格的电梯。

进口电梯的销售者应当持制造者委托代理销售电梯的证明材料和在中国境内注册的证明材料,向省人民政府特种设备安全监督管理部门备案,并与电梯制造者依照本条例第十三条的规定对生产和销售的电梯的产品质量和安全性能承担连带责任。

第十五条（电梯安装、改造、加装、修理单位的职责）

电梯的安装、改造、加装、修理必须由依法取得相应许可的单位进行,电梯的安装还应当取得电梯制造单位的授权委托,并承担下列义务:

(一)不得转委托或变相转委托电梯安装、改造、加装、修理业务。不得将电梯的安装、改造、加装、修理业务全部或部分承包或转包给其他单位。不得转让或转借许可证。

（二）在施工前,应当将拟进行的电梯安装、改造、加装、修理情况按规定书面告知设区的市的特种设备安全监督管理部门。

（三）安排专业技术人员对电梯的安装、改造、加装、修理活动的过程实行自行检测。经自行检测合格后,方可向特种设备检验检测机构申请监督检验;未经特种设备检验检测机构监督检验合格的,不得交付使用。

（四）在电梯的安装、改造、加装、修理施工过程中,编制并严格执行安全施工方案;建立并严格遵守施工现场的安全规范和安全要求,落实现场安全防护措施。

（五）应当在电梯安装、改造、加装、修理工程竣工并经监督检验合格后 30 日内,将包括质量证明文件和监督检验证明在内的所有安全技术资料移交住建单位或者电梯使用管理单位,办理相关移交手续。

（六）经改造的电梯交付使用前,电梯改造单位应当标明改造单位名称、许可证编号、产品名称、设备编号、改造日期、主要参数等信息。电梯改造单位不是原电梯制造单位的,应当更换电梯轿厢内的产品铭牌,并承担本条例第十三条规定的责任。

（七）经重大修理的电梯,电梯修理单位应当对修理时更换的电梯零部件、安全附件及安全保护装置明确质量保证期限,在此期限内出现质量问题的,应当予以免费修理或者更换相关零部件。

（八）为电梯使用管理单位办理电梯使用登记手续或变更电梯使用登记手续提供方便,予以配合。

（九）其他应当由电梯安装、改造、加装、修理单位承担的安全责任。

第三章　电梯设置

第十六条（电梯设置要求）

电梯井道工程设计和老旧楼房加装电梯的设计,均应当符合法律法规、安全技术规范以及安全技术标准,并与建筑结构、使用需求相适应。

电梯设置和相关设计不符合有关强制性规范和安全标准的,施工图纸审查机构不得出具审查合格书。

建设单位和通信运营企业应当保障电梯井道的通信信号覆盖。

第十七条（建设单位电梯安全责任）

建设单位应当对电梯安全承担下列责任:

（一）应当委托具有相应资质的单位进行与电梯相关的建筑结构设施、选型配置等施工图设计,确保电梯与建筑物的使用需求相适应,设计文件应当依法审查通过。

（二）电梯井道的建筑结构设计,应当满足电梯安全运营、维护保养、运行参数采集、远程监控和应急救援的要求;新建住宅及公众聚集场所建筑的电梯应当采用双路供电或者配置备用电源。

（三）应当选购依法取得制造许可的单位制造的并有合格证的电梯,且选型、配置及备用电源应当与建筑物的结构、使用需求相适应。应当优先选用具有节能措施的电梯。

（四）应当选择由电梯制造单位或者其授权委托并取得安装许可的单位进行安装,并保证安装的电梯经特种设备检验检测机构检验合格。

（五）在向电梯使用管理单位移交电梯时,应当同时移交完整的电梯安全技术资料、安全使用的警示说明或者警示标志及有关证书。

第十八条（电梯制造单位信息的披露）

任何单位和个人销售、转让、移交、出租、委托安装、改造、加装、修理、维护保养的电梯,其制造单位具有下列情形的,应当在投标文件和相关合同中充分披露相关信息,不得隐瞒:

（一）营业执照未依法通过年检的。

（二）发生重大电梯事故,尚未依法作出事故调查结论的。

（三）近5年内发生重大电梯事故且经事故调查对事故负有产品质量责任的。

（四）因不履行本条例第十四条规定义务或者其他违法行为,被特种设备安全监督管理机构或者其他行政机关行政处罚,或者被有关行业协会督促警示的。

（五）应当依法召回其缺陷产品而未履行召回义务的。

（六）因拒不执行人民法院生效法律文书被列入人民法院失信被执行人名单的。

第十九条（视频监控设施）

公众聚集场所的载人电梯和新建住宅小区的电梯,使用管理单位应当配备视频监控设施,并保证正常运行。

第二十条（远程监测装置）

公众聚集场所的载人电梯和新建住宅小区的电梯,应当配备具有运行参数采集和网络远程传输功能的监测装置。

鼓励电梯使用管理单位和维护保养单位建立电梯远程监测系统,对电梯运行情况实施远程监测,并与本行政区域电梯应急处置服务平台联网。

电梯的远程监测系统标准规范由设区的市的特种设备安全监督管理部门负责制定;电梯应急处置服务平台由县(市)、区的特种设备安全监督管理部门负责住建、督促使用和维护。

第二十一条(住建、消防部门责任)

县级以上地方人民政府住房和城乡住建行政管理部门负责对住建项目的电梯井道、机房等的施工质量进行监督检查,依法督促施工单位对施工质量问题进行整改,对电梯未经监督检验合格的住建项目,不予办理验收备案手续。

公安机关消防管理机构在实施消防验收或者竣工验收备案抽查时,应当对电梯消防按照国家工程住建消防技术标准要求进行抽查。

第四章 电梯使用管理和应急救援

第二十二条(电梯使用管理单位的确定)

电梯使用管理单位负责电梯的安全运行,对电梯的安全使用负责。电梯使用管理单位应当按照下列规定确定:

(一)电梯安装后,住建单位尚未将电梯移交给电梯产权所有人的,住建单位为电梯使用管理单位。

(二)电梯由产权所有人自行管理的,电梯产权所有人为电梯使用管理单位;电梯有多个产权所有人的,全体产权所有人为电梯共同使用管理单位,全体产权所有人如协商明确其中部分人为电梯使用管理单位的,其他人承担连带责任。

(三)电梯产权人委托物业服务企业或者其他管理人管理的,受托人为使用管理单位。

(四)出租配有电梯的建筑物或场所,由出租人和承租人在租赁合同中确定电梯使用管理单位;没有约定的,按照本条第(二)(三)项的规定确定电梯使用管理人。

第二十三条(电梯使用登记和委托维护保养)

电梯使用管理单位应当依法向设区市特种设备安全监督管理部门办理电梯使用登记手续,取得登记证书,并将登记标志置于电梯的显著位置。登记事项发生变更的,自变更之日起 30 日内办理变更登记手续。电梯报废的,应当在报废后 30 日内向原登记部门办理注销。

电梯使用管理单位应当委托依法取得电梯维护保养许可的单位进行电梯

的维护保养,并参照有关示范文本签订电梯维护保养合同。

第二十四条(电梯使用管理单位责任)

电梯使用管理单位应当根据电梯安全使用管理的需要,指定或者配备相应数量的电梯安全管理人员,承担下列电梯安全使用管理责任:

(一)建立健全电梯安全使用、日常安全管理、事故风险防范、事故应急专项救援预案等安全管理规章制度,定期进行事故应急演练。

(二)建立电梯安全技术档案并长期保存,安全技术档案应当包括但不限于电梯的出厂文件、施工文件、日常检查和维护保养记录、监督检验和定期检验报告、安全评估报告等。

(三)在电梯轿厢内或者出入口明显位置张贴有效的电梯使用登记标志、安全使用说明、安全注意事项、警示标志、有效的安全检验合格标志、服务、投诉和救援电话号码、电梯安全责任保险的投保信息。

(四)保持电梯紧急报警装置能够随时与电梯使用管理单位安全管理机构或值班人员实现有效联系;确保值班人员在电梯运行期间在岗;发生乘客被困或其他事故时,立即通知电梯维护保养单位,安抚被困人员,配合电梯维护保养单位实施救援,并按照规定及时报告所在县区特种设备安全监督管理部门。

(五)对电梯使用情况进行日常检查,制止危害电梯运行的行为。电梯出现故障或者异常情况及事故隐患,可能危及乘客安全的,立即停止电梯运行,通知电梯维护保养单位维修,并在显著位置设置停用标志。

(六)对电梯轿厢内部装修的,在装修后通知维护保养单位进行测试,经测试符合国家相关安全要求后方可投入使用。

(七)确保值班人员对电梯实施实时监控,监控资料的保存期限不得少于2个月。

(八)在电梯定期安全检验合格有效期届满前30日内向特种设备检验检测机构提出定期检验申请,并及时对检验中发现的不合格项目进行整改,并在整改期限内将整改结果书面向特种设备检验检测机构反馈;不得使用未经定期检验合格的电梯。

(九)电梯停用1年或者停用期超过下一次定期检验日期的,应当封存电梯、设置警示标志,并在15日内到使用登记部门办理停用手续。

(十)对委托维护保养单位的维护保养行为予以监督检查。发现维护保养单位不履行法定或者约定的维护保养义务时,应当向特种设备安全监督管理部门报告。特种设备安全监督管理部门应当按照有关规定及时予以处理。

(十一)定期公布电梯安全运行费的收支情况,不得挪用、截留、私分、侵吞电梯安全运行费,确保电梯安全运行费足额用于电梯维护保养、改造、加装、修理、更新。

(十二)法律、法规、规章或者国家安全技术规范规定的其他电梯安全管理责任。

第二十五条(电梯的临时检验)

电梯有下列情形之一的,电梯使用管理单位应当申请定期检验或者监督检验;未经检验合格的,不得使用:

(一)发生自然灾害或者设备事故,影响电梯性能指标的。

(二)1年内特种设备安全监督管理部门接到电梯故障实名举报3次以上,且经确认故障存在影响电梯安全运行的。

(三)停用1年以上或者停用期超过下一次定期检验日期需要重新启用的。

(四)电梯使用管理单位不同意电梯维护保养单位书面提出的更换电梯零部件要求的。

第二十六条(安全管理人员的职责)

电梯使用管理单位应当配备专职安全管理人员,并应当履行下列职责:

(一)对电梯的召唤按钮、指示信号、风扇、照明、紧急报警装置、安全检验合格标志、安全注意事项和警示标志等进行日常巡视检查,记录电梯日常使用状况并至少保存4年。

(二)妥善保管电梯层门钥匙、机房钥匙和安全提示牌。

(三)监督和配合维护保养单位开展工作,签字确认维护保养记录。

(四)电梯安装、改造、加装、修理、检验、检测时,做好现场配合工作,协助施工单位落实安全防护措施。

(五)发现电梯存在故障或者其他影响电梯正常运行的情况时,做出停止使用决定,并且立即报告电梯使用管理单位负责人,同时在停止使用的电梯出入口张贴停用告示。

(六)电梯发生事故时,第一时间到现场,协助电梯维护保养单位实施救援。

(七)发现违反电梯乘用规范的行为,予以劝阻。

第二十七条(住宅小区电梯特殊规定)

住宅小区电梯安全使用管理还应当遵守下列规定:

(一)在物业服务合同和管理规约和临时管理规约中规定电梯日常管理、维护保养、改造、加装、修理、检验、检测、安全性能评估、更新等费用的筹集、保管和使用规则。

（二）在物业服务合同中明确约定物业企业、业主、业主大会、业主委员会各自在电梯安全使用管理方面的权利义务以及纠纷解决途径。

（三）物业服务企业应当在小区显著位置及时公开电梯安全管理的相关记录和电梯安全运行费的收支情况，接受业主、业主大会和业主委员会的监督。

（四）电梯发生故障影响正常使用或者经检验存在事故隐患的，物业服务企业应当及时报告业主委员会，业主委员会按照管理规约处理。

第二十八条（应急响应和事故救援）

发生电梯乘客被困电梯事故时，电梯使用管理单位在接到乘客或第三人报警救援信息后，应当在 5 分钟内通知电梯维护保养单位采取措施实施救援，并立即启动应急预案，封锁和保护事故现场，安抚被困人员，配合电梯维护保养单位实施救援，按照规定在 1 小时内报告所在地特种设备安全监督管理部门，服从特种设备安全监督管理部门的组织救援安排。

任何人在事故查明之前不得单独拆装事故电梯设备设施和零部件。除持有特种设备作业证书的专业人员外，其他任何人不得以破坏电梯层门和轿厢方式救援被困人员。

事故电梯经全面检查，排除故障、消除事故隐患后，方可投入使用。需停止电梯运行时间超过 24 小时的，使用管理单位应当公告电梯停止运行的原因和修复所需要的时间。

第二十九条（电梯的移装）

电梯移装前，电梯使用管理单位应当委托特种设备检验检测机构进行安全性能技术鉴定。

已报废或者经鉴定不合格且通过改造、加装、维修仍无法符合国家相关安全技术规范要求的电梯，不得移装。

第三十条（电梯乘用行为规范）

电梯乘用人应当按照电梯使用安全注意事项和警示标志的要求乘用电梯，服从有关工作人员的管理和指挥，并遵守下列规定：

（一）不得乘用明示处于非正常状态的电梯。

（二）不得采用非正常手段开启电梯层门、轿厢门。

（三）不得乘用超过额定载重量的电梯。

（四）不得在电梯内嬉戏、打闹、蹦跳；不得在运行的自动扶梯、自动人行道上逆行，或在其出入口滞留。

（五）不得拆除、破坏电梯的安全警示标志、报警装置或者零部件及其附属设施。

（六）乘用自动扶梯或自动人行道时应当靠右站立。

（七）学龄前儿童应当在成年人陪同下乘用电梯。

（八）发现电梯运行异常时，应当立即告知电梯使用管理单位其他相关人员。

（九）不得实施其他危及电梯安全运行或者危及他人安全的行为。

第五章　电梯维护保养

第三十一条（维护保养单位的基本要求）

在本省从事电梯维护保养的单位，应当依法取得电梯维护保养许可，并依法在本省进行工商登记，首次开展业务前还应当向设区的市的特种设备安全监督管理部门备案。

电梯维护保养单位应当在维护保养中严格执行安全技术规范要求，保证施工安全，并对其维护保养的电梯的安全性能负责。

电梯维护保养单位不得将电梯维护保养业务转包、分包或者变相转包、分包。不得转让或者出借许可证。

第三十二条（电梯维护保养单位的职责）

电梯维护保养单位应当履行下列职责：

（一）承接电梯维护保养业务前，对电梯状态进行检查，并将检查结果书面告知使用管理单位。

（二）定期对作业人员进行安全教育和技术培训，建立作业人员培训记录，并至少保存4年；负责培训电梯使用管理单元的电梯安全管理人员；每年义务进行一次电梯安全知识宣传活动。

（三）按照电梯安全技术规范、相关标准和使用维护保养说明的要求，制定安全管理制度、维护保养计划和事故救援预案。

（四）在电梯显著位置，标明本单位的名称、维护保养人员、维护保养作业内容和记录、应急救援和投诉电话号码。确保应急救援电话24小时有效应答，接到乘客被困报警后，确保持有特种设备作业证书的专业人员在30分钟内赶到现场实施救援解困。

（五）定期对电梯进行清洁、润滑、调整和检查，并经使用管理单位安全管理人员签字确认；至少每6个月对电梯进行一次自行检查，并向使用管理单位出具自检报告；公众聚集场所和使用年限超过15年的电梯的维护保养单位，应当根据电梯的运行情况，增加维护保养频次和项目。

（六）发现故障或者接到故障通知后,应当及时排除故障;暂时无法排除的,应当将解决方案书面通知使用管理单位,并告知使用管理单位故障排除前暂停使用电梯;电梯需要更换零部件的,应当及时书面告知电梯使用管理单位。

（七）对电梯进行维护保养期间,采取设置警示标志、公示牌等安全保护措施,并按国家规定配备必要数量的持有特种作业人员证书的技术人员;确保本单位持有特种设备作业人员证书的人员不从事兼职。

（八）配合电梯使用管理单位做好电梯的定期检验的申请工作;按一梯一档建立维护保养和故障处理记录档案,并至少保存4年。

（九）每季度向设区的市的特种设备安全监督管理部门报告电梯故障情况;发生困人事故的,在事故发生之日起3日内报告事故及救援情况;每年报告一次本单位维护保养电梯的完好率等相关信息。

（十）不得采用更改软件程序、变动硬件设施等技术手段设置技术障碍,影响电梯安全运行。

第三十三条（电梯维护保养单位的安全监督责任）

电梯维护保养单位发现电梯使用管理单位有下列情形之一的,应当在5个工作日内向设区的市的特种设备安全监督管理部门报告:

（一）使用未经定期检验或者检验不合格的电梯的。

（二）使用存在事故隐患、报停、报废电梯的。

（三）违规进行电梯改造、加装、修理或者其他危及电梯安全使用情形的。

（四）接到电梯需要更换零部件的书面告知后,拒不同意更换也不申请监督检验的。

（五）委托不具备本条例规定的合法资格的单位进行电梯维护保养的。

（六）不履行本条例第二十四条规定的安全使用管理责任的。

接到报告的特种设备安全监督管理部门应当按照有关规定及时予以处理。

第六章 电梯检验检测和安全评估

第三十四条（电梯检验检测机构和人员的要求）

电梯的检验检测应当由经依法核准的特种设备检验检测机构进行。特种设备检验检测机构的检验检测工作应当由经国务院特种设备安全监督管理部门考核合格取得检验检测人员证书的技术人员进行。特种设备检验检测机构和在检验检测结论上签字的检验检测人员,共同对检验检测结果和鉴定意见承担法律责任。

电梯检验检测和安全评估的收费项目和收费标准,由省宏观经济综合管理部门确定。

第三十五条(电梯检验检测程序)

电梯安装、改造、加装、修理单位或者使用管理单位提出电梯检验申请的,特种设备检验检测机构应当自收到申请材料之日起 2 日内进行审查,经审查符合条件的,应当按照下列规定进行检验:

(一)在 7 个工作日内对电梯安装、改造、加装、修理过程进行监督检验。

(二)在 8 个工作日内对电梯进行定期检验。

(三)申请人对检验日期有特殊要求的,按照双方约定的检验日期进行检验。

第三十六条(检验结果报告)

电梯经检验合格的,应当自检验合格之日起 10 个工作日内出具检验合格报告,并提供检验合格标志。

电梯不符合安全技术规范要求的,特种设备检验检测机构应当出具检验意见通知书,提出整改要求和整改期限。确保逾期未整改合格的,自整改期满后 10 个工作日内出具检验不合格报告,并书面向所在地特种设备安全监督管理部门报告。特种设备安全监督管理部门应当采取措施,及时予以处理。

第三十七条(电梯的安全评估)

电梯使用年限达到 15 年或者超过设计运行次数的,电梯使用管理单位应当委托特种设备检验检测机构进行安全性能技术评估,特种设备检验检测机构应当提出继续使用、改造、加装、修理或者报废的评估报告,并抄送所在地特种设备安全监督管理部门。电梯使用管理单位根据评估报告对电梯进行更新、改造、加装、修理;经评估可以继续使用的,每 5 年至少应当进行一次安全性能技术评估。

第三十八条(私人电梯变更用途的检验)

私人住宅内供家庭成员使用的电梯不得向公众开放使用或用于经营性活动。如果向公众开放使用或用于经营性活动的,电梯使用管理人应当按照本条例规定申请检验和办理使用登记。

第七章 电梯安全运行费用保障

第三十九条(电梯安全运行费的构成和承担主体)

电梯安全运行费包括日常管理、维护保养、改造、加装、修理、检验、检测、安全评估、更新等费用。

电梯安全运行费应当由电梯所有权人承担。电梯所有权人委托物业服务企业等其他单位作为电梯使用管理单位的,应当按照委托合同的约定向受托人及时足额交纳电梯安全运行费。

电梯出入口和轿厢内广告收入用于电梯安全运行的应当不低于总额的百分之九十。

第四十条(电梯安全运行费的管理)

物业服务企业为住宅小区电梯使用管理单位的,物业服务费中应当包含电梯安全运行费,并单独建账管理。物业服务企业应当每半年公布一次电梯安全运行费用的收支情况。

第四十一条(电梯安全运行费重大支出的筹集)

住宅小区电梯经特种设备检验检测机构作出检验报告或者鉴定意见,确需修理、改造、加装、更新电梯的,物业费中所包含的电梯安全运行费不足以支付相关费用的,全体业主应当履行资金筹集义务。所需资金按照以下方式筹集:

(一)已建立住宅专项维修资金的,按照规定程序在住宅专项维修资金中列支;特种设备检验检测机构作出的相关检验报告或者鉴定结论可以作为申请动用住宅专项维护资金的依据。

(二)未建立住宅专项维修资金或者住宅专项维修资金金额不足的,相关业主对费用承担有约定的,按照约定承担;没有约定或者约定不明确的,由相关业主按其专有部分占建筑物的总面积的比例及楼层系数承担。乡镇人民政府或者街道办事处可以协助相关业主筹集落实资金。

业主有权提取住房公积金用于支付电梯更新、改造、加装、加装、修理费用。

业主就资金筹集无法达成一致的,经全体相关业主三分之二以上表决同意,可作出资金筹集决定并予以实施,并可以委托代表对拒不缴纳应当承担其份额的业主提起民事诉讼,或者向人民法院申请支付令。

第四十二条(拖欠电梯安全运行费的处理)

在住宅小区委托物业服务企业作为电梯使用管理单位的情况下,业主或者电梯所有权人拖欠电梯安全运行费,导致电梯的正常安全运行无法保证时,电梯使用管理人可以采取下列措施:

(一)全体业主或者电梯所有权人拖欠电梯安全运行费的,电梯使用管理单位有权停止电梯的使用,发布公告,切断电源,封存电梯,并立即报告所在地特种设备安全监督管理部门。在业主或者电梯所有权人足额交纳电梯安全运行费后,电梯使用管理单位应当申请特种设备检验检测机构对电梯进行检验。

检验合格的,应当重新启用电梯。

(二)部分业主或者电梯所有权人拖欠电梯安全运行费的,电梯使用管理单位应当向业主委员会报告,业主委员会应当作出敦促拖欠电梯安全运行费的业主交纳该项费用的决议。电梯使用管理单位可以请求当地乡镇人民政府或街道办事处协调解决。协调无效时,电梯使用管理单位可以依合同约定提交仲裁或者提起诉讼。

因拖欠电梯安全运行费,给其他业主和电梯使用管理单位造成损害的业主,应当赔偿受害者的经济损失。

第四十三条(拖欠电梯安全运行费的征信记录)

业主或电梯所有权人拖欠电梯安全运行费达 6 个月以上的,电梯使用管理单位有权要求有关单位将拖欠者的拖欠行为记入其征信记录。拖欠者足额交纳所拖欠的费用后,可申请有关单位将此记录删除。

第八章　监督管理

第四十四条(特种设备安全监督管理机构的监督检查)

特种设备安全监督管理部门依法行使职权,承担对本行政区内的电梯安全监督管理的责任,并实行部门首长负责制。

特种设备安全监督管理部门应当每年制定安全监督检查计划,按照有关规定对电梯生产、使用管理、维护保养单位和检验检测机构实施监督检查,建立电梯安全监督检查情况记录制度;发现违法违规行为和不安全因素,应当以书面形式发出特种设备安全监察指令,责令有关单位及时采取措施,予以改正或者消除事故隐患。

第四十五条(重点电梯的监督检查)

特种设备安全监督管理部门应当对下列电梯实施重点安全监督检查:

(一)设置在公众聚集场所的。

(二)超高层建筑的。

(三)整机或者重要零部件的设计使用年限已经到达或者即将届满的。

(四)移装或者加装的。

(五)故障频率较高或者投诉较多的。

(六)其他需要重点监督检查的。

第四十六条(严重事故隐患的处置)

特种设备安全监督管理部门在接到电梯存在严重事故隐患需要暂停使用的报告或举报后,应当及时到达现场,视情况作出进行技术鉴定或者停止使用的电梯的指令,责令有关单位采取必要措施予以处理。

特种设备安全监督管理部门应当对有证据表明不符合安全技术规范要求或者存在严重事故隐患的电梯依法实施查封、扣押。

第四十七条(电梯安全管理和服务平台建设)

省特种设备安全监督管理部门应当逐步建立完善全省统一的电梯安全监察平台和服务平台,收集与电梯安全相关的各责任主体的信息,对电梯安全违法行为记录存档,建立电梯安全信用管理制度,形成电梯安全信用等级评价体系。

电梯安全监察平台和服务平台管理办法由省特种设备安全监督管理部门制定并负责实施。

第四十八条(电梯安全信息公开)

特种设备安全监督管理部门应当在每年第一季度通过门户网站或者新闻媒体主动公开本年度的电梯安全检查计划和本辖区上一年度下列有关电梯安全的信息:

(一)电梯的数量、种类、分布区域。

(二)电梯安全监督检查情况记录和电梯安全监察指令的发布与整改情况。

(二)电梯安装、改造、加装、修理、维护保养单位和电梯使用管理单位的名称、负责人、注册地址、联系电话。

(三)电梯安装、改造、加装、修理、维护保养单位和电梯使用管理单位的电梯安全违法违规行为记录、电梯安全事故记录。

(四)电梯维护保养单位所维护保养电梯的完好率、事故发生率和电梯安全信用评价等级。

(五)发生 3 次以上故障或者被投诉 5 次以上的电梯的品牌、电梯生产单位、使用管理单位和维护保养单位。

(六)电梯事故次数、人员伤亡和经济损失情况、特点、原因分析、事故调查情况、防范对策。

(七)其他需要公开的电梯安全信息。

第四十九条(电梯事故调查与责任追究)

发生电梯事故后,由特种设备安全监督管理部门按管辖权限依法会同有关部门组织事故调查组进行调查,分析事故原因、提出事故调查报告,报告本级人民政府,并报上一级人民政府特种设备安全监督管理部门备案。事故责任认定后,有关部门和单位应当依法追究事故责任单位和人员的责任。因事故造成损害的,事故责任单位应当依法承担赔偿责任。

第九章　法律责任

第五十条(上位法对法律责任有规定的依其规定)

对违反本条例的行为,《中华人民共和国特种设备安全法》《特种设备安全监察条例》等法律、法规已经规定法律责任的,从其规定。

第五十一条(电梯制造单位的法律责任)

电梯制造单位违反第十三条第(二)(五)项规定的,由特种设备安全监督管理部门责令限期改正。逾期未改的,处1万元以上3万元以下罚款。

第五十二条(电梯销售单位的法律责任)

进口电梯的销售单位未向省人民政府特种设备安全监督管理部门备案的,由县以上特种设备安全监督管理部门责令改正,并处1万元以上10万元以下罚款。

第五十三条(违法转包、分包的法律责任)

电梯安装、改造、加装、修理和维修保养单位违反本条例第十五条第(一)项和第三十一条第三款的规定,转委托或者变相转委托电梯的安装、改造、加装、修理业务,或者将电梯的安装、改造、加装、修理、维修保养业务全部或者部分转包、分包或者变相转包、分包给其他单位的,由县以上特种设备监督管理部门责令限期改正,没收违法所得;违法所得10万元以上的,并处违法所得2倍以上5倍以下的罚款;没有违法所得或者违法所得不足10万元的,单处或者并处10万元以上20万元以下的罚款;对其直接负责的主管人员和其他直接责任人员处1万元以上2万元以下的罚款;导致发生生产安全事故给他人造成损害的,与承包单位承担连带赔偿责任。

第五十四条(电梯安装、改造、加装、修理单位的法律责任1)

电梯安装、改造、加装、修理单位违反本条例第十五条第(三)项规定,将未经特种设备检验检测机构监督检验合格的电梯交付使用的,由县以上特种设备安全监督管理部门责令限期进行监督检验,并处5万元以上20万元以下罚款;有违法所得的,没收违法所得;情节严重的,撤销其生产许可资格,并由工商行政管理部门吊销其营业执照;触犯刑律的,依法追究主管人员和其他直接责任人员的刑事责任。

第五十五条(电梯安装、改造、加装、修理单位的法律责任2)

电梯安装、改造、加装、修理单位违反本条例第十五条第(四)(五)(六)(七)项规定,由县以上特种设备安全监督管理部门责令限期改正,逾期未改正的,处 2000 元以上 1 万元以下罚款。情节严重的,撤销其生产许可资格。

第五十六条(建设单位的电梯安全法律责任 1)

建设单位违反本条例第十七条第(一)(二)(三)(四)项规定,由县以上住房与建设管理部门责令改正,并处 1 万元以上 3 万元以下罚款。

建设单位违反本条例第十七条第(五)项规定的,由县以上特种设备安全监督管理部门责令限期改正;逾期未改正的,处 1 万元以上 10 万元以下罚款。

第五十七条(披露电梯制造单位相关信息的法律责任)

任何单位和个人在投标文件中违反本条例第十八条规定,隐瞒应当披露的电梯制造单位相关信息,弄虚作假,骗取中标的,中标无效,给招标人造成损失的,依法承担赔偿责任;构成犯罪的,依法追究刑事责任。

任何单位和个人在订立合同时违反本条例第十八条规定,隐瞒应当披露的电梯制造单位相关信息,损害国家利益的,合同无效;致使对方在违背真实意思的情况下订立的合同,受害方有权要求人民法院或者仲裁机构变更或者撤销。

第五十八条(电梯使用管理单位的法律责任 1)

电梯使用管理单位违反本条例第二十四条第(四)项的规定,由县以上特种设备安全监督管理部门责令限期改正,并处 2000 元以上 2 万元以下罚款。

电梯使用管理单位未履行本条例第二十四条第(五)(六)(七)(九)(十)项和第三十七条规定的义务,由县以上特种设备安全监督管理部门责令限期改正,逾期未改正的,处 3000 元以上 3 万元以下罚款。

第五十九条(电梯使用管理单位的法律责任 2)

电梯使用管理单位违反本条例第二十四条第(十一)项的规定,电梯所有权人或小区业主委员会有权要求其限期改正,并有权追究其损害赔偿责任和违约责任。

第六十条(电梯安全管理人员的法律责任)

电梯使用管理单位的安全管理人员,未履行本条例第二十六规定的责任,由电梯使用管理单位予以批评教育并责令改正。经批评教育拒不改正的,电梯使用管理单位应当将其调离安全管理岗位,并有权依法予以辞退。

第六十一条(移装电梯的法律责任)

违反本条例第二十九条的规定移装电梯的,由县以上特种设备安全监督管理部门限期改正,并处 3000 元以上 3 万元以下罚款。

第六十二条(电梯乘用人的法律责任)

电梯乘用人在乘用电梯时违反本条例第三十条规定的乘用电梯行为规范,电梯使用管理单位及其安全管理人员有权予以劝阻和制止。制止无效时,有权拒绝其乘用电梯;电梯乘用人的行为对电梯设施及其安全运行造成实际损害时,电梯使用管理单位有权要求乘用人或者其监护人赔偿损失。

第六十三条(电梯维护保养单位的法律责任)

电梯维护保养单位违反本条例第三十二条和第三十三条的规定,未履行本条例规定的职责,由县以上特种设备安全监督管理部门责令限期改正,停止违法行为,处 1 万元以上 10 万元以下罚款;有违法所得的,没收违法所得。

第六十四条(特种设备检验检测机构的法律责任)

特种设备检验检测机构违反本条例第三十四条第二款的规定收取检验、检测、评估费用的,由县以上宏观经济综合管理部门或者价格管理部门依法追究法律责任。

特种设备检验检测机构违反本条例第三十五条和第三十六条的规定,未按法定限期履行法定职责的,由县以上特种设备安全监督管理部门责令限期改正。逾期不改正的,对机构处 5 万元以上 20 万元以下罚款,对直接负责的主管人员和其他直接责任人员处 5000 元以上 5 万元以下罚款;情节严重的,吊销机构资质和有关人员的资格。

第六十五条(特种设备安全监督管理部门及其工作人员的法律责任)

特种设备安全监督管理部门及其工作人员,违反本条例第四十四条、第四十五条、第四十六条的规定的,由上级机关或者监察机关责令改正;对直接负责的主管人员和其他直接责任人员,依法给予处分;构成犯罪的,依照刑法关于受贿罪、滥用职权罪、玩忽职守罪或者其他罪的规定,依法追究刑事责任。

特种设备安全监督管理部门及其工作人员不履行本条例第四十八条规定的信息公开义务,由监察机关、上一级行政机关责令改正;情节严重的,对直接负责的主管人员和其他直接责任人员依法给予处分;构成犯罪的,依法追究刑事责任。

第十章 附 则

第六十六条(居民家庭自用电梯的适用)

居民家庭自用电梯的使用安全管理,不适用本条例。如改作公共使用的,适用本条例。

第六十七条(实施日期)

本条例自 2017 年　　月　　日起施行。

附录 2：关于《福建省电梯使用安全条例(草案)》的立法起草说明

福建师范大学立法咨询与服务基地接受福建省人大常委会法工委的委托，承担并按时完成了起草《福建省电梯使用安全条例(草案)》(以下简称条例草案)的工作。现在对该条例草案做如下说明。

随着社会的发展和科技的进步，电梯已经走入千家万户。据不完全统计，福建省城乡在用的电梯数量已经超过 13 万部，电梯的安全问题也日益突出。近年来，在国家相关立法出台之前，各省市相继制定了政府规章规范电梯安全问题。福建省也于 2011 年 8 月出台了省政府规章《福建省电梯安全管理办法》。2013 年 6 月，全国人大常委会制定了《中华人民共和国特种设备安全法》，广东、山东等地陆续制定了有关电梯安全的地方性法规。福建省各级领导历来重视电梯安全问题，福建省的电梯行业在电梯安全保障和技术研发运用方面，一直走在全国的前列。为进一步保障电梯使用安全，维护广大电梯使用者的切身利益，建立全省统一有效的电梯安全保障运行机制，制定一部能解决实际问题，能确立长效机制的保障电梯安全的地方性法规，十分必要。

电梯安全运行的保障，是一项系统工程。它与电梯的制造、销售、安装、改造、修理、检验检测、维护保养、使用、监督、管理各个环节都有着密切关系，涉及多个有关责任主体。制定一部规范保障电梯安全的地方性法规，不能仅仅着眼于政府有关职能部门对电梯安全的监管，将电梯安全法规局限于"管理办法"的范畴，而是要从掌握电梯安全运行的规律入手，在发挥市场机制决定性作用并更好发挥政府作用的基础上，坚持问题导向，对涉及电梯安全的各个主体的权利义务以及这些主体之间的相互关系，作出明确具体的规定。各主体围绕着保障电梯安全运行这个核心，相互配合，相互制约，各个环节不留空白，不存隐患。同时，按立法法的要求，上位法对相关问题有规定的，条例草案中不再予以重复规定。按照这一思路，经过慎重研究，我们在起草条例草案时，以下列三个方面的思路为引导，形成了条例草案的亮点和特色。

一、充分发挥市场机制的决定作用

电梯安全涉及各个责任主体，如果仅仅依靠政府有关部门使用行政管理手段，通过大量的许可、检查、行政处罚来保障电梯安全，事实证明是不能奏效的。日益增多的电梯使得政府管理部门全方位的管理力不从心。市场经济条件下,在电梯安全保障方面,必须依照党的十八届三中全会提出的充分发挥市场机制在资源配置方面的决定作用,更好地发挥政府的作用,运用市场机制解决电梯安全问题。市场机制具有优胜劣汰的作用,通过充分竞争,可以有效淘汰不合格的市场参与者,提高各类电梯从业者进入福建省电梯市场的准入标准,强化其电梯安全责任,迫使其提升安全保障能力和水平。实践证明,企图完全通过行政管理手段,单纯设置行政许可和各种审批程序来净化电梯市场以保障电梯安全,既违反公平竞争的市场规则,又不能完全达到预期效果。因此,我们在起草条例草案时,强化了以下几个方面的规定:

一是明确电梯市场中各个主体的责任。对电梯的生产、销售、安装(加装)、改造、修理、维护保养、使用管理、检验检测、监督管理等主体的权利义务明确具体地予以规定,并在法律责任一章中作出对应的责任追究规定。一部法规如果要真正解决问题,能够在实践中发挥作用,在行为规则这部分必须具体明确,不能用笼统的、说教式的、倡导式的、宣传号召式的语言。条例草案对各个责任主体权利和职责的规定,都比较具体、明确、详细。

二是通过电梯市场各个主体之间的相互制约相互监督,来保障电梯安全。进入电梯市场的各个主体出于各自的利益关系,有相互间的合作也有相互间的博弈和制约。条例草案规定它们之间相互制约相互监督,以保障电梯安全。条例草案中第二十三条、第三十二条、第三十三条等条文,都体现了这一思路。根据这一思路,条例草案强化了对违法行为的民事责任追究的规定。实践证明,违法行为如果仅仅依靠行政机关的行政处罚,或者说过分依赖行政机关的罚款手段来应对,是不成功的。相反,会造成行政机关的寻租行为,甚至导致处罚者和被处罚者形成"利益共同体":处罚者的罚款变成了分享违法所得,被处罚者的缴纳罚款变成了购买违法许可。因此,条例草案不过分倚重行政处罚和行政罚款,而是通过有关主体相互之间民事责任的承担与追究来应对违法行为。条例草案的第四十一条、第四十二条、第五十三条、第五十七条、第五十九条等条文都体现了这一点。

三是强化进入电梯市场相关主体的信息披露责任,重视发挥信息披露制度对保障电梯安全的功能。市场机制的优胜劣汰依靠充分竞争,而充分竞争又依赖信息的充分披露。如果不能做到相关信息的充分披露,竞争就不可能公平和充分,某种形式的垄断就有可能形成,"劣币驱除良币"的现象就有可能发生。目前我国已经取得电梯制造许可证的厂商超过了六百家,取得电梯维护保养许可证的企业也多到不可胜数。福建省其实不需要这么多电梯企业进入电梯市场。只有通过充分的强制性的信息披露制度,才能达到优胜劣汰,净化福建省电梯市场,提高电梯安全保障水平的效果。为此,条例草案第十八条、第二十四条、第三十二条、第四十八条等条文,对与电梯安全相关的信息披露作了较全面的规定,并在法律责任一章中做了对应的责任追究规定。通过建立强制性的信息披露制度,电梯所有权人自然会选择信誉良好、安全保障水平较高的电梯生产者、维护保养者、使用管理者所提供的产品和服务,逐步淘汰那些滥竽充数者。

四是充分发挥行业协会、业主委员会和其他社会组织在保障电梯安全方面的作用。电梯安全离不开严格的政府监管,但是又不能完全依赖政府的监管,必须发挥电梯行业各类企业依法建立的各种协会、物业协会以及业主委员会等社会组织的作用,通过全社会的共同努力来营造良好的电梯安全环境。行业协会不是政府机关,并不拥有行政管理权。但是,作为企业的自治组织,行业协会的章程对它的会员单位具有约束力,行业协会可以通过其作用的发挥,净化市场,提高行业准入门槛,提升会员单位产品或服务的质量,从而提高其市场竞争力。目前看来,在保障电梯安全方面,行业协会完全可以发挥更大的作用。为此,我们通过充分调研和征求有关单位的意见,在条例草案中第七条对行业协会所能提供的电梯安全服务工作作了比较全面的规定。需要说明的是,行业协会不应具有垄断性,并且也逐步与行政机关脱钩。因此,行业协会的约束和服务范围,仅限于其会员单位。今后,有可能在电梯行业形成许多行业协会,条例草案这样规定具有较强的适应性。居民住宅小区的业主委员会在电梯安全保障方面,也具有不可或缺的作用,条例草案注意发挥业主委员会的作用,并在规则的确定上与有关物业管理的法规相衔接。

二、构建有效的电梯安全运行资金保障体系

众所周知,电梯只有在得到良好维护保养和使用管理的基础上,才能安全运行。而负责电梯维护保养和使用管理的单位(电梯维保公司和物业管理公司)都不是慈善组织,而是以营利为目的参与市场竞争的企业。它们不可能为电梯所有权人提供无偿服务,其服务质量和所维护保养、使用管理的电梯安全状况,在一定程度上,也与其所能合法获得的报酬相关。一部真正能够解决电梯安全问题的法规,如果不对电梯安全运行资金的保障作出切实可行的规定,那肯定无法实现其立法目标。课题组经过对大量事例的分析研究后一致认为:凡是离开资金保障去谈电梯安全的做法都是纸上谈兵。但是,纵观全国各省市现有的电梯安全管理规定,没有一部专章对电梯安全运行的资金保障问题作规定。有些规定虽然也涉及电梯维护保养的资金来源问题,但条文十分简单，可操作性不强，更无法为人民法院相关判决提供依据，从而无法解决电梯安全运行中的实际问题。为此，课题组在起草条例草案时，对电梯安全运行资金保障问题专列一章，即条例草案的第七章"电梯安全运行费用保障"，并以5个条文的篇幅，从电梯安全运行费用的构成和承担主体、费用的管理、重大支出的筹集、拖欠电梯安全运行费的处理、拖欠者的征信纪录等方面，对电梯安全运行的资金保障问题作了较为全面的规定，以期确立起行之有效的电梯安全运行资金保障体系，为我省电梯的安全运行奠定坚实的物质基础，也为我省人民法院或者仲裁机关裁决相关纠纷提供法规依据。

随着技术的进步和钢材等原材料价格的降低，电梯的制造成本和销售价格也在不断降低。据测算，建筑物物业管理费中属于电梯安全运行保障的费用，如果能够全面足额收取，不但完全能够保障电梯日常维护保养所需的费用，而且在电梯寿命已到，需要更换电梯时，这部分资金的余额也完全足够更换一部新的电梯。然而，在现实中我们看到的却是相反的现象：物业公司往往以缺乏资金为由拖延电梯的更新，更有许多物业公司短期行为严重，为业主服务几年后即以各种借口终止服务。其离开时所结余的电梯安全运行费，却是一笔糊涂账，一分也没留给电梯所有权人。这不但损害了电梯所有权人的利益，而且造成极大的电梯安全隐患。针对这些普遍存在的问题，条例草案明确规定：物业公司所收取的物业服务费中应当包含电梯安全运行费，并单独建账管理。物业服务企业应当每半年公布一次电梯安全运行费用的收支情况（第四十条）。

电梯安全运行费用保障的另一个问题，是目前普遍存在着业主或电梯所有权人拖欠物业服务费以及电梯安全运行费的现象。业主或电梯所有权人的这种拖欠行为，也会给电梯的安全运行造成隐患。如果物业服务企业不能及时足额收到业主或电梯所有权人交纳的电梯安全运行费，势必会影响对电梯的维护保养和修理更新。条例草案针对这一情况，专门规定了拖欠电梯安全运行费的处理（第四十二条）。针对个别业主或电梯所有权人长期拖欠电梯安全运行费的老大难问题，条例草案规定，将这种危害电梯安全运行的拖欠行为，与其征信记录挂钩：拖欠电梯安全运行费6个月以上的，电梯使用管理单位有权要求有关单位将拖欠者的拖欠行为记入其征信记录（第四十三条）。目前，中央非常重视社会的诚信体系建设，拖欠电话费、电费、水费等行为，都会被列入征信记录，拖欠电梯安全运行费的行为直接影响电梯的安全运行，理应纳入征信记录的管理范围。条例草案的这一规定有助于诚信社会的建设，也有助于切实解决现实中存在的拖欠电梯安全运行费的问题。

电梯安全运行费用的保管,也是涉及电梯所有权人利益和电梯安全运行的重要问题。对此,条例草案规定,电梯安全运行费用的保管,应当由业主或电梯所有权人在与物业服务企业签订的物业服务合同和管理规约中约定(第二十七条)。这一规定旨在防止物业服务企业终止服务时,侵吞电梯安全运行费。

三、以科技手段保障电梯安全运行

课题组经过大量实证研究后一致认为,电梯安全一方面要靠确立各个相关主体的法律责任体系来保障,还要运用现代科学技术手段,尤其是近年发展迅速的物联网技术,来实现电梯的安全运行。这如同车之双轮,鸟之双翼,缺一不可。随着技术的进步,许多原来看似高精尖的技术,如视频传输技术,已经进入了寻常百姓家。运用现代科技成果来提高电梯安全保障水平,是我们起草条例草案的一个重要思路。另一方面,福建省在电子科技工业制造和互联网应用方面,走在全国前列。在运用现代科技手段实现电梯的安全运行管理方面也居于领先地位。我们认为,福建省作为国家经济和社会发展先行先试的实验区之一,应当在高科技应用方面先走一步,在电梯安全的立法方面可以有所超前规定,从而倒逼电梯行业的相关企业加快技术进步的步伐,提高电梯安全运行保障水平。为此,条例草案除了在第八条对采用先进技术提高电梯安全运行保障水平作了概括性的规定外,还从以下几个方面作了具体规定:

一是要求建设单位在电梯井道结构设计时,应当考虑并满足电梯运行参数采集、远程监控的要求;新建住宅和公众聚集场所建设的电梯应当采用双路供电或者配置备用电源;应当优先选用具有节能措施的电梯(第十七条)。这一规定,要求从建筑物的设计阶段,就要为采用现代科技手段和物联网技术保障电梯安全打好基础。同时,要求建设单位优先选购具有节能措施的电梯,并采用双路供电系统或者配备备用电源。采用双路供电系统或者备用电源的配置,对于应对各种各样的停电现象,在停电期间保障电梯运行安全,十分重要。福建省虽然并不缺电,但不能排除省内个别地区由于各种原因出现停电现象。再加上福建省处于台风高发地区,自然灾害引起的停电事故不可避免。目前采用双路供电或者配备备用电源在技术上和经济也不存在障碍。因此,统一要求全省新建住宅和公众聚集场所建筑的电梯均采用双路供电或者配备备用电源,是必要的也是可行的。至于已建住宅的电梯,是否进行双路供电改造或者配置备用电源,则不宜作强制性规定,可以由相关当事人自主决定。

二是要求建设单位和通信运营企业应当保障电梯井道的通信信号覆盖。在以手机为终端的移动通信日益发达的今天,人们已经习惯于使用移动通信工具进行联系。虽然条例草案要求电梯内部必须设置救援电话,但是,一旦乘客被困于电梯内,他们习惯使用的通信工具仍然是自己的手机。并且,手机内存有的通信录对沟通被困人员和亲友的联系,稳定被困人员的情绪也十分重要。这一功能是电梯内设置的电话机所不能取代的。通信信号覆盖电梯井道在技术上也不存在问题,条例草案的这一要求合理可行。

三是要求公众聚集场所的载人电梯和新建住宅小区的电梯配备视频监控设施。视频监控设施在科学技术不断发展的今天已经非常普及,其硬件的购置使用费用也大幅度降低。因此,要求公众聚集场所的载人电梯和新建住宅小区的电梯一律配备视频监控设施,必要而可行。这一设施对于加强电梯安全运行水平的作用不言而喻。至于已建住宅的电梯和公众聚集场所的载货电梯,是否配备视频监控设施,我们认为不宜作强制性规定,由相关当事人自主选择决定为好。如果作强制性规定,执行效果也难以保证。

四是对利用互联网技术对电梯运行进行远程监测问题,做了切实可行的规定(第二十条)。这一规定可以分为以下几点内容:(1)要求公众聚集场所的载人电梯和新建住宅小区的电梯必须配备具有运行参数采集和网络远程传输功能的监测装置。这一要求是强制性的,是为建立电梯远程监测系统提供前提条件。在目前的技术条件下,具有电梯运行参数采集和网络远程传输功能的监测装置费用不高,技术不复杂,条例草案这一要求不会增加建设单位或者电梯所有权人的经济负担。但是,相关单位是否建立远程监测系统,则不是强行要求,由当事人自主选择决定。(2)鼓励电梯使用管理单位和维护保养单位建立电梯远程监测系统,对电梯运行情况实施远程监测。建立电梯远程监测系统可以提高电梯安全管理的效率,及时掌握电梯运行的安全状况,在发生电梯事故时及时救援。但是,这一系统的建立需要支付一定的建设费用,适用于大型电梯使用管理或者维护保养单位采用。如果电梯使用管理人使用管理的电梯数量较少,则必要性不大。因此,在上位法没有强制性规定的情况下,条例草案也没有作强制性规定,而是采用鼓励的态度。(3)条例草案要求县(市)政府的特种设备安全监督管理部门建设、督促使用和维护电梯应急处置服务平台,并要求设区的市的特种设备安全监督管理部门制定电梯远程监测标准规范。各个电梯使用管理或者维护保养单位建立的电梯远程监测系统一律与政府特种设备安全监督管理部门建设的电梯应急处置服务平台联网,从而通过互联网技术的应用远程监测电梯的安全运行情况,提高电梯安全运行保障和应急救援水平。电梯应急处置服务平台,是运用互联网技术建设的电梯安全保障设施,从法律属性上讲,是应当由政府提供的公共产品,是政府实现其法定电梯安全监管职能的有效工具,理应由政府出资建设并维护运行。因此,条例草案明确规定其建设、维护和标准制定的主体均是政府特种设备安全监督管理部门。条例草案将建设电梯应急处置服务平台规定为政府特种设备安全监督管理部门法定职责,适应科技迅速发展的形势,有助于提升全省各级政府的电梯安全监管水平,提高各级政府电梯应急事件的处置能力。

条例草案第九章法律责任的规定是否完备全面,关系到整个条例将来的实施效果。作为条例草案直接依据的上位法《中华人民共和国特种设备安全法》《特种设备安全监察条例》,对相关法律责任已经有非常具体的规定。与条例草案相关的《中华人民共和国安全生产法》《中华人民共和国产品质量法》《中华人民共和国建筑法》《中华人民共和国合同法》等法律法规,对条例草案涉及的法律责任也有相关规定。按照《中华人民共和国立法法》的要求,上位法已经有规定的,下位法可以不作重复性规定。因此,我们在第九章规定:对违反本条例的行为,《中华人民共和国特种设备安全法》《特种设备安全监察条例》等法律、法规已经规定法律责任的,从其规定(第五十条)。为了明确条例草案中哪些法律责任已经由上位法作了规定,条例草案不再重复规定,我们制作了"附录1"和"附录2"供参考。

2016年9月25日,省人民政府转发了《国务院关于在市场体系建设中建立公平竞争审查制度意见的通知》(国发〔2016〕第34号),该通知要求,行政法规和地方性法规,起草部门应当在起草过程中进行公平竞争审查。未进行自我审查的,不得提交审议。按这一要求,课题组组织专家对条例草案又进行了公平竞争专项审查。经审查,该条例草案不具有排除、限制公平竞争效果。

以上说明,不妥之处,敬请批评指正。

"福建省电梯使用安全条例(草案)"课题组